GANZHEITLICH HEILEN

Buch

Unterirdische Wasseradern oder geologische Verwerfungen erzeugen Reizzonen, die nicht nur unser Wohlbefinden beeinträchtigen, sondern sogar zu schweren Erkrankungen führen können. Der erfahrene Rutenmeister und Baubiologe Karl Dietl befasst sich seit Jahren mit Haus- und Schlafplatzuntersuchungen sowie der Bestimmung von Störfaktoren. Aus seinem Buch spricht die Stimme des Praktikers. Kompetent und zugleich unterhaltsam informiert er über alle Arten von Erdstrahlen terrestrischen und kosmischen Ursprungs, klärt über Risikofaktoren auf und liefert eine Einführung in die Kunst des Rutengehens. Interessante Details aus seinem eigenen Werdegang vermitteln viele erhellende Einsichten für den Laien sowie wertvolle Anregungen für den bereits praktizierenden Radiästheten.

Autor

Karl Dietl, Jahrgang 1941, verfügt über eine fast zwei Jahrzehnte lange theoretische und praktische Erfahrung als Wünschelrutengänger. 1992 meldete er sein ursprüngliches Hobby unter der Bezeichnung »Geobiologischer Beratungsdienst« als Gewerbe an. Er ist Rutenmeister der »Deutschen Gesellschaft für Geobiologie e.V. mit der Fachschaft Deutscher Rutengänger«, ist als Referent und in der Fortbildung tätig und weiß, worauf es in seiner Branche ankommt. Ärzte und Naturmediziner schätzen seine Tätigkeit als Geobiologischer Berater und Baubiologischer Fachberater des TÜV. Darüber hinaus ist er Mitglied des Stadtrates in seiner Heimatgemeinde Neunburg vorm Wald.

KARL DIETL

KRANK DURCH ERDSTRAHLEN?

Erfahrungen
eines Rutengängers
und Baubiologen

GANZHEITLICH HEILEN

GOLDMANN

Umwelthinweis:
Alle bedruckten Materialien dieses Taschenbuches
sind chlorfrei und umweltschonend.

Originalausgabe Januar 2001
© 2000 Wilhelm Goldmann Verlag, München
in der Verlagsgruppe Bertelsmann GmbH
Umschlaggestaltung: Design Team München
Umschlagfoto: photonica/Eddie Dayan
Redaktion: Gerhild Gerlich, München
Satz: Barbara Rabus, Sonthofen
Druck: Presse-Druck, Augsburg
Verlagsnummer: 14196
WL · Herstellung: Stefan Hansen
Made in Germany
ISBN 3-442-14196-6
www.goldmann-verlag.de

1. Auflage

Dieses Buch widme ich einer sehr sympathischen Nonne vom Orden der Armen Schulschwestern. Sie war lange Jahre Kindergartenschwester in meiner Heimatstadt Neunburg vorm Wald. Nachdem Schwester Viane meine Vorträge über Radiästhesie besucht hatte, musste ich unbedingt die Schlafplätze ihrer kleinen Schützlinge im Neunburger Kloster auf »Erdstrahlen« untersuchen. Das Ergebnis war insgesamt gut, was die Klosterfrau mit einem »Gott sei Dank« quittierte. Ihren weiteren Wunsch, sie im »Schnellverfahren« in die Kunst des Rutengehens einzuweisen, erfüllte ich ihr gerne. Wie nicht anders erwartet, war sie dafür bestens geeignet. Fortan trug sie bei jeder passenden Gelegenheit die Wünschelrute unter ihrem langen, schwarzen Rock.

Inhalt

Vorwort

»Der Mensch an sich selbst, sofern er sich seiner gesunden Sinne bedient, ist der größte und genaueste physikalische Apparat, den es geben kann.«* Und: »Nur in der fühlenden Hand bewegt sich das magische Reis.«** Diese Erkenntnisse des wohl bedeutendsten deutschen Dichters J. W. v. Goethe haben meiner Meinung nach auch heute noch Gültigkeit. Andere Erklärungen im Zusammenhang mit der Radiästhesie bezeichnete Goethe als Theorie, die nur den Sinn habe, der Ruten- und Strahlenfühligkeit etwas Mysteriöses anzuhängen.

Laut »Universal Wissen« (...) bedeutet Radiästhesie die »Fähigkeit, elektromagnetische Ausstrahlungen mittels Wünschelrute oder Pendel zur Feststellung von verborgenem Wasser, Metall u. a. m. wahrzunehmen.« Wörtlich übersetzt heißt dieser aus einem lateinischen und griechischen Wort zusammengesetzte Begriff, der aus der alten französischen Literatur zu uns kam, »Strahlenwahrnehmung« (lat. *radius* = Strahl und gr. *aisthēsis* = Wahrnehmung, Empfindung). An dieser Stelle möchte ich Sie schon auf das Kapitel II/1 »Geschichte des Rutengehens: Ein chronologischer Überblick« neugierig machen.

Ob Rutengehen oder Pendeln, beide Praktiken entspringen der gleichen, in jedem Menschen mehr oder weniger vorhandenen Veranlagung, sein Unterbewusstsein »anzapfen« und es mittels Anzeigegeräte »zum Reden bringen zu können«. Ganz ohne Zweifel überschätzen sich dabei viele Rutengänger und Pendler, häufig mangels fachlichen Wissens oder fehlender prakti-

* J. W. v. Goethe, aus den *Maximen zur Erkenntnis und Wissenschaft*
** J. W. v. Goethe, »Die Weissagungen des Bakis« aus den *Episteln*

scher Erfahrung. In diesem Buch berichte ich über meinen eigenen Werdegang als Wünschelrutengänger, die Geschichte der Radiästhesie, das Phänomen der so genannten Erdstrahlen, ihre Arten, Ursachen und biologischen Wirkungen auf Lebewesen, beschreibe die Anfertigung und praktische Anwendung der Wünschelrute, stelle zahlreiche wissenschaftliche und persönliche Untersuchungen und Erfolge vor und widme mich schließlich den Praktiken von Scharlatanen und Geschäftemachern, die mit der Angst vor »Erdstrahlen« Profit machen. Ich verstecke mich nicht hinter Formeln und viel sagenden Fachausdrücken, sondern nenne die Dinge allgemein verständlich beim Namen, und die über siebzig Abbildungen, Grafiken und Fotos mögen Ihnen das Geheimnis der Wünschelrute und Erdstrahlen veranschaulichen.

Mit meinem Buch möchte ich radiästhetisch Interessierten, Einsteigern, Fortgeschrittenen und praktizierenden Wünschelrutengängern oder Pendlern fundierte und praktische Anleitungen geben. Mit über 100 Tipps und Empfehlungen und zahlreichen Beispielen aus meiner Praxis darf es sich als wertvolle Hilfe zur Selbsthilfe verstehen, d. h., es zeigt Ihnen auf, wie Sie selbst Risikofaktoren begegnen können, wie z. B. Erdstrahlen, Mikrowellen, radioaktiver Strahlung und Wohngiften, ganz meinem Standpunkt gemäß: »Es ist heilsamer ein Licht anzuzünden, als die Finsternis zu beklagen.«

Neunburg vorm Wald, im Januar 2001 *Karl Dietl*

I. Strahlenfühligkeit führte zum Erfolg

1. Erste Kontakte mit Wünschelrutengängern

Es war im Spätsommer 1950. Nichts deutete zunächst darauf hin, dass mir dieser Tag bis heute in bester Erinnerung bleiben sollte. Ich lag rechts der Schwarzach, im Oberpfälzer Murnthal im Gras und machte meine Hausaufgaben. Um mich herum grasten die Kühe unseres Nachbarn, die ich zu beaufsichtigen hatte. Nur die Glocke der Leitkuh unterbrach hin und wieder die Stille am Flussufer. Beim gelegentlichen Aufblicken bemerkte ich plötzlich einen Mann am gegenüberliegenden Ufer. Es war der Waldfrüchtehändler und spätere Bürgermeister meiner Heimatgemeinde Kröblitz, Baptist T.

Längere Zeit musterte er eine am Ufer stehende Weide und schnitt dann einen größeren Zweig von ihr ab. Wollte er eine Angelrute daraus anfertigen? Nein, es war ein gegabelter Zweig, so dass ich Sinn und Zweck des Ganzen nicht verstand. Auch das weitere Verhalten des Mannes empfand ich als ungewöhnlich. Zunächst nahm er die beiden Gabelenden fest in die Hand, bog sie leicht nach außen und hielt die Spitze der Rute vom Körper weg. In dieser Haltung schritt er dann langsam am Flussufer entlang. Urplötzlich schlug die Holzgabel nach unten. Der Mann ging einige Schritte zurück, hielt die Rute wieder von sich weg und ging erneut auf die vorher im Gras markierte Stelle zu. Wieder sah ich den ruckartigen Ausschlag. Gleiches wiederholte er von der anderen Seite. Im Abstand von etwa zwei und drei

Metern zum Ufer erfolgte derselbe Vorgang. Immer wieder schlug die Holzgabel wie von Geisterhand bewegt nach unten. Anschließend steckte der Mann einen langen Weidenzweig an einer bestimmten Stelle in den Boden, winkte mir über die Schwarzach hinweg kurz zu und ging weiter flussabwärts.

Dieses Erlebnis kam mir erst wieder zu Bewusstsein, als ich dreißig Jahre später erstmals selbst eine Wünschelrute in die Hand nahm. Doch zurück zu meinem Kindheitserlebnis. Der Mann am Ufer der Schwarzach war schlicht und einfach ein Wünschelrutengänger. Einer, der wie viele andere im Stillen arbeitete und das Geheimnis seines Erfolges leider für sich behielt. Da Rutengänger allgemein mit der Suche nach »Erdstrahlen« in Verbindung gebracht werden, lag die Vermutung nahe, dass es sich auch bei seiner Tätigkeit um die Suche nach so genannten Wasseradern handelte. Doch weit gefehlt!

So unglaublich es für Sie klingt, Baptist T. suchte nach unterirdischen Gängen von Bisamratten, rattenähnlichen Nagetieren mit weichem, braungelbem Fell. Diese Tiere bauen an oder in der Nähe von Flussufern ihre Erdgänge. Der Mann mutete also oberirdisch mit der Wünschelrute einen dieser unterirdischen Gänge, in den er dann eine Falle legte und die Tiere fing. Der Verkauf der Felle von Bisamratten war zur damaligen Zeit eine gute Nebenverdienstmöglichkeit.

Einen weiteren Kontakt mit einem Wünschelrutengänger hatte ich im Jahre 1980. Vom Fenster unserer damaligen Mietwohnung aus beobachtete ich die Erdarbeiten an der Garten- bzw. Grundstücksmauer. Bekanntlich haben Baggerführer in Wohnsiedlungen oft keine leichte Arbeit. Sehr schnell ist nämlich eine Wasserleitung oder ein Stromkabel beschädigt, was meist hohe Kosten zur Folge hat. Der Baggerführer folgte gezielt den Anweisungen des Mannes, der an der Grube stand und dem auch meine ganze Aufmerksamkeit galt. Es war der städtische Arbeiter und Elektromonteur Georg M. Dieser hatte nicht etwa einen Lageplan der Versorgungsleitungen in den Händen, sondern zwei abgewinkelte Stäbe, deren Funktion ich im ersten Moment nicht richtig deuten konnte. Nichts hielt mich mehr an meinem Fensterplatz. Ich musste an den Ort des Geschehens.

So wie ich es schon vorher beobachtet hatte, nahm der Mann erneut die geknickten Stäbe am kurzen Teil fest in die Hand und hielt die beiden langen Teile fast waagerecht und parallel von sich weg. Dann schritt er konzentriert auf die Baugrube zu. Exakt über der Grube drehten sich die beiden langen Teile nach innen und überkreuzten sich. Während der Baggerführer ungläubig den Kopf schüttelte, beharrte Georg M. auf seiner Meinung, dass der Standort des Erdaushubs richtig sei. Mein Interesse wurde durch das weitere Geschehen noch gesteigert. Der Rutengänger stellte sich an die Erdgrube, winkelte seine Ellenbogen ab und hielt wieder die beiden Ruten von sich weg und harrte der Dinge. Mir fiel auf, dass er dabei seine Lippen bewegte. Führte er vielleicht Selbstgespräche? Nein, er zählte ganz leise vor sich hin. Ich war fasziniert. Langsam bewegten sich die Ruten nach innen und überkreuzten sich. »Noch vierzig Zentimeter tiefer«, rief er dem Baggerführer kurz zu und trat einige Schritte zurück. Erneut grub sich die Schaufel in das Erdreich, und siehe da, der städtische Rutengänger hatte exakt Verlauf und Tiefe des Stromkabels geortet. Meine Neugierde war geweckt. Ich wollte nicht länger Zuschauer sein.

Obwohl ich Georg M. schon von Kindheit auf kannte, wusste ich nichts von seiner Tätigkeit als Rutengänger. Jetzt oder nie, dachte ich und bat ihn, es ebenfalls versuchen zu dürfen. Er drückte mir die beiden acht Millimeter starken abgewinkelten Kupferstäbe in die Hand und erklärte mir kurz die Handhabung.

Oh, Gott, meine Nervosität war groß, und die Dinger waren schwer, doch ein Zurück gab es nicht mehr. Langsam und erwartungsvoll schritt ich auf den Graben zu. Deutlich spürte ich, wie sich die Ruten in der Hand zu drehen begannen und sah schließlich, wie sie sich über der Versorgungsleitung überkreuzten. Ich hatte es tatsächlich auf Anhieb geschafft, und ein dickes Lob meines »Lehrmeisters« war die Folge.

Heute weiß ich, dass mein damaliger »Rutenausschlag« im Vergleich zu dem von Georg M. anders zu bewerten ist. Dazu mehr im Kapitel II/7 »Wie kommt es zum Ausschlag der Wünschelrute?« Jedenfalls erfolgte bei mir eine Reaktion, und dies ist bei jedem Anfänger als Erfolg zu werten.

Im Laufe der nächsten Jahre hatte ich noch öfters Gelegenheit, Georg M. bei seiner verantwortungsvollen Tätigkeit zuzusehen. So ist es nicht verwunderlich, dass eine Reihe meiner kommunalen Aufzeichnungen von Verläufen von Erdkabeln auf Mutungsergebnissen des »städtischen Rutengängers« basieren. Dieser gab unumwunden zu, dass er »nur auf Strom« gehe. Seine beiden Winkelruten waren für ihn bis zum Ausscheiden aus seinem Arbeitsleben reines Handwerkszeug. Sie waren Mittel zum Zweck, nicht mehr und nicht weniger. Andere Bewertungen gehören in den Bereich der Phantasie. Durch meine bisherige Praxis wurde diese Einschätzung tausendfach bestätigt.

2. Eigene Gehversuche mit der Wünschelrute

Mit meinem ersten Erfolg der »Rutenfühligkeit« war der Zeitpunkt gekommen, mich intensiv mit dem Phänomen des Rutenausschlages zu befassen. Es drängte mich ganz einfach, das Geheimnis zu lüften. Was lag also näher, als mich zunächst bei

Rutengängern kundig zu machen. Leider fand ich diesbezüglich entweder eine unbefriedigende oder zu phantasievolle Antwort. Beides wollte ich als Praktiker nicht akzeptieren.

Das Buch eines englischen Autors über die Radiästhesie gab schließlich erste Aufschlüsse. Neugierig und voller Wissensdrang informierte ich mich über die mannigfachen Anwendungen der Wünschelrute. Mich faszinierte, dass man mit ihr auch verlorene oder versteckte Gegenstände finden kann. Sicherlich haben auch Sie schon einmal einen Schlüssel verlegt? Und so wissen Sie, dass Fluchen, Flehen oder Vorwürfe den Schlüssel nicht wiederbringen. Hier hilft ganz einfach Konzentration und innere Ruhe. Zapfen Sie in einem solchen Fall einfach Ihr Unterbewusstsein an. Die mentale Haltung, sprich körperlich-geistige Einstellung, führt meist zum Erfolg. Der Gebrauch der Wünschelrute oder des Pendels kann dabei sehr hilfreich sein. Dazu eine kleine Episode aus dem Nachbarland Österreich.

Als Seine Majestät der Kaiser Franz Joseph eines Tages über das Manövergelände schritt, vermisste er plötzlich sein Chronometer. Er durchstöberte die Taschen seiner Uniform, doch erfolglos. Die wertvolle Taschenuhr musste zwischen der nahen Kaserne und dem Manöverplatz aus der »allerhöchsten« Tasche gerutscht sein. Der Adjutant des Kaisers wusste Rat. Er empfahl, das Problem von Leutnant Carl Beichl lösen zu lassen.

Dieser hatte stets eine Wünschelrute bei sich und wurde deshalb oftmals belächelt. Kurzum, er wurde herbeordert und über seine Aufgabe informiert. Seine in der Literatur überlieferte Antwort lautete: »Majestät, geben Sie mir zehn Minuten.« Er zog aus seiner Innentasche des Waffenrocks die Wünschelrute hervor und schritt mit dieser über Grasbüschel und durch Hecken in Richtung Kaserne. Wenige Minuten später überreichte er dem Kaiser die verlorene Uhr. Dieser reagierte ebenso knapp wie fürstlich und sagte: »Ich danke Ihnen, Herr Oberleutnant!« Haben Sie es bemerkt? Der Lohn für seine radiästhetische Mühe war demnach eine Beförderung. Fortan bekam Beichl die Erlaubnis, eine gestickte Wünschelrute im Kragenspiegel seiner Uniform zu tragen. Diese Geschichte ist für mich nicht nur amüsant, sondern auch interessant.

Als angehender Rutengänger wollte ich nicht in der Öffentlichkeit üben. Folglich hatte ich keine andere Möglichkeit, als meine Übungen in unserer Wohnung durchzuführen. Den Umständen entsprechend entschied ich mich für die Suche nach versteckten Gegenständen. Ich wollte ganz einfach versuchen, mein entdecktes Rutengefühl zu steigern und den Zugang zu meinem Unterbewusstsein zu mobilisieren.

Die Anfertigung einer Wünschelrute offenbarte sich als die einfachste Sache der Welt. Weiter beschaffte ich mir zwei undurchsichtige Plastikdosen, wie man sie zum Einfrieren von Gartenkräutern benutzt. In eine davon klebte ich ein Pfennigstück. Anschließend schob ich beide Dosen im Abstand von etwa einem Meter so lange hin und her, bis ich selbst nicht mehr wusste, in welcher Dose sich der Pfennig befand. Danach stellte ich mich erst über die eine und dann über die andere Dose. Ruhig und doch voller Erwartung hielt ich die beiden Winkelruten bei angewinkelten Ellenbogen waagerecht und parallel von mir weg. Vor allem aber labil und nicht verkrampft. Dann stellte ich mir das Pfennigstück vor: klein, rund, kupfern. Und dann kam das Wichtigste, die Frage nach dem »Wo«, die jeder Rutengänger oder Pendler kennen muss. In diesem Fall lautete die Frage: »Ist der Pfennig in dieser Dose?«

Damit wird klar, dass es nur auf eine unmissverständliche Frage eine klare und eindeutige Antwort geben kann. Die bejahende Antwort stellte sich ein, als sich über einer der beiden Dosen die Winkelruten nach innen bewegten und sich überkreuzten. Ich war überrascht, dass das Experiment auf Anhieb geglückt war. Konnte es Zufall gewesen sein? Teilweise ja, wie die anschließenden Versuche zeigten. Und dennoch, nach tagelangem Üben kam ich über die Zufallsquote hinaus und erlangte schließlich eine Sicherheit, die mich selbst überraschte. Anlass genug, um die Dosenzahl auf drei und später auf fünf zu erhöhen. Nun war es Aufgabe meiner Familie, die Dosen im Abstand von knapp einem Meter auf dem Fußboden der Diele aufzustellen, und ich konzentrierte mich auf die Vorstellung des Doseninhalts.

Nach anfänglichen Fehlmutungen konnte ich auch in diesem Fall Unfehlbarkeit verzeichnen. Ich verleugne nicht, dass mich die fast täglichen Experimente innerlich schafften. Aus heutiger Sicht wäre es sicher vernünftig gewesen, es bei diesem Erfolg zu belassen, doch mein Interesse und Ehrgeiz waren stärker. Ich erhöhte auf zehn Dosen, mit der Folge, dass für deren Aufstellung der Flur nicht mehr ausreichte. Ich war davon besessen, etwas zustande zu bringen, was sonst niemand kann. Ja, der Umgang mit der Wünschelrute kann zur Sucht werden, und es gibt nur wenige, die sich zu Lebzeiten von ihrem Werkzeug trennen. Jedenfalls, so unglaublich es klingt, ich schaffte es, die mit einem Pfennig bestückte Dose unter zehn Möglichkeiten richtig zu muten.

Natürlich hätte ich auch ein Fünfmarkstück oder einen anderen Gegenstand verwenden können. Das geringe Gewicht und die einfache Vorstellung des Pfennigs waren hier entscheidend. Und vorweg gesagt: Die »Goldsuche« oder die Suche nach Münzen oder anderen Gegenständen ist schon längst Bestandteil der Radiästhesie. Diese Tatsache erfuhr ich leider erst einige Jahre später. So z. B. während einer öffentlichen »Olympiade« von Rutengängern in Oberbayern. Diese stand unter dem Motto: GE-RASUWA und beinhaltete Geobiologie, Radiästhesie, Suchen und Wandern. Ein Wettstreit nach Punkten, bei dem ich schließlich den zweiten Platz erreichte. Doch zurück zu meinen Experimenten mit Plastikdosen.

Kompliziert wird die Sache dann, wenn Sie wie ich mehrere Dosen mit verschiedenen Gegenständen wie Pfennig, Büroklammer, Reißzwecke u. a. m. bestücken. Ich habe es versucht, und es funktionierte. Sie meinen, das gibt es nicht? O doch, denn was ich damals im »stillen Kämmerlein« leistete, erfolgt heute ähnlich in der freien Natur bei Bauplatzuntersuchungen oder im Gebäudeinneren, sprich bei Haus- und Schlafplatzuntersuchungen. Ich konzentriere mich in diesen Fällen natürlich nicht mehr auf den Pfennig, die Büroklammer oder den Reißnagel, sondern auf die so genannte Wasserader, die Verwerfung und/oder auf Netzgitter. Warum diese mental leichter zu muten sind als versteckte Gegenstände, erfahren Sie später. Vielleicht werden Sie sich nun fragen, ob man auch Lottozahlen radiästhetisch ermitteln kann. Hier muss ich Sie enttäuschen. Nein, das ist nicht möglich! Ihr Unterbewusstsein hat weder einen Einfluss auf den Lauf der Lotto- noch auf den der Roulettkugel. Ich habe beides studienhalber versucht, und das vergeblich. Anders verhält es sich jedoch bei der Ermittlung Ihrer ganz persönlichen Glückszahlen. Ob diese dann gezogen werden, können Sie leider nicht selbst entscheiden. Anders gesagt, die radiästhetische Voraussage schließe ich aus, nicht jedoch die radiästhetische Mutung bestehender Sachverhalte, egal, ob es sich um Zahlen, Symbole, Farben, Gegenstände oder bestimmte Ereignisse handelt.

Ich war jedenfalls an einem Punkt angelangt, der jede Steigerung ausschloss. Außer meiner Familie wusste kein Mensch, was ich damit innerhalb von zwei Jahren mental geleistet hatte. Einerseits wollte ich meine errungene »Kunst« für mich behalten und andererseits sie der Welt vorführen. Mich ritt der Teufel, und ich entschied mich für die Öffentlichkeit. Ich war mir zwar bewusst, dass meine Tätigkeit im tieferen Sinne nichts mit »Wasseradern« zu tun hatte, jedoch auf alle Fälle mit Suchen, Finden und Analysieren. Ohne diese Fähigkeit wären Radiästheten nicht in der Lage, die vielfältigen Arten und Ursachen so genannter Erdstrahlen festzustellen und zu unterscheiden.

Mein Tatendrang war nicht mehr zu bremsen. Als Fernsehzuschauer wusste ich von Auftritten verschiedener Wünschelrutengänger, die leider den Beweis für ihre Fähigkeit dem Zuschauer schuldig blieben. Oder sind Sie etwa mit einem dargebotenen, womöglich »gestellten« Rutenausschlag zufrieden? Kurzerhand schrieb ich deshalb im Januar 1983 an das ZDF in Mainz und bot der Redaktion mein Experiment mit den Dosen für die Sendung »Wetten dass ...?« an.

3. ZDF Mainz zeigte Interesse an Live-Experiment

Bereits zwei Tage später bekam ich die Antwort per Telefon. Der Redakteur sagte mir, dass er grundsätzlich an meinem Auftritt als Wünschelrutengänger sehr interessiert sei, ihn jedoch nicht für die Sendung von Frank Elstner vorsehe, sondern für die Live-Sendung »Na sowas ...!« von Thomas Gottschalk, vorher sei jedoch ein persönliches Gespräch vor Ort mit mir erforderlich. Also: Ab nach München-Unterföhring, um zu zeigen, dass es mir ernst war. Die betont freundliche Atmosphäre, die mich dort empfing, wirkte wohltuend und beruhigend auf mich. Ich musste einige Minuten warten, da der verantwortliche Holm D. erst mit dem Flugzeug von Frankfurt kam. Übrigens ein sehr sympathischer, vertrauenswürdiger Mann, wie ich bei unserer Begegnung feststellte.

Nach einer kurzen Schilderung meines Vorhabens kam der spannende Moment. Ob ich nun wollte oder nicht, ich musste eine Probe meiner »Kunst« liefern. Ich stellte mich in die Ecke des Büroraumes und schloss die Augen. Schummeln war und ist nicht meine Sache. Holm D. bestückte eine von drei Plastikdosen mit einem Pfennig und stellte sie auf dem Fußboden des Büros auf. Obwohl ich meiner Sache sicher war, spürte ich eine gewisse Unruhe in mir. Auf seine Aufforderung hin drehte ich mich um und stellte mich über eine der Dosen. Vor meinem geistigen Auge erschien der gesuchte Gegenstand. Sie wissen schon! Klein, rund, kupfern. Ich befragte mein Unterbewusstsein, ob sich der Pfennig in dieser Dose befand. Klar und deutlich schwenkten die Ruten nach innen, und ich war sicher, dass ich Erfolg hatte. Der Mann vom ZDF öffnete den Deckel, zeigte mir den Inhalt und sagte anerkennend: »Herr Dietl, Sie sind unser Mann.« Bei einem nachfolgenden Rundgang durch das Studio lernte ich Hans Rosenthal und Frank Zander kennen. Ein Erlebnis, das meine Freude über diesen Tag verdoppelte.

4. Erfolgreicher TV-Auftritt bei Thomas Gottschalk

Anfang März kam dann die Nachricht für meinen »Einsatz« mit dem Hinweis, dass ich nicht für die Suche nach Doseninhalten, sondern nach einer verdeckten Wasserleitung im Studio vorgesehen sei. Fast rannte mir die Zeit bis zum Sendetermin am 21. März 1983 davon. Waren die zwei Jahre intensiver Arbeit mit den Plastikdosen umsonst? Nein, im Gegenteil, gab ich mir selbst zur Antwort. Sie erhöhten meine Sensitivität und stärkten mein Selbstbewusstsein. Ich musste mich lediglich auf die Materie Wasser umstellen.

Unser inzwischen erworbenes Haus mit großem Grundstück und einem Brunnen bot dazu reichlich Möglichkeit. Bei jeder Gelegenheit übte ich über stehendem und fließendem Leitungswasser und registrierte die unterschiedlichen Reaktionen mit der Wünschelrute. Schließlich mutete ich den unterirdischen Wasserzulauf zum Brunnen und eine Wasserader, die durch unser Haus führt. Spätere Kontrolluntersuchungen durch »Kollegen« bestätigten meine Arbeit.

Mein TV-Auftritt erforderte aber nicht nur praktisches Können, sondern auch theoretisches Wissen. Folglich besuchte ich einige der in Erfahrung gebrachten Experten. Den Ersten traf ich beim Frühjahrsbaumschnitt in seinem Obstgarten an. Er war ein von seinen Freunden respektvoll »Doktor« genannter Pädagoge. Ohne von der Leiter zu steigen, erzählte er mir seinen Werdegang als Radiästhet. Dabei überschüttete er mich mit Fachausdrücken, die nur in meinem Kurzzeitgedächtnis Platz hatten. Ich kam mir gelinde gesagt etwas dumm vor. Erst nach der TV-Sendung überließ er mir ein paar handgeschriebene Aufzeichnungen von seiner Arbeit. Der zweite Experte war kein Rutengänger, sondern ein Pendler. Schon nach wenigen Minuten merkte ich, dass er außer seiner eigenen Theorie nichts anzubieten hatte. Dieses Manko versuchte er dadurch auszugleichen, dass er mir anbot, aus ca. 25 Kilometer Entfernung den Standort meines Hausbrunnens zu muten. Heute weiß ich, dass es auf diesem Gebiet, d. h. der mentalen Fernmutung, wahre Könner gibt, wie Sie später auch erfahren werden. Der »Kollege« Pendler jedenfalls gehörte nicht dazu. Ich hätte mir den Weg zu ihm ersparen können. Also blieb mir nur der dritte Weg, die Literatur.

Obwohl mir zwischenzeitlich bekannt war, dass ich nur drei Minuten Sendezeit für die Theorie hatte, wollte ich für alle Fragen gewappnet sein. Die letzte Nacht vor meinem TV-Auftritt war alles andere als erholsam. Am Morgen war ich unausgeschlafen, und ich hatte leichte Kopfschmerzen. In diesem Zustand fuhr ich mit dem Auto nach München. Neben meinen Winkelruten und einer Holz-, sprich Gabelrute, befand sich eine Packung Aspirin im Reisegepäck. Wie beim Vorstellungsgespräch empfing mich betonte Freundlichkeit.

Noch zwei Stunden bis zum Auftritt! Ich musste immer erreichbar sein. Endlich wurde ich mit meiner Aufgabe vertraut gemacht. Ich war fast verzweifelt. Was ich dann sah, hat mit der allgemeinen praktischen Tätigkeit von Rutengängern wenig zu tun: In der Mitte einer ca. zweieinhalb Meter hohen und acht Meter langen Wand befand sich ein Wasserhahn, darunter auf einem Podest ein farbig bemalter 20-Liter-Eimer. Vom Wasserhahn aus führten neun farbige Linien nach unten zu ebenso vielen Absperrhähnen. Mir dämmerte, was da auf mich zukam. Ob ich nun wollte oder nicht, ich musste diese Vorrichtung akzeptieren. Schließlich wollte ich doch beweisen, dass ich versteckte Materie mit der Wünschelrute aufspüren konnte. In diesem Fall Wasser in einer von neun Leitungen, die sich hinter der Wand befanden und deren Verlauf auf der Wandvorderseite nur durch eine zarte Farbgebung angedeutet war. Mich beschlichen Zweifel, ob ich der Sache gewachsen war. Ich führte ein kurzes Telefongespräch mit meiner Familie, und deren Zuspruch stärkte mich. Ich ging auf mein Zimmer, drehte den Wasserhahn am Waschbecken auf und ließ mittels Winkelruten das Gefühl von fließendem Wasser auf mich einwirken.

Streng nach Zeitplan erfolgten Tonprobe, Bekleidungsaus-
wahl, Schminke, Fototermin und natürlich die Bekanntschaft
mit dem bekannten und beliebten Moderator Thomas Gottschalk. Obwohl er mir als TV-Seher bekannt war, überraschten
mich seine Größe und Lässigkeit. Auf meine Frage, was im theoretischen Teil auf mich zukäme, winkte er ab und meinte: »Nur
die einfachsten Dinge.« Und weiter: »Es gibt nichts Langweili-
geres, als dem Publikum komplizierte Zusammenhänge erklären zu wollen. Die Zuschauer wollen Bewegung und Spannung
erleben.« Ich war erleichtert und dachte, an mir soll dieser
Wunsch nicht scheitern. Der Uhrzeiger rückte auf 19.30 Uhr.
Sendebeginn!

Ich befand mich im Mitschneideraum, der mit mehreren Monitoren bestückt war, und wartete auf meinen Aufruf. Vor mir
traten eine Band und Gesangsgruppe auf, eine Frau, die in
Frankfurt ihr Auto abgestellt und nicht mehr wiedergefunden
hatte, ein Hula-Hoop-Künstler und die amerikanische Sängerin
Audrey Landers. An den Monitoren verfolgte ich deren Auftrit-
te und war hingerissen. Ich kam mir ziemlich klein vor mit meinem Beitrag und vergaß fast, dass ich selbst gleich im Mittelpunkt der Sendung stand. Freundlich, aber bestimmt, wurde ich
zum Seiteneingang der Bühne geführt. Ich hörte bereits meine
namentliche Ankündigung als Wünschelrutengänger. Es gab
nur noch ein Vorwärts. Der folgende Beifall wirkte wie Balsam.

Mit seinen typisch großen Schritten kam mir Herr Gottschalk
entgegen. Aus den Augenwinkeln überflog ich die Studiogäste.
Nahezu greifbar spürte ich deren Sympathie. »Hier kann nichts
schief gehen«, dachte ich und beantwortete die Fragen, wie z. B.:
»Wie kamen Sie zu Ihrem Hobby, ist dazu jeder Mensch geeignet, und wie funktioniert der Rutenausschlag?« Also Fragen, die
meine ganze Vorbereitung nahezu überflüssig machten. Und

doch war ich froh darüber, dass ich mich kundig gemacht hatte, denn die Praxis alleine macht noch keinen Radiästheten, insbesondere dann, wenn dieser wie ich heute öffentliche Vorträge hält, Rutengänger ausbildet oder Bauplatz-, Haus- und Schlafplatzuntersuchungen durchführt. Der erste Teil meines Auftritts war also ein reiner »Spaziergang« im Rampenlicht.

Nach einer erneuten Einlage, die mehrere Mütter mit ihren Drillingen bestritten, erfolgte mein zweiter Auftritt. Jetzt ging es tatsächlich ums »Eingemachte«. Thomas Gottschalk erklärte mir kurz meine bereits geahnte Aufgabe. Nur einer der neun am Boden befindlichen Absperrhähne war durch ein Leitungsrohr mit dem Wasserhahn in der Wandmitte verbunden. Während aus diesem Hahn Wasser in den Eimer lief, musste ich den richtigen Absperrhahn mit der Wünschelrute aufspüren. Spätestens dann, wenn der Eimer überlaufen sollte, hätte ich leider versagt. An dieser Stelle möchte ich Sie ausdrücklich davor warnen, sich bei Ihrer künftigen Tätigkeit als Wünschelrutengänger unter Zeitdruck oder Erfolgszwang setzen zu lassen. Da mir aber damals diese Grundregeln noch unbekannt waren, sah ich in der Zeitvorgabe auch kein Hindernis. Daraus folgt, dass Anfänger in dieser Hinsicht unbelasteter sind.

Meinen ersten Versuch machte ich mit der Gabelrute vom Haselnussstrauch. Ich hatte sie am Vormittag erst geschnitten, und daher war sie sehr elastisch, was sehr wichtig ist. Der Moderator drehte den Wasserhahn auf, und ich wünschte mir fast, dass der Wassereimer ein Loch gehabt hätte. Die beiden Rutenenden fest, labil und angespannt in der Hand, schickte ich ein letztes Stoßgebet in Richtung Studiodecke. Dort befand sich jedoch nicht der Himmel, sondern eine große Zahl grell leuchtender Scheinwerfer, deren Energie in aller Regel jede radiästhetische Feinarbeit zunichte macht und ganz besonders dann, wenn man sich nicht voll auf seine mentale Arbeit konzentrieren kann. Ich »schaltete« daher geistig die Energie der Scheinwerfer ab und schritt bedächtig die Wand mit den Zuleitungen von eins bis neun ab. Hinweis an Sie, lieber Leser: Sofern Sie die radiästhetische Fernmutung beherrschen, überspringen Sie bitte zunächst den nächsten Absatz, und versuchen Sie selbst zu muten, welcher der neun Absperrhähne mit dem Wasserhahn verbunden war.

In Höhe des laufenden Wasserhahns begann sich die Gabelrute leicht nach unten zu bewegen. Die Rute nachfassend, ging ich unbeirrt und höchst konzentriert die Wand entlang weiter. Nahe dem Ende war ein erneutes Ziehen der Rute feststellbar. Ich legte die Holzrute beiseite und nahm die beiden Winkelruten. Sie sind mir bis heute bestens vertraut, was besonders wichtig ist. Um die Drehung zu erleichtern, steckten die beiden Handgriffe in ebenso langen Röhrchen. Mehr darüber im Kapitel II/5 »Arten, Formen und Materialien von Wünschelruten«. Die Ruten leicht geneigt, begann ich nun von der rechten Bühnenseite aus, meine Aufgabe zu lösen. Wieder machte sich ein leichtes Drehen bemerkbar. Etwas undeutlicher ebenso am Wasserhahn, der sich über dem Absperrhahn Nr. 5 befand. »Noch eine Minute«, hörte ich den Moderator flüstern. Außer dem ständigen Laufen des Leitungswassers herrschte absolute Ruhe. Ich drehte mich in Höhe des Eimers mit dem Gesicht zur Wand und fragte den Hahn Nr. 5 ab. Die Ruten schwankten leicht, doch eine bejahende Antwort blieb aus. Also schnellstens zu Nr. 8 und 9. Leitung 8 oder 9 mussten es sein, da ich in diesem Bereich eine stärkere Regung verspürt hatte. Schon bei der vorletzten Leitung schwenkten die Ruten deutlich nach innen und überkreuzten sich. Mit der Aufforderung: »Nun, Herr Dietl, haben Sie die richtige Leitung gefunden?«, durchbrach Thomas Gottschalk die Ruhe. »Ja«, antwortete ich, »es muss die Nr. 8 sein!« Eine Melodie aus dem »Forellenquintett« summend, bückte er sich und begann den Absperrhahn Nr. 8 zuzudrehen. Ich starrte wie gebannt auf den Wasserhahn und stellte fest, dass der Wasserstrahl schnell dünner wurde und dann völlig versiegte. Der Beifall der Studiogäste war mir sicher. Respektvoll überreichte mir Thomas Gottschalk den etwas über die Hälfte gefüllten Wassereimer und sagte: »Ich glaube, Sie haben damit allen Wünschelrutengängern einen großen Dienst erwiesen.« Mit einem spaßigen: »Ich wünschel Ihnen alles Rute«, wurde ich verabschiedet. Den anschließenden Sektempfang lehnte ich höflich ab. Stolz und voller Freude über meine Leistung trat ich sofort die Heimfahrt an.

Zu Hause erwartete mich nicht nur meine aufgeregte Familie, sondern auch etwas, womit ich nicht gerechnet hatte. Unzählige Menschen aus dem gesamten Bundesgebiet riefen an und baten um meine Hilfe. Ich sollte unbedingt ihre Schlafplätze auf Wasseradern untersuchen. So z. B. eine ältere Dame aus Frankfurt, deren Mann an Krebs litt, und die unheimliche Angst hatte, ebenfalls daran zu erkranken. Erst jetzt wurde mir bewusst, dass mich neben den Studiogästen 14 Millionen Menschen vor dem Bildschirm verfolgt und mir offenbar auch die Daumen gedrückt hatten. Ehrlich, was wäre wohl, wenn einem Fußballprofi während des Spiels voll bewusst wäre, dass ihn auf Schritt und Tritt die Kamera verfolgte? Ganz einfach, er würde über seine eigenen Füße stolpern! Also ignoriert er sein mittelbares Umfeld und konzentriert sich auf seine Aufgabe. Nichts anderes habe auch ich getan, und das war gut so. Klar doch, dass die Heimatzeitung (MZ) anerkennend über meinen großen Erfolg berichtete. Erst nach einigen Wochen versiegte der Strom der Anrufer und Schreiber. Offenbar hatte ich bei vielen Menschen große Hoffnungen geweckt, was nicht meine Absicht gewesen war. Leider konnte ich zu diesem Zeitpunkt niemandem helfen, was ich jedem der Hilfesuchenden telefonisch auch sagte. Ich war damals am Ende meiner »Kunst« und zugleich am Anfang einer ursprünglich ungewollten »Karriere« als Wünschelrutengänger.

Übrigens, wollen Sie wissen, was bei einem misslungenen TV-Auftritt passiert wäre? Die Antwort ist ganz einfach: »Ich hätte die Wünschelrute entsorgt und mich in ein Mauseloch verkrochen!« Immerhin war ich zum damaligen Zeitpunkt auch Mitglied zahlreicher Vereine und gehörte schon elf Jahre dem Neunburger Stadtrat an. Die Schadenfreude einiger Kollegen und »Freunde« wäre groß und die Blamage für mich fürchterlich gewesen. Rutengänger sind nun einmal sensible Menschen und besitzen kein allzu »dickes Fell«. Bei mir selbst kommt noch hinzu, dass ich ein »Skorpion« bin. Hoch empfindsam, aber auch »offensiv«, wenn es die Situation erfordert.

Rutengänger sind aber in der Regel auch sozial eingestellte Menschen. Somit konnte ich die vielen Hilferufe nicht einfach ignorieren. Also entschied ich mich für eine umfassende Ausbildung als Rutengänger und Geobiologischer Berater. Ich wurde aktives Mitglied und Funktionär in der eingangs erwähnten Gesellschaft, von deren Existenz ich leider erst nach meinem öffentlichen Auftritt erfuhr.

Gerne war ich anschließend auch bereit, bei verschiedenen Rundfunkinterviews Rede und Antwort zu stehen. Ein später erfolgtes Angebot einer TV-Anstalt lehnte ich dagegen dankend und unmissverständlich ab. Ich sollte im Rahmen eines groß angelegten, öffentlichen Osterfestes mit der Wünschelrute Ostereier suchen. Alles was recht ist, aber für derartige Späße bin ich nicht zu haben. Damit hätte ich nicht nur die Radiästhesie der

Lächerlichkeit preisgegeben, sondern auch meinem guten Ruf geschadet, zudem ich schon immer zur Selbstkritik bereit war. Deshalb halte ich es auch für angebracht, im radiästhetischen Bereich endlich die »Spreu« vom »Weizen« zu trennen. Da es aber traditionell in allen Berufen »schwarze Schafe« gibt, werden sie sich auch in diesem Beruf halten. Auf dieses Thema komme ich später ausführlich zurück und bin sicher, dass ich bei meiner Kritik mit Ihrer Zustimmung rechnen kann. Oder finden Sie das richtig, wenn ein Rutengänger per Inserat wie folgt wirbt: »Suche Krebsstrahlen!« Nein, wer das »Geschäft mit der Angst« betreibt, dem gehört das Handwerk gelegt.

Bevor ich nun endgültig das Thema wechsle, möchte ich Ihnen von zwei Erlebnissen nach dem TV-Auftritt erzählen. Klar doch, dass mich manche meiner Mitbürger teils mit Hochachtung, teils aber auch mit Ironie als »Fernsehstar« betitelten. Es gehörte einfach für einige Zeit zum Stadtgespräch. Einer dieser Zeitgenossen wollte es genau wissen und bat mich, mit meinem »Werkzeug« bei ihm vorbeizukommen. Es war der Geschäftsmann Siegfried F. Auf die Frage, was er von mir wolle, antwortete er: »Das wirst du schon noch sehen.« Wir vereinbarten als Termin den nächsten Tag, und ich ließ mich überraschen. Sollten Sie selbst einmal in eine derartige Situation kommen, dann empfehle ich Ihnen, sich vorher kundig zu machen. Sie werden es nicht erraten, was der Mann von mir wollte. Er führte mich ins Wohnzimmer und zeigte mir einen langen Tisch mit acht Stühlen. Auf einem dieser Stühle, so Siegfried F., habe kürzlich eine Geschäftsfrau aus S. gesessen. Schon nach kurzer Zeit habe sie den Platz gewechselt, weil ihr die Füße angeschwollen seien. Ich sollte nun feststellen, auf welchem Stuhl sie gesessen hätte. Sollte ich passen? Nein, ich stellte mir die Situation vor und schritt mit der Wünschelrute den Raum in alle Richtungen ab. Meine Konzentration richtete sich auf strömendes Grundwasser, sprich auf eine Wasserader. Der deutliche Rutenausschlag zeigte mir die Stelle. Betroffen waren zwei Plätze, je ein Stuhl auf der linken und rechten Längsseite des Tisches. Welcher war der Richtige? Schon damals war mir bekannt, dass man, sollte das Bett in der Reizzone einer Wasserader stehen, mit den Füßen in Fließrichtung liegen sollte, wenn keine andere Ausweichmöglichkeit vorhanden war. Also musste die als sensibel bekannte Frau mit dem Stuhl in der falschen Richtung gesessen haben. Richtig, ich hatte meine Testaufgabe zur Zufriedenheit gelöst. Für derartige Experimente habe ich heute keine Zeit mehr.

Mit einem ganz anderen Fall konfrontierte mich ein Mann aus Ulm. Er hatte meinen Auftritt in der TV-Show verfolgt und bot mir an, mit mir künftig Schlafplatzuntersuchungen durchzuführen. Zu seinen Fähigkeiten zählte er Rutengehen und Telepathie, wobei er mit Letzterer viele Erfolge verzeichnet habe, denn er habe schon unzählige Menschen in Deutschland und Frankreich geheilt. Mit seinem weit entfernt wohnenden Bruder würde er sich vorwiegend nur telepathisch verständigen. Von dieser Gabe mancher Menschen hatte ich zwar schon gehört, doch mir fehlte der Glaube, dass dieser Mann diese Kunst beherrschte. Seine Frage, ob ich schon einmal des Nachts das Funkensprühen zwischen einer Wasseraderkreuzung und der Wünschelrute beobachtet hätte, bestätigte mein Misstrauen. Dieses einmalige Schauspiel, so meinte er dann noch, sei noch deutlicher zu sehen, wenn man auf die Wasserader ein schwarzes Tuch legen würde. Alles was recht ist, aber für einen derartigen Unsinn habe ich nichts übrig. Obwohl ich weiß, dass es zwischen Himmel und Erde noch eine ganze Menge Unbekanntes gibt, lehne ich die Geschichte einer »Funken sprühenden« Wasserader ab. Mit derartigen Schauermärchen kann die Wissenschaft nicht für die Radiästhesie gewonnen werden. Der mehr als tausendjährigen Geschichte sollten wir deshalb mit Ehrfurcht begegnen. Erdstrahlen, ob positiv oder negativ, sind Teil der Schöpfung. Respekt sind wir aber auch den unzähligen seriösen Rutengängern schuldig, die Geschichte gemacht haben und künftig noch schreiben werden.

II. Das Geheimnis der Wünschelrute

1. Geschichte des Rutengehens: Ein chronologischer Überblick

Dieses Kapitel erhebt nicht den Anspruch auf Vollständigkeit. Sofern Sie sich umfassend über die unendliche Geschichte der Radiästhesie informieren wollen, empfehle ich Ihnen, in einem Antiquariat zu stöbern. Zu den ältesten Darstellungen zählt sicherlich das Buch »Der heimliche und unerforschliche Natur-Kündiger oder Accurate Beschreibung von der Wünschel-Ruthe«, das mit folgenden Worten beginnt: »Darinnen enthalten: Der besondere Nutz bey Entdeckung der Wasser-Quellen / Metallen / vergrabenen Schätze / flüchtiger Diebe und Mörder. Dabey solche Lehr-Sätze mit eingebracht / welche die allerdunckelsten Phänomene der Natur erklären und die abgehandelte Materi mit unhintertreiblichen Beweiß-Gründen bewahren. – Nürnberg, In Verlegung Andreas Otto, 1694.« Soweit zum Inhalt dieses über 300 Jahre alten und aus dem Französischen übersetzten Buches.

Die lange Geschichte der Radiästhesie zeigt, dass es schon immer Menschen gegeben hat, die mit der Wünschelrute »Besonderheiten« unter der Erdoberfläche aufspüren konnten. Ob Bauer, Bürger oder Architekt, Landvermesser oder Soldat, viele von ihnen waren sensitiv (für feinste Reize empfindlich) und beherrschten den Umgang mit der Wünschelrute. Die im Folgenden grob skizzierte Chronologie beginnt mit den laut Literatur ältesten Zeugnissen in Südfrankreich:

- *ca. 15 000 v. Chr.:* Malereien in der Höhle von Lascaux, Süd-frankreich, zeigen Rutengänger.
- *ca. 13 500 v. Chr.:* In Toga und Südfrankreich erzählt die Le-gende von der »wundersamen« Wünschelrute.
- *ca. 6000 v. Chr.:* Felsbilder in Tassili in der nördlichen Saha-ra zeigen Rute und Pendel.
- *ca. 4000–300 v. Chr.:* Skulpturen (Reliefs) und Grabbeigaben (z. B. im Amun-Tempel in Karnak) in Oberägypten zeigen kunstvolle Ruten.
- *ca. 2200 v. Chr.:* In der H-Sia-Dynastie in China gibt Kaiser Kuang Yü einen Erlass heraus, wonach kein Haus gebaut werden darf, bevor Erdwahrsager bzw. Rutengänger nicht be-stätigten, dass der Baugrund frei von bösen Geistern, sprich »Erdstrahlen«, sei.
- *ca. 1500 v. Chr.:* In Indien lehren die Brahmanen (Angehöri-ge der Priesterkaste) die Radiästhesie, d. h. den Umgang mit Rute und Pendel.
- *ca. 1275 v. Chr.:* Im 2. Buch Moses, Kap. 17, Vers 6 heißt es: »Siehe, ich will dort vor dir stehen auf dem Fels Horeb. Da sollst du an den Fels schlagen, so wird Wasser herauslaufen, dass das Volk trinke ...«* – Zu Ihrer Information: Ich habe mich kundig gemacht und festgestellt, dass diese Überliefe-rung nur einen symbolischen Charakter hat.
- *ca. 1000 v. Chr.:* Die Chaldäer, ein aramäischer Volksstamm im südwestlichen Babylonien, hatten eine Königin der Ru-tenkunst.
- *bis zum Jahr 1000 v. Chr.:* Christliche Missionare verwenden die Rute zur Wassersuche und retten viele Menschen vor dem Tod durch Verdursten.

---

* zitiert nach: Lutherbibel 1984, Stuttgart 1985

Erzgänge: Zeichnung vom Berg- und Hüttenwesen nach Georgius Agricola, 1546.

- *16. Jahrhundert:* Darstellung vom Einsatz der Wünschelrute zum Aufspüren von Erzgängen aus dem Jahre 1546 von Georgius Agricola, eigentlich Georg Bauer, Humanist, Arzt, Mineraloge (1494-1555). Sein Werk »De natura fossilium« gilt als erstes Handbuch der Mineralogie.
- *17. Jahrhundert:* Das Ehepaar Martine und Jean Beausoleil zählt in Europa zu den bedeutsamsten Rutengängern ihrer Zeit. Sie sind Berater zweier Kaiser des Heiligen Römischen Reiches und beraten auch den Papst bezüglich seiner Liegenschaft. Im Auftrag des Marquis d'Effiat, der unter Ludwig XIII. die Aufsicht über die königlichen Erzlager hat, suchen sie in ganz Frankreich nach weiteren Lagerstätten. Nach jahrelangen Untersuchungen mit weiteren Helfern finden sie insgesamt ca. 150 Lagerstätten. Als Lohn erhalten sie nicht ei-

nen Sou. Ihre Helfer müssen sie aus eigener Tasche bezahlen. Schlimmer noch, sie werden ihrer Habe beraubt und kommen schließlich voneinander getrennt hinter Gitter.

- *18. Jahrhundert:* In Klöstern wird der Umgang mit der Rute zum Aufspüren von Wasser gelehrt. Die Radiästhesie wird fester Bestandteil der theologischen Ausbildung. Für die Kirche ist das Phänomen der Erdstrahlen nichts Neues. Das weltweite Wissen um das Spüren von Strahlungen und Schwingungen reicht schon über 1000 Jahre zurück. Man weiß um ihre Berücksichtigung sowohl beim Sakralbau (Kirchen) wie bei der Einrichtung keltischer Kultstätten, buddhistischer Tempel als auch beim Profanbau (Schlösser). So liegen Altäre und Kanzeln, aber auch Fest- und Versammlungsräume sowie diverse Räume in so manchem Lustschloss vorwiegend auf Wasserkreuzungen, anderen Reizzonen und bestrahlten Stellen. In vielen Kirchen zeugen Engelreliefs in der Decke oder Setzplatten von diesen stimulierenden, d. h. anregenden, Stellen. Sie werden auch Orte der Beredsamkeit genannt und unterliegen dem so genannten Bauhüttengeheimnis. Zu den berühmtesten nach diesem Grundsatz errichteten Bauwerken zählen die Kathedrale von Chartres (12./13. Jh.) in Frankreich sowie die Wallfahrtskirche in Altötting in Oberbayern, die vor allem von dem Landshuter Strahlenforscher Dipl.-Ing. Robert Endrös erkundet wurde. Noch heute gibt es viele Mönche und Priester, die die Radiästhesie beherrschen und mit Wünschelrute oder Pendel arbeiten.
- *Deutschland 1909:* Schon 1904 wurde am Tegernsee in Oberbayern mit Unterstützung von Rutengängern erfolgreich nach Erdöl gebohrt. 1909 wird in 700 Metern Tiefe die stärkste Jod-Schwefel-Quelle Deutschlands aufgespürt und damit die Grundlage des Heilbades Bad Wiessee.

- *Österreich 1915:* Die einschlägige Literatur berichtet von einer Gräfin Charlotte von Türköry. Als begabte Rutengängerin findet sie die Therme von Schallerbach in Oberösterreich.
- *Österreich 1917:* Im Ersten Weltkrieg ist es die Aufgabe von Oberst Carl Beichl, die Karstarmee mit Wasser zu versorgen. Gemeinsam mit zwei rutenfühligen Offizieren, Major Musil und Hauptmann Lewin, findet Beichl Quellen im Karstgestein mit ausreichendem Wasser.
- *Deutschland 1925:* Rutengänger gründen den Verband für Ruten- und Pendelkunde. Auf Grund verschiedener Zielrichtungen kommt es zur Spaltung. Aus dem Stammverein entsteht die Deutsche Gesellschaft für Radiästhesie e.V., die sich später Deutsche Gesellschaft für Geobiologie e.V. (DGG e.V.) mit der Fachschaft Deutscher Rutengänger (FDR) nennt und bis heute besteht.
- *Österreich 1927:* Oberst Ingenieur Carl Beichl mutet die Thermenkarte der Stadt Wien. Diese zeigt die Hauptadern und deren Verästelungen mit einer Gesamtlänge von 91 Kilometern.
- *Deutschland 1929:* Freiherr von Pohl untersucht die Stadt Vilsbiburg und stellt fest, dass die an Krebs verstorbenen oder an Krebs erkrankten Menschen ihr Bett über einer so genannten Wasserader stehen hatten. Mehr über dieses Phänomen im Kapitel III/3 »Freiherr von Pohl als deutscher Rutengänger-Pionier«.
- *Österreich 1932:* Major Friedrich Musil, ein Schüler von Oberst Beichl, entdeckt das österreichische Erdölvorkommen, und Lehrer Falkinger mutet die unterirdischen Petroleumfelder im Raum Zistersdorf.
- *Deutschland 1933:* Im Auftrag von Anton Schneider, Hotelier in Tegernsee, untersucht der Reichsbahn-Amtmann Georg Kittemann mit der Wünschelrute das Gelände des Hotels

»Alte Post« auf unterirdische Vorkommen von mineralhaltigem Wasser.

Den Verdiensten dieses bedeutenden bayerischen Rutengängers möchte ich mehr als einen Absatz widmen. Sein Wirken war für mich Anlass genug, mich mehrmals vor Ort kundig zu machen. An dieser Stelle danke ich auch den Gemeinden Tegernsee und Bad Wiessee für ihre hilfreiche Unterstützung. Georg Kittemann beurteilte in seinem Gutachten vom 10. Juni 1934 die von ihm festgestellten jodhaltigen Gewässer als größer und stärker als die beiden Jodquellen in Bad Wiessee. Dazu wörtlich: »Auf Grund meiner Untersuchungen erachte ich die Verhältnisse für derart günstig, dass eine Bohrung zur Erschließung des Jodvorkommens an der bezeichneten Stelle nach meiner Überzeugung äußerst erfolgversprechend ist und dass auch in wirtschaftlicher Beziehung mit einem durchaus befriedigenden Ergebnis zu rechnen sein dürfte.« Erst 22 Jahre später kam für Tegernsee der große Erfolg, an dem auch Georg Kittemann maßgeblichen Anteil hatte. Dazu die Tegernseer Zeitung »See-Geist« vom 11./12. August 1956: »Auch in Tegernsee kann der Gast jetzt Trinkkuren machen.« Im Bericht selbst heißt es u. a. mit betonter Zurückhaltung: »Natürlich ging man ein Risiko ein, denn trotz der guten Prognosen von Geologen und Wünschelrutengängern bleibt jede Bohrung ein Wagnis.« Georg Kittemann hat das große Ereignis in Tegernsee nicht mehr erlebt. Er verstarb bereits 1952 im Alter von 78 Jahren. Erst am 13. November 1970 wurden die Verdienste des großen bayerischen Rutengängers durch eine offizielle Bescheinigung gewürdigt. Darin heißt es: »Die Stadt Tegernsee bescheinigt, dass Herr Georg Kittemann und Fräulein Emmy Kittemann bei der Erschließung der Mineralwasserbohrungen Tegernsees durch Wünschelrutengänge maß-

Statue in Bad Wiessee erinnert an die Erfolge von Rutengängern bei der Jod-Suche.

geblich beteiligt waren. Nach ihren Entdeckungen wurde der Bohrpunkt I festgelegt. Die Bohrung II wurde nach den Angaben von Frl. Kittemann niedergebracht. Aus beiden Bohrungen wurde Jod-Sole-Wasser gefördert. Das Brunnenwasser wird laufend vom Institut für Wasserchemie und Chemische Balneologie der TH München positiv im Hinblick auf die Anerkennung als Heilwasservorkommen analysiert.« Gezeichnet: A. Staudacher, 1. Bürgermeiser.

Sollten Sie einmal nach Bad Wiessee kommen, dann beachten Sie in der Stadtmitte den Bronzemann mit Wünschelrute am Rande des Springbrunnens, eine hervorragend gelungene Arbeit. Laut Auskunft vom 1. Bürgermeister, Herrn Fischhaber, symbolisiert die Statue die Entdeckung der erwähnten Jod-Schwefel-Quelle. Die daneben stehenden Bronzekinder deuten dagegen die mit den Heilquellen verbundene Gesundung bzw. Verjüngung an. Als Rutengänger bin ich fasziniert und dankbar für dieses Denkmal. Beweist es doch, dass sich die Stadt damit zur Realität des Rutengehens bekennt. Übrigens hatte Georg Kittemann während des Kriegs eine ganz besondere Aufgabe. Er untersuchte das Gelände im Bereich neuer Bahnkörper nach Wasseradern, so dass Unterspülungen vermieden werden konnten. Für seine erfolgreiche radiästhetische Fähigkeit wurde er 1947 von der damaligen Regierung mit 1000 Mark belohnt.

– *Deutschland 1938:* Unter Hitlers Herrschaft knapp vor dem Zweiten Weltkrieg wird der Radiästhesie eine unerwartete Aufmerksamkeit zuteil. Der Philosoph Dr. Josef Wüst, Nationalsozialist von der ersten Stunde an, übernimmt die Ideen des Dresdner Chemieprofessors Johann Karl Bär, die Radiästhesie systematisch zu schulen. Ebenso daran interessiert ist ein Vertrauter Himmlers, der Mathematiker Joseph Wimmer, der schließlich auf Befehl des Reichsführers SS während des Zweiten Weltkriegs eine »Schule für Wünschelrutengänger« leitet. Die ausgebildeten Rutengänger werden nicht nur für die Wassersuche, sondern auch für das Aufspüren unterirdisch angelegter Gänge, Bunker und Depots eingesetzt. Und, so unwahrscheinlich es klingt, zu ihrer Aufgabe gehört auch die Suche nach Tretminen. Ein Grund mehr, ein guter Rutengänger zu sein, denn ein zu später Rutenausschlag, sprich Reaktionspunkt, bedeutete den Tod.

– *Norwegen 1941:* Besonders fähigen Rutengängern wird vom Kommando der Deutschen Wehrmacht die Begabung in das Soldbuch eingetragen. Zu diesen zählt der Wiener Architekt Paul Artmann. Er überzeugt den Divisionskommandeur während des Norwegeneinsatzes, wegen herrschenden Wassermangels von einem Flugzeug aus Bodenuntersuchungen

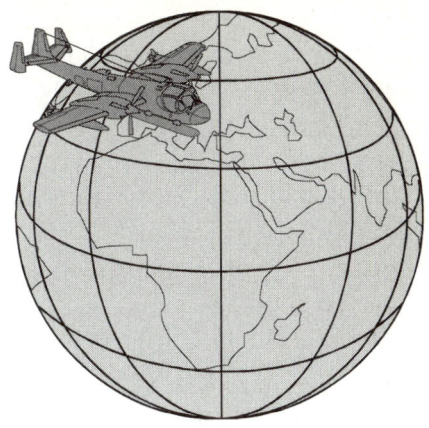

Rutengänger muteten vom Flugzeug aus Wasservorkommen und Bodenschätze.

durchzuführen. In der Folge werden von einer langsam fliegenden Ju 57 aus die Rutenausschläge von Artmann registriert und auf der Bodenkarte markiert. Die anschließenden Bohrungen anhand der Karte sind eindeutige Treffer. Dieses Verfahren übernehmen später auch russische Geologen.

Natürlich kann es sich dabei nicht um kleine unterirdische Wasserläufe, sondern nur um außerordentlich starke Strömungen gehandelt haben.

– *England 1943:* Offenbar bedienen sich im Zweiten Weltkrieg alle kriegführenden Nationen der rutensensitiven Männer. So setzt England Ing. Sapper S. Kelley aus Melbourne in Australien ein, der auf der heiß umkämpften Halbinsel des Hellespont ein Trinkwasservorkommen mit einer stündlichen Schüttung von 10 000 Litern mutet. Für die mangels Wasservorräten kurz vor der Kapitulation stehenden Briten geht der Kriegseinsatz weiter.

– *Israel 1959:* Der amerikanische, deutschstämmige Rutengänger Stephan Riess sucht auf Bitten der israelischen Regierung für die Stadt Eilat am Golf von Akaba am Roten Meer eine

Trinkwasserquelle. Riess wird fündig und erhält für das »Wasser aus der Wüste« von Premierminister David Ben Gurion feierlich einen Orden überreicht.

- *Amerika 1966:* US-Verteidigungsminister Robert McNamara steht vor dem Problem, im vietnamesischen Dschungel die unterirdischen Verstecke der Vietkong ausfindig zu machen. Der Landvermesser und professionelle Rutengänger Louis Matacia aus Virginia (USA) hört davon und erklärt sich bereit, seine Fähigkeit unter Beweis zu stellen.

  Späteren Berichten war zu entnehmen, dass Matacia mit anderen begabten Rutengängern nicht nur unterirdische Tunnelsysteme, sondern auch Waffenverstecke und Nahrungsmitteldepots aufspürte. Das Verfahren wurde im Pentagon überprüft und für gut befunden, jedoch nicht offiziell in das Militärprogramm aufgenommen.

- *Sowjetunion 1968:* In Moskau treffen sich 236 Wissenschaftler zu einem Seminar über biophysikalische Wirkungen mit den Hauptthemen: Magischer Stab und Rutengängerei. Georgij Kevchisvili, ein Wasserbauingenieur, berichtet von seinem erfolgreichen Einsatz während des Zweiten Weltkriegs als Rutengänger bei der Roten Armee, und die beiden Ingenieure Boris Tarejev und Evgenij Somonov erklären, dass sie mit der Wünschelrute ein elektrisches Drei-Phasen-Kabel unter der Erde lokalisierten. In diesem Zusammenhang möchte ich Sie an das Kapitel I/1 »Erste Kontakte mit Wünschelrutengängern« erinnern.

- *Sowjetunion 1971:* Bei einem weiteren Seminar berichten zwei Geologen, dass sie mit der Wünschelrute nicht nur Wasser, sondern auch Gold aufgefunden haben, und Kommissionsleiter Dr. Alexander Bakirov vom Polytechnischen Institut in Toms weist darauf hin, dass Rutengänger in 15 Ländern bei der Suche nach Erzlagerstätten vom Flugzeug aus fündig geworden sind. Die Moskauer Seminarleitung bestimmt daraufhin eine Kommission zur Erforschung dieser Methode. Bezüglich der Anwendung der Wünschelrute haben die Sowjets vor den Amerikanern noch heute einen Vorsprung. Für sie ist der greifbare Erfolg offenbar wichtiger als alle Theorie.

– *Vietnam 1974:* Während eines Gefechts zwischen einem chinesischen und südvietnamesischen Patrouillenboot fällt bei Letzterem der Funkverkehr aus. Im Stab des Marinekorps in Saigon weiß man nicht, wie man dem bedrängten Schiff zu Hilfe kommen kann, da sein Standort nicht bekannt ist. Der Oberkommandierende des Marineverbandes entsinnt sich an die Begabung von Captain Vo Sum, der in seinen Diensten steht und seinen Landsleuten hin und wieder mittels Pendel Auskunft über vermisste Personen verschafft. Dieser lässt längere Zeit sein Pendel über der Seekarte kreisen und bestimmt exakt auf der Karte die Position des Bootes. Die 23 Besatzungsmitglieder werden gerettet, und Vo Sum erhält eine Auszeichnung.

– *Deutschland 1994:* Zwei englische Skifahrer verfahren sich am Hohen Laber. Nachdem sie von Freunden als vermisst gemeldet sind, macht sich die Bergwacht trotz Schneetreibens auf die Suche. Nach einbrechender Dunkelheit muss diese ergebnislos abgebrochen werden. Bergsteiger und Rutengänger Georg Horak, der am Fuß des Hohen Labers wohnt, bringt die Bergwacht auf die richtige Spur. Er mutet mit der Wünschelrute über der Landkarte die Stelle, wo sich die Vermissten befinden müssen. Erneut brechen die Helfer auf und finden im Licht der Taschenlampe die Vermissten. Dazu der Bergwachtführer: »Es war verblüffend, wie genau Georg Horak den Fundort vorhersagen konnte.«

Anhand dieses geschichtlichen Überblicks in Kurzfassung wollte ich Ihnen auch aufzeigen, dass der Gebrauch der Wünschelrute sehr vielseitig sein kann. Ganz egal für welchen Einsatz, im Mittelpunkt des Geschehens steht immer der Rutengänger als fühliger Mensch.

Über einige bedeutende Wünschelrutengänger des 20. Jahrhunderts, wie z. B. Freiherr von Pohl, Dr. med. Hartmann, Dr. med. Curry, Dr. med. Aschoff sowie die Österreicherin Käthe Bachler u. a. m., werde ich später berichten. Im Gegensatz zu den in der Zeittafel genannten Rutengängern haben die eben Genannten vor allem den medizinischen Aspekt der Erdstrahlen erforscht. Um es für Sie auf einen einfachen Nenner zu bringen: Eines ist so wichtig wie das andere, denn ohne Ursache (Objekt) gibt es auch keine Wirkung (Strahlung).

2. Strahlenfühligkeit: Kunst oder Wahrnehmungssinn?

Vor einer Darstellung der biologischen Wirkungen von Erdstrahlen stellt sich die Frage: Was passiert eigentlich im Körper des Rutengängers? Was bewirkt die Bewegung der Hand, zu der es durch den Ausschlag der Wünschelrute kommt? Eine klare und eindeutige Antwort darauf gibt es leider nicht. Es ist jedoch bekannt, dass gute Rutengänger an bestimmten Stellen immer wieder – und zwar auch unter allen kritischen Bedingungen – dasselbe Phänomen zeigen. Es muss also in irgendeiner Weise der Muskel angespannt werden. Das geht natürlich über das Nervensystem, wobei bereits kleine Energien ihre Wirkung zeigen. Um das Phänomen der Wahrnehmung von Erdstrahlen zu erforschen, gibt es folgende aktive Möglichkeiten:

1. *Selbstkontrolle:* Der Rutengänger unterzieht sich während seiner Arbeit mehrerer Kontrollen:
   – Messung der elektrischen Leitfähigkeit der Haut
   – EKG
   – EEG

Diese Methode ist nach meiner Überzeugung realistisch. Ich kenne einige Rutengänger, die über Reizzonen Hautwiderstandsmessungen am Klienten oder an sich selbst durchführen. Diese Möglichkeit kann durchaus Aufschlüsse über den Standort hinsichtlich einer veränderten Bodenstrahlung geben.

Zumindest ist diese Orientierung besser als folgende Erkenntnis eines »Rutengänger-Experten«. Dieser will über Erdstrahlenzonen, sprich unterirdischen Wasserläufen, und geologischen Verwerfungen an 450 Versuchspersonen (meist Studenten) folgende Symptome festgestellt haben: Rotwerden des Gesichts, Schweißausbrüche, Erbleichen, Brechreiz, Ausdruck des Erschreckens in den Augen, Speichelfluss, kalte Füße, Muskelkrampf, Erschöpfung, Schlaflosigkeit und Arbeitsunfähigkeit, nervöse Übererregbarkeit, starke Erhöhung der Pulsfrequenz, Schmerz in der Magengegend, Gähnen und nicht zuletzt Schluckauf.

Nun, ich gebe zu, dass bei längerer und intensiver Tätigkeit Ermüdungserscheinungen auftreten; von anderen Symptomen habe ich bis dato noch nichts gemerkt. Hier abgesehen von einem Fall während meiner praktischen Prüfung zum Fachschaftsrutengänger. Unsere Gruppe hatte zunächst mit dem Schulungsleiter Franz S. eine stark gestörte Stelle im Gelände gemutet und diese mit einem Kreis markiert. Auf seine Frage, wer sich freiwillig zehn Minuten in den Kreis stellen wolle, meldete ich mich sofort. Schon nach knapp zwei Minuten fühlte ich einen leichten und stetig zunehmenden Schwindel. Mit Gewalt versuchte ich, meine Schwäche zu unterdrücken, doch es half nichts, ich musste den Platz verlassen.

Ähnliche Erfahrungen habe ich während meiner langjährigen Tätigkeit mehrfach auch bei verschiedenen Schlafzimmeruntersuchungen gemacht. Schon an dieser Stelle rate ich Ihnen dringend, derartige Schwächen bei Haus- und Schlafplatzuntersuchungen nicht unbedingt zu zeigen. Wechseln Sie so unauffällig wie möglich Ihren Stehplatz. Wie gesagt, andere Symptome kenne ich nicht. Es wäre auch schlimm, mit hochrotem Gesicht, schweißgebadet, mit vor Schreck geweiteten Augen und Speichel vor dem Mund u. a. m. dem Kunden gegenüberzustehen.

2. *Tierversuche:* Hier würde es eine Reihe von Parametern oder Größen geben wie z. B. die Entzündungsreaktion. Diese Methode müsste dort durchgeführt werden, wo Rutengänger vorher z. B. eine Wasserader gemutet haben.

3. *Pflanzenversuche:* Bei der dritten Methode wären umfangreiche Untersuchungen hinsichtlich des Wachstumsverhaltens von Pflanzen über Reizzonen erforderlich. Beide Möglichkeiten sind in den Kapiteln III/9 »Tiere reagieren über Reizzonen unterschiedlich« und III/10 »Pflanzen als Anzeiger verschiedener Reizzonen« eingehend beschrieben.

Der Vorteil der 2. und 3. Methode liegt darin, dass weder Tiere noch Pflanzen einer Selbstbeeinflussung unterliegen, die beim Menschen nicht ausgeschlossen werden kann. Anders ausgedrückt, das Tier reagiert auf Strahlungen instinktiv, der Mensch dagegen bewusst analysierend. Unsere Sinne sind zunächst also nicht in der Lage, Ordnung in das komplexe Strahlengesche-

Schnupperkurs für Rutenfühligkeit bei der TÜV-Akademie Regensburg mit Projektleiter Hermann Wießnet.

hen um uns herum zu bringen. Wir wissen aber, dass es z. B. mit Hilfe der Wünschelrute gelingt, Wasseradern aufzuspüren. Dazu ein Beispiel aus jüngster Zeit.

Die TÜV-Akademie Regensburg hielt einen Einführungskurs für Rutengänger. Bereits am Tag vorher erhielten die 22 Teilnehmer, meist Architekten und Ingenieure, durch meinen vierstündigen Vortrag zum Thema »Geologisch bedingte Risikofaktoren« einen Einblick in das Phänomen der Erdstrahlen. Selbstverständlich wollte sich die Akademie nicht alleine auf subjektive Mutungsergebnisse verlassen. Mit Unterstützung meines Freundes und Kollegen Manfred Benker und seinem Messgerät erfolgte dann die praktische Tätigkeit im Gelände. Dazu gehörte natürlich auch die fachliche Einweisung bezüglich der Auswahl und Handhabung der Rute und vieles andere mehr. Ich selbst hatte zudem im Bereich des ausgelegten 20-Meter-Maßbandes mit der Wünschelrute zwei eindeutige Wasseradern aufgespürt. Nunmehr lag es an den Teilnehmern, ihr Lehrgangsziel zu meistern. Über jeden ihrer Rutenausschläge wurde Protokoll geführt. Abschließend wurde mittels dem in Rutengängerkreisen bekannten Geo-Spektrometer (Szintillationszähler) die Strecke physikalisch vermessen.

Die Projektleiter der TÜV-AKD, Hermann Wießnet und Sylvia Wagner, sowie Manfred Benker und ich als Ausbilder und erst recht die Teilnehmer des Einführungskurses waren gleichermaßen auf das Ergebnis gespannt. Anhand der Mutungs- und Messprotokolle gab schließlich Herr Wießnet das Resultat bekannt. Dazu der Projektleiter wörtlich: »Ich hätte diese große Übereinstimmung nicht im Traum für möglich gehalten!« Für die bundesweit als objektiv und neutral bekannte TÜV-Akademie offenbar Grund genug, diese Kurse weiterhin auf Wunsch in ihr breit gefächertes Aus- und Fortbildungsprogramm aufzunehmen.

Wasseradern richtig zu muten, ist also nicht nur Vergangenheit, sondern Gegenwart und Zukunft. Und wieder stellt sich die Frage, wie das funktioniert. Bei Vorträgen antworte ich aus Zeitgründen in der Regel wie folgt: »Es handelt sich dabei um einen feinstofflichen Vorgang im Körper des Rutengängers.« Ihnen gegenüber möchte ich diese Aussage konkretisieren. Es ist bekannt und wissenschaftlich erwiesen, dass der menschliche Organismus in vielen Dingen automatisch reagiert, d. h. reflexartig, ohne Einschalten des Großhirns. Bekannt ist auch, dass das Sonnengeflecht im Bauchraum eine Reihe von Funktionen hat, die im Reaktionsbereich des Menschen eine Rolle spielen. Zu diesem Schluss kamen mehrere Wissenschaftler, die den Solarplexus als Sensor für so genannte Erdstrahlungen bezeichneten. Demzufolge gibt es etwa in Magenhöhe ein Empfangs-

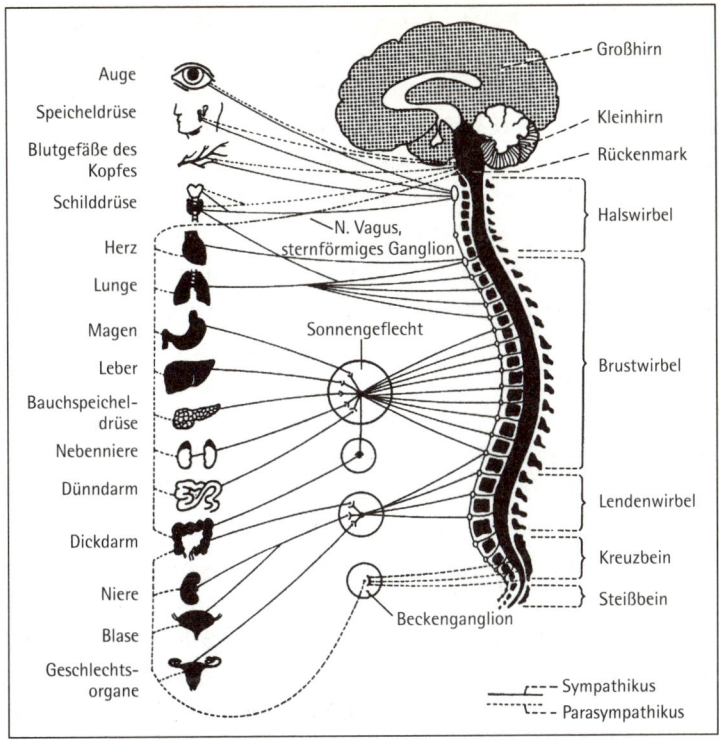

Das Sonnengeflecht spielt bei der Reaktion des Rutengängers eine wichtige Rolle.

organ im menschlichen Organismus. Die zahlreichen Versuche des amerikanischen Physikers Dr. Zabor Harvalik belegen, dass es neben dem Solarplexus auch im Kopf Empfänger gibt. Außerdem ist bekannt, dass Rutengänger mit dem Verlust ihrer Nieren auch die radiästhetische Sensibilität verlieren. Das Wissen, dass der Solarplexus nicht der einzige Sensor im menschlichen Körper ist, wird u. a. auch auf die extrem hohe Sensitivität des deutschen Rutengängers Wilhelm de Boer zurückgeführt. Dass der Solarplexus bei der Mutung von Strahlungen eine bedeutende Rolle spielt, möchte ich Ihnen an folgendem Beispiel verdeutlichen. Rutengänger, die mit den Füßen voraus auf einer Liege über eine Reizzone getragen werden, reagieren in aller Regel erst dann, wenn der Bauchteil mit den Reizen kontaktiert. Derartige Experimente werden oftmals auch im Rahmen von Ausbildungen durchgeführt.

Nachdem es wissenschaftlich gesichert ist, dass sich Zugvögel und andere Tiere am erdmagnetischen Feld orientieren, hält es Prof. Dr. E. Lengfelder vom Strahlenbiologischen Institut der Universitätsklinik München für absolut nicht ausgeschlossen, dass es im menschlichen Organismus Strukturen gibt, die auf magnetische, elektrische, vielleicht auch auf andere Felder reagieren können. Heute kennt man eine Reihe von Wechselwirkungen, die bislang wenig beachtet wurden. Haben Sie vielleicht gewusst, dass die Diskomusik (Trommel und Bass) auch über den Bauch empfunden wird und damit zum Schalleindruck über die Ohren Körperempfindungen hervorruft? Also über ein Organ, das bisher nicht als »Hörorgan« angesehen wurde?!

Bei den bisher genannten Methoden handelt es sich um aktive Möglichkeiten, die Fühligkeit zu erforschen. Es gibt jedoch auch eine *passive* Möglichkeit.

Hierzu nenne ich das Stichwort »Krebshäuser«. Ich kenne keinen Rutengänger, der nicht schon die Erfahrung gemacht hat, dass es in bestimmten Häusern vermehrt zu Schlafschwierigkeiten, Erkrankungen bis hin zu Krebs kommt. Hier wäre mit Sicherheit ein großes wissenschaftliches Betätigungsfeld, um Licht in das Phänomen der Strahlenfühligkeit zu bringen.

3. Die Wünschelrute: Wunderstab oder nur Werkzeug?

Erinnern Sie sich noch an meinen ersten Kontakt mit einem Rutengänger, an den Mann, der mit der Gabelrute nach unterirdischen Gängen von Bisamratten mutete? Ich habe diese Begegnung im Gedächtnis, als ob sie erst gestern stattgefunden hätte. In der Folgezeit bis dato habe ich Hunderte von Rutengängern kennen gelernt. Meine damalige Faszination ist der Ernüchterung gewichen. Liegt es daran, dass ich hinter das Geheimnis des rätselhaften Rutenausschlages gekommen bin? Hat diese Wahrheit etwa meinen Kinderglauben zerstört? Lange Zeit bin ich nämlich davon ausgegangen, dass die frisch geschnittene Weidengabel deshalb nach unten ausschlägt, weil sie zurück zum Wasser will. Diese Erklärung wurde spätestens mit dem Überkreuzen der Winkelruten zunichte gemacht. Ernüchtert bin ich auch deshalb, weil ich einen echten Rutenausschlag von einem gewollten unterscheiden kann. Ein radiästhetischer Laie ist dazu nicht in der Lage. Dieser verfolgt das Drehen, Schwingen oder Ausschlagen der Wünschelrute ebenso fasziniert und gespannt wie einst auch ich. Sofern Sie selbst Rutengänger sind oder werden, müssen Sie immer damit rechnen, dass Sie mit Ihrer Tätigkeit Aufsehen erregen. Egal, ob im Rahmen von Ausbildungen, Vorträgen, Bauplatz-, Haus- oder Schlafplatzuntersuchungen, die Menschen sehen in Ihnen etwas ganz Besonderes. Niemand sollte deshalb im Rahmen seiner Tätigkeit eine »Schau abziehen«.

Einer meiner vielen Kollegen hat folgende Angewohnheit: Vor dem Publikum greift er in die Hosentasche, zieht seinen Kamm heraus und wirft ihn etwa fünf Meter vor sich hin. Dann erklärt er den neugierigen Zuschauern, dass er mit geschlossenen Augen den Gegenstand mutet. Meist erfolgt der Rutenausschlag dann tatsächlich exakt über dem Kamm. Als erfahrener Rutengänger und Brunnensucher hätte er solche Spielereien sicherlich nicht nötig. Sie lassen für mich ganz einfach den Ernst der Sache vermissen. Ich selbst habe mich längst daran gewöhnt, bei meiner Tätigkeit neugierig und fasziniert beobachtet zu werden. Und so mancher Nachbar meines Auftraggebers kann sich mit der Frage nicht zurückhalten: »Was suchen Sie denn?« oder »Haben Sie was gefunden?« Auf die erste Frage antworte ich meist spaßhaft »eine Goldader« und auf die zweite betont sachlich wie konsequent, »dass ich über das Ergebnis nur meinen Auftraggeber unterrichten werde«. Dieser vertraut mir, folglich genießt auch er absolutes Vertrauen!

Doch zurück zu der Frage: Wunderstab oder nur Werkzeug? Lassen Sie sich nicht täuschen! Nicht die Schnelligkeit der Rutendrehung ist ausschlaggebend, sondern das richtige Ergebnis. Und noch etwas erscheint mir wichtig, Ihnen zu erklären. Die Wünschelrute ist ausschließlich Mittel zum Zweck. Sie hat keine Zauberkraft und entwickelt auch keine eigenen Energien. Als absurd bezeichne ich auch folgende Empfehlung in einem Buch über die Wünschelrute: »Wenn Sie Ihre Wünschelrute einem anderen ausleihen, müssen Sie diese wieder sauber abwaschen, weil an ihr fremdes Od haftet. Zum Abtrocknen dürfen Sie auf keinen Fall ein Tuch nehmen. Vielmehr müssen Sie die Wünschelrute von der Sonne trocknen lassen.« Über diese Empfehlung kann ich heute nur noch lächeln. Derartige oder ähnliche Hinweise gibt es aber leider viel zu viele. Nochmals, die Wünschelrute oder das Pendel sind lediglich Hilfsmittel, sprich Werkzeug. Waschen Sie vielleicht Ihren Hammer ab, weil ihn vorher ein anderer benutzt hat und Sie befürchten, damit den Nagel nicht mehr zu treffen? Sofern Sie Ihr Werkzeug aus hygienischen Gründen säubern, mag das verständlich sein, aber bitte nicht aus Aberglauben.

Bedenken Sie, nicht die Wünschelrute ist für die Mutung wichtig, sondern der Mensch laut Goethe als »größter und genauester Apparat«. Wünschelrute und Pendel sind lediglich »Anzeigegeräte« oder »mechanische Verstärker« für die kleinsten Muskelbewegungen des Rutengängers. Anders gesagt: Sie sind die Uhr, und die Wünschelruten sind die Zeiger. Oder Sie selbst sind das Radio, und die Ruten sind die Lautstärkeregler. Noch verständlicher kann man diesen Zusammenhang kaum beschreiben.

Die Wünschelrute hat also nur den Zweck, die unmittelbaren Körperreaktionen (z. B. Nerven- und Muskelreflexe) äußerlich sichtbar zu machen, was durch den Rutenausschlag erfolgt. Wie das genau geschieht, erfahren Sie weiter unten. Dass die Wünschelrute nur eine Krücke, sprich ein Hilfsmittel ist, wird besonders dadurch klar, dass es auch Menschen gibt, die gänzlich auf sie verzichten können. Diese verspüren eine veränderte Bodenstrahlung auf Grund einer Wasserader mit dem ganzen Körper oder mit der ausgestreckten Hand. Ich kenne Kollegen, die damit nicht schlechter oder besser muten als andere mittels Wünschelrute. Somit ist klar, dass nicht das Werkzeug an sich für die erfolgreiche Mutung ausschlaggebend ist, sondern der fühlende Mensch. Dass dieser »Apparat« auch seine Schwächen hat, liegt in der Natur der Sache. So hängt das Mutungsergebnis eines Rutengängers von einer Reihe wichtiger Faktoren ab, auf die ich später näher eingehen werde.

4. Der Unterschied zwischen muten und messen

Nachdem ich bereits wiederholt das Wort »muten« oder »Mutung« gebraucht habe, möchte ich Ihnen die Begriffe erläutern. Wie schon bemerkt, hat muten nichts mit »vermuten« zu tun. Vielmehr stammt das Wort aus dem Bergbaurecht und bedeutet etwa so viel wie »festlegen«, »bestimmen«. Der Begriff hat sich in der Bedeutung »subjektive Ermittlung mittels Wünschelrute oder Pendel« durchgesetzt. Die Fähigkeit zur Mutung setzt das Vorhandensein einer Bereitschaft voraus, die es erlaubt, mit einem Indikator (Wünschelrute, Pendel und in Ausnahmefällen mit der bloßen Hand) geologisch oder atmosphärisch bedingte Reizzonen sowie künstlich erzeugte Störfelder zu lokalisieren. Der subjektiven Ermittlung fehlen Objektivität und Reproduzierbarkeit. Sofern mehrere Rutengänger zu einem gleichen Mutungsergebnis kommen, kann dieses zwar objektiv richtig sein, muss es aber nicht. Die Personengruppe kann nämlich insgesamt den gleichen »systematischen Fehler« machen. Das Ergebnis ist dann zwar scheinbar reproduzierbar, braucht jedoch nicht objektiv richtig zu sein. Mit einem Satz: Alles was Sie als Rutengänger mit der Wünschelrute, dem Pendel oder mit der bloßen Hand fühlen, ist subjektiv und daher eine Mutung. Wer also vorgibt, mit der Wünschelrute einen Schlafplatz zu »vermessen«, ist falsch gewickelt.

Unter den Begriffen »messen« oder »Messung« versteht man, einer Eigenschaft (Messgröße) eines Messobjekts durch Vergleich mit einer geordneten Menge gleichartiger Eigenschaften einen Messwert zuzuordnen. Der Vergleich kann unmittelbar mit den Sinnesorganen oder mittelbar durch Zwischenschaltung eines geeigneten Gerätes durchgeführt werden. Das un-

Rutengänger arbeiten sub-jektiv mit Wünschelrute/ Pendel oder der fühlenden Hand.

mittelbare Verfahren muss immer dann gewählt werden, wenn der Vergleich zu ungenau, nicht objektiv oder nicht reprodu-zierbar ist. In der Naturwissenschaft werden Messobjekte in physikalischen Maßeinheiten gemessen, und zwar nach dem Meter-Kilogramm-Sekunde-System (MKS-System). Abschlie-ßend sei betont, dass subjektive radiästhetische Ermittlungen keine Messungen darstellen. Selbst auf den spaßigen Hinweis eines erfahrenen Kollegen, dass ich mir meine Messgeräte »in den Hintern stecken kann«, sind diese für mich mittlerweile zu unverzichtbaren Hilfsmitteln geworden. Es kommt also immer darauf an, für welche Ausbildung Sie sich entscheiden. Wäh-rend der »reinrassige« Wünschelrutengänger durchaus auf Messgeräte verzichten kann, tut der Geobiologische Berater gut daran, sich zumindest eine Standardausrüstung zuzulegen. Auf ein Gerät können aber beide nicht verzichten, den Kompass. Zur weiteren Ausrüstung des Wünschelrutengängers und Geobiologischen Beraters gehören z. B. Maßbänder (auch Meterstab) sowie Markierungsmaterial und Schreibunterlagen.

5. Arten, Formen und Materialien von Wünschelruten

»Na endlich«, werden Sie denken, »kommt einer auf den wichtigsten Teil der Radiästhesie zu sprechen.« Wenn dem so ist, dann muss ich Sie leider enttäuschen. Wie bereits erklärt, spielen nämlich Art und Form oder Material der Wünschelrute eine völlig untergeordnete Rolle. An dieser Feststellung können auch jene Akademiker nichts ändern, die mit Zirkel, Schublehre, Winkelmesser, Mikrometer und Taschenrechner wissenschaftlich penibel versuchen, die Funktion, Eigenschaft, Intensität u. a. m. rund um die Wünschelrute zu berechnen oder zu bestimmen. Ich sage das deshalb so deutlich, weil ich mir vor Jahren einen Vortrag eines Professors über die »Funktion der Winkelrute« angehört habe. Glauben Sie mir, noch bevor er auf den mathematisch exakt berechneten »Rutenausschlag« zu sprechen kam, sind den Teilnehmern die Augendeckel runtergefallen. Nein, die Reaktion des Menschen als Individuum lässt sich nicht in eine mathematische Formel packen. Das ist ganz einfach purer Unsinn. Auch Professor König von der Technischen Universität München bestätigte, dass die Art der Wünschelrute überhaupt keine Rolle spielt. Dazu wörtlich: »Es ist völlig egal, ob man hier mit einem Weidenzweig, mit einer Plastikrute, mit einer Stahlrute oder, wie es in Einzelfällen auch manchmal demonstriert wird, bloß mit der baren Hand herumfühlt und sagt, da ist etwas.«

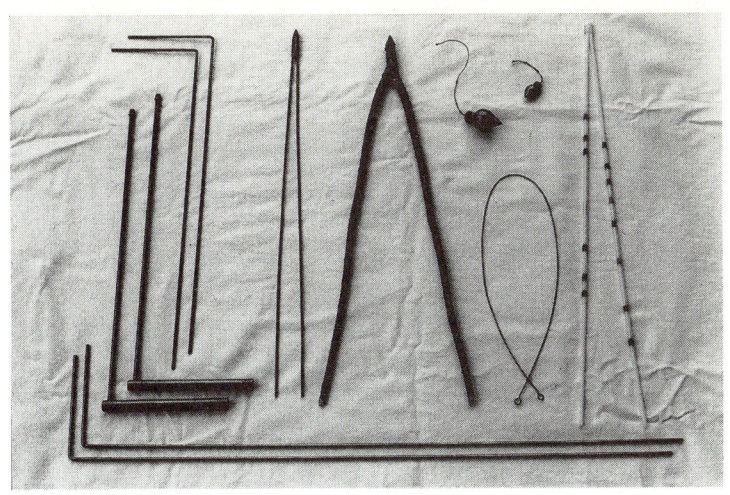
Kleine Auswahl von Wünschelruten aus Stahl, Messing, Plastik und Holz mit Pendel.

Um den Duden zu zitieren: »Bei der Wünschelrute handelt es sich um einen zweigegabelten Weiden- oder Haselzweig, auch gebogenen Draht. Dieser wird vom Rutengänger in beiden Händen und im labilen Spannungsgleichgewicht gehalten; der Rutenausschlag soll Bodenschätze (Wasser, Erdöl, Erze) u. a. m. anzeigen.« Diese Angaben haben heute nur noch bedingte Gültigkeit. Die heutigen Wünschelruten sind nämlich meist aus Stahl oder Plastik und unterscheiden sich in Ypsilon-, Vertikal-, Winkel- und Lecherruten, Ruten mit und ohne Kugellager oder Teleskop und markierten Grifflängen. Alle haben aber eines gemeinsam: Ohne den Benutzer (Wünschelrutengänger) sind sie wie ein Uhrzeiger ohne Uhr. Gleichermaßen sind nicht nur Form und Art der Rute, sondern auch das Material bedeutungslos. Sie glauben mir noch immer nicht? Dann legen Sie doch ganz einfach eine Wünschelrute auf den Tisch oder eine andere Ablage.

Was glauben Sie, was nun geschieht? Nämlich gar nichts! Deshalb sei letztmalig gesagt: Weder Art noch Form noch Rutenmaterial sind von Bedeutung, sondern allein die Sensitivität und die Begabung des Handhabenden. Andere Behauptungen haben nur den Sinn, dem Werkzeug des Wünschelrutengängers etwas Mystisches zu geben, als ob es nicht schon genug Geheimnisvolles rund um die Wünschelrute geben würde.

Ich selbst ziehe aus praktischen Erwägungen, aber auch aus Sympathiegründen, die Winkelrute aus Messing mit kugelgelagerten Handgriffen jeder anderen Rute vor. Im unteren Teil der Handgriffe befinden sich zudem Hohlräume für den eventuellen Gebrauch eines Materialmusters des zu mutenden Objekts.

6. Die Wünschelrutentypen und ihre Handhabung

Während die bislang beschriebene *Winkelrute* seitwärts, d. h. entweder nach innen oder außen, »ausschlägt«, erfolgt die Reaktion bei der *Gabelrute* nach unten oder oben. Auch hier ist die Handhabung entscheidend. Bevor ich näher auf sie eingehe, erlauben Sie mir einige Hinweise zum Material. Die herkömmliche Gabelrute, auch *Spannrute* genannt, ist aus *Holz*. Bevorzugt werden Haselnuss, Weißdorn, Weide, Kirschbaum oder andere elastische Hölzer. Als Naturschützer benutze ich eine derartige Rute lediglich zur Demonstration bei Vorträgen. Zudem fehlt mir die Zeit, vor jedem Gebrauch einer Wünschelrute eine geeignete Gabel zu suchen. Ein weiterer wichtiger Grund für einen Verzicht ist die Tatsache, dass Sie nicht immer das optimale Material in der Natur finden. Unabhängig davon möchte ich Sie mit einigen Kriterien der Gabelrute bekannt machen.

Bevor Sie z. B. das Messer am Haselnussstrauch ansetzen, wählen Sie eine Gabel mit möglichst gleich starken Zweigen bis maximal neun Millimeter Stärke und mit rund 50 Zentimetern Länge. Es ist untauglich, eine Rute mit unterschiedlich starken und langen Hölzern zu benutzen. Ich betone das deshalb, weil Sie später die Ruten gleichmäßig spannen müssen, um den labilen Zustand herzustellen. Schneiden Sie zudem die Rute nicht direkt an der Gabelung ab, sondern etwa fünf bis zehn Zentimeter dahinter. Ansonsten besteht die Gefahr, dass sich das Holz spaltet. Durch die verlängerte Spitze sieht die Rute wie ein Ypsilon aus. Nach dem Entfernen aller Nebenzweige, Zweigansätze und Blätter haben Sie eine fertige Gabelrute. Wiederholt wurde mir berichtet, dass sich eine solche hölzerne Rute während der Mutung gespaltet oder die Rinde sich vom Gabelholz gelöst habe. Beide Vorgänge haben absolut nichts mit der Stärke der gemuteten Wasserader zu tun. Der Grund ist der, dass auf eine starke Astgabel mehr Kraft und Spannung ausgeübt werden muss als auf eine schwächere, und infolge dieser Belastung kann es sehr leicht zur Spaltung der Gabel oder Abschälung der Rinde kommen. Jede andere Erklärung ist schlichtweg falsch und hat mehr mit Rutengängerlatein als mit Wahrheit zu tun.

Für die *Rutenhaltung* gibt es keine strenge Regel. Jeder sollte deshalb die für ihn optimale Handhabung erproben. Grundsätzlich wird beim Gebrauch der Gabelrute zwischen dem Unter- und Obergriff unterschieden. Beim Untergriff zeigen die gebeugten Fingermittelgelenke nach oben und beim Obergriff nach unten. Die Rutenspitze weist in waagrechter Lage nach vorne. Die Körperhaltung beim Gebrauch der Gabelrute ist dieselbe wie beim Gebrauch der Winkelrute, und wie bei der Winkelrute empfehle ich bei der Gabelrute eine leichte Neigung der Gabelspitze. Nehmen Sie nun die beiden Rutenarme vor deren

Ende in die Hand, machen Sie eine Faust, und dehnen Sie nun die beiden Gabelarme nach außen. Die Rute ist nunmehr gespannt. Jetzt müssen Sie durch einen leichten Druck der Gabelung nach innen zur Spitze hin einen labilen Zustand herbeiführen. Diesen haben Sie dann erreicht, wenn die Gabel beim geringsten Einfluss nach unten oder oben schnellt. Im letzten Fall kann sie Ihre Nase treffen, was sehr schmerzhaft ist. Wie bei der Winkelrute ist auch beim Gebrauch der Gabel- oder Ypsilonrute die innere Einstellung wichtig. Bevor Sie die oben beschriebenen Experimente durchführen, sollten Sie unbedingt die Handhabung der Rute üben. Also absetzen, die Rute im Unter- oder Obergriff so aufnehmen, dass die Rutenarme aus beiden Fäusten hervorschauen, die Ellenbogen anwinkeln, die Rute waagrecht halten, die Spitze zeigt nach vorne, die Rutenarme nach außen spannen und auf die Spitze einen leichten Druck ausüben. Wenn Sie nun wie bei der Winkelrute die Handgelenke leicht nach innen drehen, muss die Gabelrute nach unten oder oben schnellen. Nur wenn Sie das befolgen, haben Sie die optimale Rutenhaltung. Wie bereits gesagt, empfehle ich Ihnen für die spätere Praxis den Rutenausschlag nach unten. Dieser erfolgt immer nur von der Neutralstellung aus, d. h., Sie müssen die Rute immer wieder in diese Stellung bringen, um einen erneuten Ausschlag zu bekommen.

Neben der hölzernen Gabelrute gibt es gegabelte *Stahldraht-, Plastik-* und *Fischbeinruten*. Die Handhabung und Anwendung sind jedoch nahezu gleich. Anders dagegen bei der Gabelrute aus Stahldraht *mit Kugellager*. Mit etwas Geschick dreht sich diese wieder in die Ausgangsstellung zurück. Diese Kurzbeschreibung macht deutlich, dass der Gebrauch der Spannrute etwas komplizierter ist als der der Winkelrute. Hinzu kommt, dass Sie mit der Holzspannrute viel schneller ermüden. Versuchen Sie

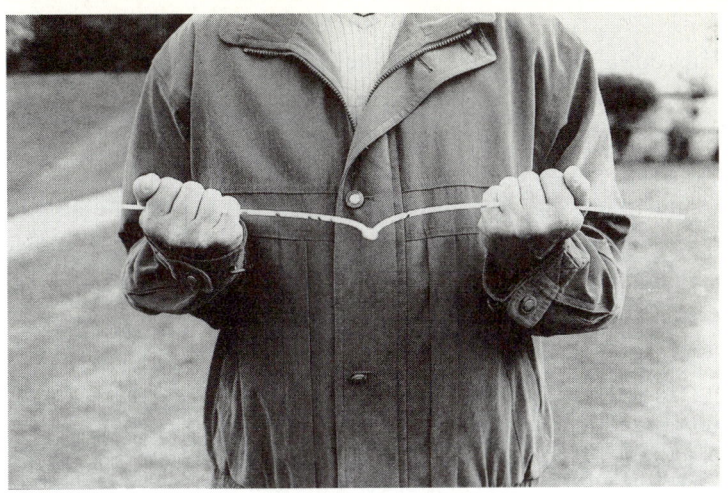

Gabel- oder Ypsilonruten sind heute meist aus Plastik oder Stahl (z. T. mit Kugellager).

es mit beiden Arten, und entscheiden Sie sich für diejenige, die Ihnen am besten zusagt. Sie wissen doch, nicht Art oder Material sind wichtig, sondern Sie selbst und damit Ihre Fühligkeit. Wer sie besitzt, kann auf sämtliche Hilfsmittel verzichten. Ob mit oder ohne Wünschelrute, zur exakten Mutung ist nicht nur Sensitivität erforderlich, sondern auch jahrelanges Üben.

Kommen wir zur *fühlenden Hand* als Ersatz der Wünschelrute. Während meiner bisherigen Praxis habe ich verschiedene Kollegen kennen gelernt, die mittels der bloßen Hand gemutet haben. Einer davon war der Regensburger Heilpraktiker Kurt Sch. Im Rahmen einer Ausbildungsmaßnahme muteten wir nahe der Schwefelquelle in Schwandorf. Das Übungsgelände bestand aus Unterholz und Gestrüpp. Ein völlig aussichtsloser Fall für normale Rutengänger. Es ist einfach nicht möglich, die Ruten im labilen Zustand zu halten und sich gleichzeitig in gebückter Haltung einen Weg durch das Unterholz zu bahnen. Hier bewährte sich die besondere Gabe des hochsensitiven Kollegen. Während er mit der linken Hand die hinderlichen Äste und Zweige zur Seite bog, fühlte er mit der rechten Hand die Wasserader. Fast war er zu bedauern, denn immer dann, wenn er in deren Nähe kam, überkam ihn am ganzen Körper ein kräftiges Schütteln. Um die Radiästhesie zu verstehen, sind auch solche Erlebnisse wertvoll. Vielleicht werden Sie nun fragen, ob er diese Reaktion immer über Wasseradern hatte? Die Antwort darauf lautet eindeutig nein! Die Fühligkeit kommt nur während der konzentrierten Mutung zum Ausdruck. Wer jedoch innerlich nicht »abschalten« kann, ist tatsächlich arm dran.

Ähnlich ergeht es jenen Kolleginnen und Kollegen, die z. B. eine Gastwirtschaft oder einen Versammlungsraum betreten und zielstrebig auf einen bestimmten Platz zusteuern. Kaum dass sie sitzen, werden sie sich der Tatsache bewusst, dass es sich um einen schlechten Standort handelt. Radiästheten suchen zwar grundsätzlich den guten Platz, doch der Weg dorthin führt meist über den schlechten.

7. Wie kommt es zum Ausschlag der Wünschelrute?

Zuerst folgender Hinweis: Ich kenne kaum eine Lektüre, wo der Vorgang des Rutenausschlages allgemein verständlich beschrieben ist. Das beklagte schon vor 15 Jahren ein Mann aus dem Großraum Frankfurt in einem Brief an mich. Auf Grund seiner allgemeinen Sensitivität war er überzeugt, dass auch er Rutengehen könnte. Nur wie man eine Rute anfertigt und wieso es letztlich zum Ausschlag kommt, wusste er nicht. Darauf-

hin setzte ich mich über die Osterfeiertage hin und beantwortete ihm in einem fünfseitigen Brief seine Fragen. Im Folgenden
möchte ich nun auch Sie in das Geheimnis des Rutenausschlages einweihen. An dieser Stelle vor allem in den der Winkel-
und Gabelrute. Bei den meisten anderen Ruten handelt es sich
um Abwandlungen. Vorab die Frage: Wie reagieren Sie, wenn
man Sie plötzlich erschreckt? Klar doch, Sie schrecken zusammen! Oder haben Sie schon einmal gehört, dass jemand »auseinander« schreckt?

Nun stellen Sie sich vor, Sie haben in jeder Hand eine *Winkelrute*. Es handelt sich dabei beispielsweise um einen Mes-
singstab, den Sie in jedem Baumarkt kaufen können. Der Stab
ist einen Meter lang und drei oder vier Millimeter dick. Sie brauchen davon zwei Stück. Entscheiden Sie sich am Anfang für den
schwereren, und belassen Sie zunächst die Gesamtlänge. Auf einer Seite knicken Sie den Stab im Winkel von 90 Grad so ab,
dass der kurze Teil als Handgriff rund 11 Zentimeter beträgt. Am
besten benutzen Sie dazu einen Schraubstock und schweren
Hammer. Vorsicht, der Stab kann am Knick leicht brechen! Nun
haben Sie eine Winkelrute mit Handgriff. Damit sich die Rute
leichter, sprich reibungsloser, in der Hand drehen kann, stecken
Sie über den Handgriff eine Metallhülse (Röhrchen). Auch dieses Material bekommen Sie in jedem Baumarkt. Der Spielraum
zwischen Stab und Röhrchen sollte nicht mehr als einen Millimeter betragen. Die Benutzung dieser Hülsen empfehle ich Ihnen ganz besonders dann, wenn Sie während der Mutung
feuchte Hände bekommen. Der Rest des Stabes gilt als verlängerter Arm. Sie brauchen davon zwei gleichermaßen abgewinkelte (geknickte) Stäbe. Sofern Ihnen die beiden Ruten zu lang
oder zu schwer sind, können Sie den größeren Teil auch auf eine Länge von etwa 55 Zentimetern kürzen. Fertig?

Bevor Sie nun den ersten Schritt als angehender Rutengänger machen, möchte ich Ihnen das Geheimnis des *Rutenausschlages* lüften. Dazu müssen wir erst die Grundhaltung üben. Bitte stellen Sie sich dazu hin, und nehmen Sie je eine Winkelrute am Handgriff in die linke und rechte Hand, die Hände schließen sich zu festen Klammern. Die abgewinkelten Stellen der Rutenknicke zeigen nach oben. Lassen Sie zunächst die Hände mit den Ruten locker nach unten hängen. Heben Sie dann die um 90 Grad angewinkelten Ellenbogen mit den Ruten in den Händen an, die Fingergrundgelenke weisen nach vorne. Die Oberarme liegen leicht am Oberkörper an, die beiden Ruten befinden sich in horizontaler Lage und weisen nach vorne. Der Abstand zwischen den beiden Ruten beträgt je nach Ihrer Körperbreite ca. 40 bis 50 Zentimeter. Nun neigen Sie die beiden Spitzen (Enden) der Ruten ganz leicht um einige Grade, und versuchen Sie, sie dabei parallel zu halten. Das bedeutet, dass der Rutenabstand von Faust zu Faust und von Spitze zu Spitze gleich breit ist. Diese Grundhaltung üben Sie immer wieder, d. h. Ruten ablegen, aufnehmen, Ellenbogen anwinkeln, Oberarme am Oberkörper anlegen, Ruten leicht neigen und parallel halten. Die abgewinkelte Stelle (der Knick) der Rute muss etwa zwei Millimeter über der geschlossenen Hand frei sein. Ansonsten wird die Rute bei der Drehung behindert. Gut so?

Nunmehr kommt das eigentliche Geheimnis: Die Ruten zeigen nach vorne und sind waagerecht und parallel ausgerichtet. Richten Sie nun Ihre Augen voll auf die beiden Hände, die zur Faust geschlossen sind, und auf die Rutenenden bzw. Rutenspitzen. Jetzt drehen Sie die beiden Fäuste und Unterarme ganz leicht nach innen. Es gibt nur eine Reaktion! Die Ruten bewegen sich infolge der Positionsveränderung automatisch nach innen und überkreuzen sich. Damit haben Sie absichtlich den ge-

Seitenansicht: Ellenbogen angewinkelt, Ruten fast waagerecht, Rutenspitzen geneigt.

heimnisumwitterten Rutenausschlag herbeigeführt. Auf die Frage, warum sich die Ruten bewegen, gibt es also nur eine Antwort: Der Rutenausschlag erfolgt durch die gewollte oder ungewollte Drehbewegung von Unterarm und Hand. Bitte unterlassen Sie bei Ihrer künftigen radiästhetischen Tätigkeit den beabsichtigten Ausschlag. Ich wollte Ihnen damit lediglich den Vorgang erklären. Bei einer echten Mutung erfolgt die gleiche Reaktion rein biophysikalisch, d. h. ohne Ihr bewusstes Zutun. Sie können aber auch mit den Winkelruten »vereinbaren«, dass diese sich einzeln oder zusammen seitwärts oder nach außen bewegen. Seitwärts besonders dann, wenn Sie z. B. die Fließrichtung einer Wasserader bestimmen wollen, und nach außen, wenn Sie eine Reizzone verlassen.

Und nun zu unserem ersten Experiment in der Natur: Sie stehen am Rande eines Wassergrabens bzw. am Ufer eines Baches

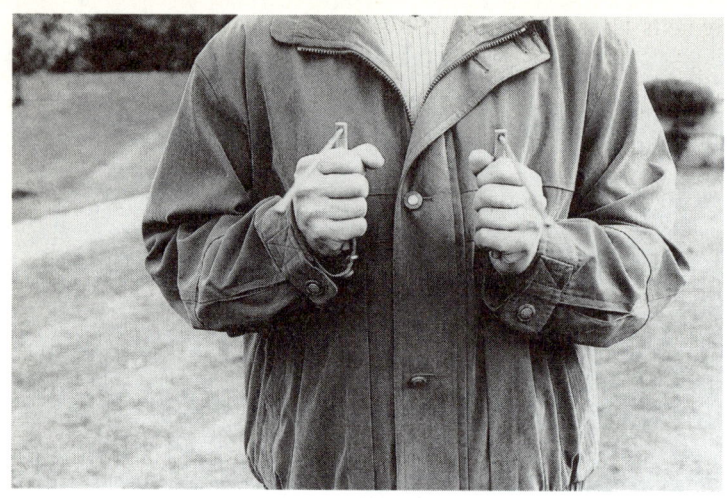

Vorderansicht: Ellenbogen in Körperbreite angewinkelt, Rutenarme parallel und gleich hoch.

oder Flusses. Egal wo, es wird funktionieren. Warum ich mir so sicher bin? Ganz einfach, Sie sind neugierig, aufgeschlossen und wissen, worauf es ankommt! Also zweifeln Sie nicht an Ihrer eigenen Fühligkeit. Denken Sie nie: »Das klappt bei mir nicht!« Seien Sie zuversichtlich, dass Sie dafür geeignet sind. Nehmen Sie nun etwa fünf Meter Abstand zum frei zugänglichen Ufer. Ich möchte nämlich nicht, dass Sie eine Kletterpartie über Stock und Stein veranstalten. Nehmen Sie jetzt die Grundhaltung ein, und zwar völlig unverkrampft. Halten Sie die beiden Ruten in der richtigen Position und labil bzw. beeinflussbar. Vermeiden Sie jegliches Schwanken der Ruten. Das gelingt dann, wenn Sie, wie bereits betont, die Enden vorne etwas neigen. Sofern Sie diese jedoch exakt horizontal halten, kann es passieren, dass sich die Ruten bereits bei der geringsten Körperbewegung verändern und es zur Fehldeutung kommt. Andererseits klappen die Ruten auseinander, wenn Sie die Spitzen leicht nach oben halten. Wenn es am Anfang nicht so richtig funktioniert, ist das meist auf einen Haltungsfehler zurückzuführen. Die Ruten sind nun ein Teil (verlängerter Arm) von Ihnen selbst.

Nehmen Sie nun Sichtkontakt mit dem Wasser auf, und befehlen Sie sich selbst, dass sich die Ruten kurz vorher überkreuzen sollen. Schalten Sie dann jeden Gedanken an andere Dinge ab, und konzentrieren Sie sich auf Ihre Aufgabe. Ignorieren Sie alles, was Sie bei Ihren Experimenten stören könnte. Sind Sie so weit? Gehen Sie nun locker und aufnahmebereit in dieser Stellung auf das Ufer zu. Beobachten Sie dabei die Rutenenden. Bei richtiger mentaler (geistiger) Haltung werden sich die Ruten vor dem Wasser nach innen drehen und sich überkreuzen. Sie können diesen ganzen Vorgang noch verbessern, wenn Sie Ihre Hände vorher nass machen. Somit haftet das zu mutende Wasser als Materialmuster an Ihnen, was erfahrungsgemäß ein Vorteil ist. Wenn ich nach Wasseradern suche, mache ich das grundsätzlich. Im Winter reibe ich mir die Hände mit Schnee ein und im Sommer tauche ich sie kurz ins Wasser oder lasse solches darüber laufen.

Erinnern Sie sich noch an meinen ersten Gehversuch über einem Elektrokabel (siehe Kapitel I/2)? Ich erklärte Ihnen, dass mein Rutenausschlag anders zu werten war als der vom städtischen Monteur. Wichtig war jedoch, dass mein Körper vor dem Erdloch eine Reaktion gezeigt hatte, die sich unweigerlich auf die Ruten übertrug. Die folgenden Übungen können Sie überall machen: Gehen Sie auf eine Wand, einen Baum oder ein anderes Hindernis zu. Üben Sie an einer Stelle, an der Rasen und Pflasterung oder Teerdecke aufeinander treffen. Gehen Sie von dieser auf einen Kanaldeckel aus Metall zu. Bedenken Sie dabei, dass jedes Material eine individuelle Grund- bzw. Eigenstrahlung hat. Machen Sie auch den Versuch, auf einen Menschen zuzugehen. Wenngleich nicht damit zu rechnen ist, dass Sie diesen mit der Rute aufspießen, sollten Sie dennoch vorsichtig sein. Je nach Reaktionsabstand, auf den ich später zurückkommen werde, werden sich die Ruten vor der Person überkreuzen. Nachfolgend einige Experimente ganz besonderer Art.

Schalten Sie in Ihrer Wohnung den Fernsehapparat ein. Nehmen Sie möglichst einen Abstand von fünf bis sechs Metern zu ihm ein, und konzentrieren Sie sich auf die elektromagnetische Ausstrahlung des Gerätes. Versuchen Sie dieses Feld am eigenen Körper zu spüren, indem Sie aufnahmebereit auf das Objekt zugehen. Ähnliche Übungen können Sie mit Elektrokabeln, Hochspannungsleitungen, Trafo-Stationen, Mobilfunksendern u. a. m. machen, wobei Sie hier natürlich einen weitaus größeren Abstand einhalten. Sie werden sehen, dass Ihr Körper auch auf künstliche elektrische, magnetische Felder oder elektromagnetische Wellen reagiert.

Sie meinen, das gibt es nicht? Dann möchte ich Sie kurz mit einer von vielen Zuschriften bekannt machen, die mich auf Grund einer meiner Veröffentlichungen über Elektrosmog erreichten. In einem handgeschriebenen, dreiseitigen Brief schilderte mir eine Lehrerin aus Hessloch bei Worms ihr Leid als Elektrosensible. Unter anderem schrieb sie: »Ich gehe buchstäblich in die Luft vor Schmerzen, wenn die Nachbarn ihr Mobiltelefon benutzen, TV glotzen (Anm.: Den Sender möchte ich nicht nennen) oder Mikrowellennahrung zubereiten. Auch Radarfallen der Polizei bemerke ich jetzt etwa 200 Meter vor dem Standort der Kamera. Mein Haus liegt im Einfallbereich von 21 Parabolantennen, Radar, Richtfunk sowie C- und D-Funk. Gleichzeitig strahlt der Sender Donnersberg/Pfalz zu uns. Der

Wellensalat wird noch verstärkt durch eine 420 000-Volt-Höchstspannungsleitung im geringen Abstand zu einer 20 000-Volt-Leitung.« In ihrem Schreiben machte die Lehrerin deutlich, dass es ihr nicht alleine um ihre eigene Gesundheit, sondern auch um die ihrer Schützlinge ging. Für meine Bemühungen um Aufklärung hatte sie dem Schreiben einen Scheck in Höhe von 200 Mark beigefügt, für den ich mich bedankte und ihr postwendend zurücksandte. Um letzte Zweifel hinsichtlich der biologischen Reaktion auf Elektrosmog auszuräumen, möchte ich Sie über die geradezu sensationelle ärztliche Bescheinigung eines Oberarztes des Krankenhauses Lahnhöhe (Überregionales Zentrum für Ganzheitsmedizin) informieren. Dieser hatte einem Patienten nach knapp sechswöchiger stationärer Behandlung folgende Diagnose gestellt: »Hypersensibilität auf magnetische und elektromagnetische Felder mit Schwächung der Leistung des Immunsystems.« Zudem wurde von einem Institut Folgendes festgestellt: »Das Kristallisat zeigt Formen, die auf eine ultra-hochfrequente elektromagnetische Strahlungsquelle schließen lassen, wie z. B. Fernseher, Funkpeilsender, UKW-Sender, Radarstationen u. ä.« Jetzt wissen Sie, dass der Körper nicht nur auf natürliche Einflüsse, sondern auch auf künstliche Felder und Wellen reagiert.

Mit den oben genannten Experimenten wollte ich nichts anderes erreichen, als dass Sie sich auf den »Ernstfall« vorbereiten. Dieser heißt: Mutung einer Wasserader oder anderer Verursacher von Reizzonen und Störfeldern. Der einzige Unterschied zwischen der Mutung sichtbarer und unsichtbarer Objekte ist der, dass Sie die Augen nicht mehr in vollem Umfang als Sinnesorgane einsetzen können. Doch keine Angst, an deren Stelle tritt nun die körpereigene Fühligkeit. Wissen Sie übrigens, dass in der Bundesrepublik Deutschland 30 Millionen Menschen wetterfühlig sind? Ich wette, dass auch Sie mehr oder weniger dazu gehören. Wir sind demnach Leidensgenossen. Bei schönem Wetter geht es uns biologisch gut. Wir fühlen uns stark, leistungskräftig und ausgeglichen. Dagegen kann die übersteigerte Schönwetterlage mit großer Hitze zu Herz- und Kreislaufbeschwerden führen. Unser Körper empfindet aber auch die Veränderung der Luftelektrizität durch ein nahendes Gewitter. Müde und abgeschlafft, schwere Füße sowie Kopfschmerzen und Herzbeschwerden sind nur einige Anzeichen. Erst nach dem Gewitter fühlen wir uns wieder seelisch und körperlich wohl. Wir reagieren also ganz unbewusst auf atmosphärische Veränderungen. Ähnlich ist es auch, wenn wir frösteln. Richtig, wir bekommen eine so genannte Gänsehaut, d. h., die Poren ziehen sich automatisch zusammen. Und was geschieht, wenn Sie auf etwas Außergewöhnliches Appetit haben? Ihnen läuft »das Wasser im Mund zusammen«!

Bevor Sie nun eine Wasserader muten, noch ein weiteres, letztes Experiment. Wir muten die Wasserleitung, die vom so genannten Schieber (Absperrhahn) auf der Straße durch Ihren Vorgarten in das Wohnhaus führt. Trauen Sie sich einen Versuch zu, ohne nachzuschauen, wo der Schieber und der Anschluss im Keller sind? Wenn ja, dann stellen Sie sich auf der Straßenseite Ihres Hauses zwischen Gartenzaun (Grundstücksgrenze) und Wohnhaus. Ihre Gedanken sind auf die Wasserleitung gerichtet, die (meist) direkt von der Straße zum Wohnhaus verläuft. Die Leitung liegt in der Regel etwa einen Meter unter der Erde. Die letzte von mir richtig gemutete Wasserleitung befand sich jedoch in dreieinhalb Metern Tiefe und verlief neben dem Kanal. Sie sehen also, es gibt auch Ausnahmen. Nehmen Sie nun die Grundhaltung ein, und fordern Sie von sich selbst im Bereich der im Boden befindlichen Leitung eine Reaktion.

Das zu mutende Objekt ist schwarz, aus Plastik und hat einen Querschnitt von vier Zentimetern. Mit dieser Maßangabe können Sie mehr anfangen als mit Zoll. Letzte Korrektur Ihrer Ruten: lockere und parallele Haltung, die Spitzen ganz leicht geneigt. Und los geht es! Früher oder später merken Sie, dass sich die Ruten in der Hand zu drehen beginnen. Lassen Sie die Ruten ganz einfach »von selbst« arbeiten. Dort wo sie sich überkreuzen, liegt der Reaktionspunkt, den Sie sich bitte merken. Das könnte bereits die Stelle sein, wo die Wasserleitung in das Wohnhaus führt. Gehen Sie trotzdem weiter bis über das Hausende hinaus. Wenn Sie keine weitere Reaktion haben, machen Sie kehrt. Sie können nun auf der gleichen Strecke zurückgehen, oder auch um einen oder mehrere Meter versetzt. Wählen Sie als Anfänger zunächst den gleichen Weg. Wenn die erste Reaktion richtig war, müsste die zweite spätestens vor demselben Punkt erfolgen. Sofern das der Fall ist, dürfte sich das Objekt in der Mitte beider Reaktionspunkte befinden. Andererseits neigen Anfänger vielfach zu einer etwas späteren Reaktion. Auch hier könnte die Mitte der beiden Punkte richtig sein. Sofern Sie auch dieses Experiment mit Bravour bestanden haben, möchte ich Sie beglückwünschen. Wenn nicht, gebe ich Ihnen den Tipp, die Sache nochmal anzugehen. Vorher drehen Sie jedoch im Bad oder Waschhaus den Wasserhahn auf. Im Gegensatz zur ersten Mutung haben Sie es jetzt mit fließendem Wasser in der Leitung zu tun. Das kann mit Bestimmtheit sehr hilfreich sein. Wenn Sie auch diesen Test bestanden haben, dann können Sie bereits von einer erfolgreichen Blindmutung sprechen. Dieser Begriff beschreibt in der Radiästhesie die Mutung eines Objektes, über dessen Lage und Standort Ihnen vorher nichts bekannt ist. Blindmutung hat also nichts mit »blinde Kuh spielen« zu tun.

8. Muten einer Wasserader in der freien Natur

Bei einer Wasserader, auf die ich später noch näher eingehen werde, wird in der Radiästhesie allgemein zwischen folgenden Zonen unterschieden: Ankündigungs-, Rand-, Haupt- und Schwerpunktzone. Bei meiner Tätigkeit konzentriere ich mich fast ausschließlich auf die Hauptzone, die erfahrungsgemäß bis zu drei Metern und mehr breit sein kann. Nur diese wird von mir im Untersuchungsbericht, dem eine Planzeichnung anliegt, mit Blau (für Wasser) gekennzeichnet. Es gibt jedoch auch »Kollegen«, die bei einer radiästhetischen Bauplatz- oder Hausuntersuchung zusätzlich noch den Bereich der Rand- und Ankündigungszonen farblich kennzeichnen. Hier wird meines Erachtens gewaltig übertrieben, denn je nach Tiefe der Wasserader würde dies heißen, dass diese Zonen das ganze Wohnhaus beeinträchtigen, und somit wären seine Bewohner verängstigt, was ich ablehne. Ich kenne derartige Planzeichnungen von einem alten Rutenmeister. Ihm war es offenbar egal, ob die Bewohner mit dieser »Belastung« leben konnten. Er führte schließlich nur einen Auftrag aus. Dass es auch anders geht, sehen Sie später.

Mutung der Hauptzone einer Wasserader

Eine Wasserader hat in Fließrichtung genauso wie ein Rinnsal, Bach, Fluss oder Strom ein linkes und ein rechtes »Ufer«. Ich habe mit meinen kugelgelagerten Ruten vereinbart, dass sie sich unmittelbar am Rand der Hauptzone kurz überkreuzen und sich sofort wieder öffnen. Wenn Sie so wollen, bin ich also wieder »spannungsfrei« und locker. Dabei kehren sie automatisch in die Ausgangshaltung zurück. Im Weitergehen registriere ich den

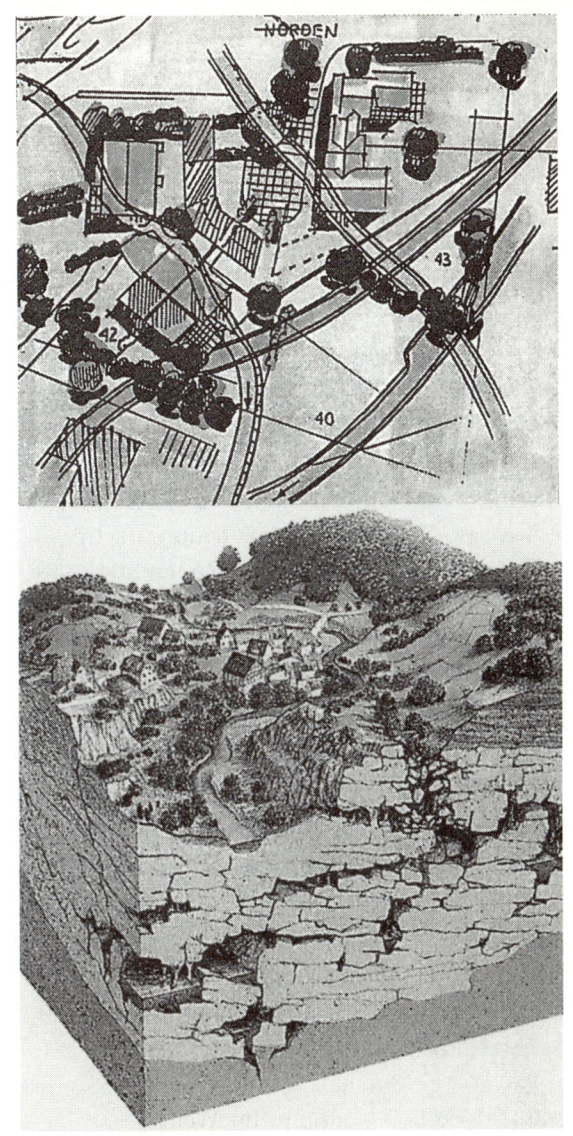

Querschnitt einer Wasserader (strömendes Grundwasser) in Wohngebiet.

ersten Reaktionspunkt und erwarte in labiler Haltung am anderen »Ufer« den zweiten Ausschlag. Wieder schließen und öffnen sich die Ruten. Damit habe ich bereits die Breite der Hauptzone ermittelt. Die gleiche Mutung mache ich sicherheitshalber auch von der anderen Seite, wie ich es Ihnen oben bei der Suche der Wasserleitung erklärte. Bei dieser Gelegenheit möchte ich Sie darauf hinweisen, dass die Hauptzonen, d. h. die Ränder, einer Wasserader intensiver wirken als der Innenbereich, was mit der größeren Reibung innerhalb der Erdschichten zu erklären ist.

Feststellung der Fließrichtung einer Wasserader

Dazu gibt es eine Reihe verschiedener Methoden. Am einfachsten ist es, Sie gehen erneut auf die Reaktionspunkte zu und »erfragen« die Fließrichtung. An einer der beiden Hauptzonen angekommen, schwenken die Ruten dann entweder nach links oder rechts. Eine weitere praktizierte Methode ist folgende: Sie stellen sich direkt zwischen die Hauptzonen, drehen sich langsam mit den Ruten im Kreis und fragen nach der Fließrichtung. Sobald Ihr Körper diese erfasst hat, überkreuzen sich die Ruten. Sie können jedoch auch innerhalb der Hauptzone in Längsrichtung einige Schritte nach links und nach rechts gehen. Die Ruten überkreuzen sich, sobald Sie der Fließrichtung entgegengehen. Im Bereich einer Hanglage werden Sie feststellen, dass die Wasserader meist entsprechend läuft. Es gibt auch einige Kollegen, die behaupten, dass Wasseradern meistens nach Norden fließen. Diese Ansicht kann ich nicht teilen. Wenn Sie sich eine Landkarte anschauen, dann werden Sie feststellen, dass weder die kleinen oberirdischen Wasserläufe noch die großen Flüsse in der Hauptsache nach Norden abfließen. Warum, so frage ich mich, sollten das ausgerechnet unsere unterirdischen Wasserläufe, die Wasseradern, tun?

Verfolgen von Wasseradern

Um die Laufrichtung einer Wasserader festzustellen, verfahren Sie als Anfänger wie bei der Erstmutung der Hauptzone, jedoch versetzt zu den ersten Reaktionspunkten, d. h. immer einige Meter von diesen entfernt. Anhand der Reaktionspunkte können Sie dann deutlich den Lauf erkennen. Dabei werden Sie feststellen, dass die Wasserader wie ein oberirdischer Wasserlauf hin und wieder einen kleinen oder größeren Bogen macht. Sofern es sich um längere Strecken handelt, ziehe ich die direkte Verfolgung der Wasserader vor. Dazu stelle ich mich zunächst zwischen die beiden Punkte der Hauptzone und gehe dann immer in einer Art Zickzack von einem Ufer zum anderen. Die vertikalen Strahlungen an den Rändern der Hauptzonen wirken dabei ähnlich wie Mauern. Dies hat zur Folge, dass sich die Ruten überkreuzen und damit die Richtung gewechselt werden muss. Also wieder schräg nach vorne zur anderen Seite. Mit dieser Verfolgungsmethode können Sie einige hundert Meter weit muten, ohne zu ermüden.

Zum besseren Verständnis dieser Methode möchte ich zwei Beispiele anführen. Sie erinnern sich an die diesem Buch vorangestellte Widmung? Nachdem die dort genannte Schwester Viane vom Orden der Armen Schulschwestern mehrere meiner Vorträge über Radiästhesie besucht hatte, bat sie mich, die Schlafplätze im Gerhardinger-Kindergarten des Klosters auf Erdstrahlen zu untersuchen. Sie wollte einfach sicher sein, dass ihre kleinen Schützlinge während der Mittagszeit nicht über Erdstrahlen schliefen. Da ich weder ein großer Kirchgänger bin noch als konservativ gelte, kostete es sie sicherlich einige Überwindung, mich um eine Untersuchung zu bitten. Ich fühlte mich doppelt geehrt, weil sie mir trotzdem vertraute. Dafür sage ich an dieser Stelle ein herzliches »Vergelt's Gott!«.

Klosterbrunnen bestätigte Mutungsergebnis,
1. Beispiel

Wer das Neunburger Kloster kennt, weiß, dass es sich um eine große Anlage mit mehreren zusammenhängenden Gebäuden und einem sehr großen Garten handelt. Schon lange vor der Untersuchung war mir ein Holunderbusch am unteren Ende der Klostermauer aufgefallen. Ich hätte schwören können, dass dort eine Wasserader austritt. Der Holunder gehört zu den so genannten wasseranzeigenden Pflanzen, zu denen ich später noch kommen werde. Tatsächlich, der Busch stand auf einer Wasserader, die, wie die Anpeilung ergeben hatte, vom früheren Stadtweiher (Torweiher) kommend in Richtung Stadtpark floss. Damit hatte ich einen guten Ausgangspunkt für die genaue Verfolgung. Dass eine solche Verfolgung in Gebäuden mit mehreren Zwischenwänden und Innenmauern nicht einfach ist, bedarf keiner Erwähnung. Sofern diese Mauern mich am Weitergehen hinderten, musste ich auf der anderen Seite die Wasserader erneut muten, um diese bis zum nächsten Hindernis zu verfolgen. Auf diese Weise gelangte ich zunächst bis in die Klosterkirche. Hier stellten die Bankreihen ein erneutes Hindernis dar. Ich umging diese, machte vor dem Altar eine respektvolle Kniebeuge und suchte erneut die »unterbrochene« Wasserader an der Innenfläche der Außenmauer der Kirche. Schwester Viane, die mich in gebührendem Abstand und doch auf Schritt und Tritt begleitete, legte die Hand auf meinen Arm und sagte: »Herr Dietl, Sie haben mich von der Richtigkeit Ihrer Mutung überzeugt.« Daraufhin bat sie mich, ihr zu folgen, um den Beweis dafür zu erbringen. Dieser entpuppte sich als Klosterbrunnen, der laut Schwester Viane vor vielen Jahren zugeschüttet wurde. Nur der obere Ring und ein Stahldeckel erinnerten daran, dass dort einmal Wasser entnommen worden war. Er lag etwa drei Meter von besagter Kirchenaußenmauer entfernt und exakt in der von mir gemuteten Richtung. In solchen Situationen möchte man sich selbst auf die Schulter klopfen und sagen: »Bravo, das hast du gut gemacht.« Dass dieses Lob von Schwester Viane kam, machte mich sehr glücklich. Die oben beschriebene Verfolgungsmethode hatte gut funktioniert. Nach Abschluss meiner Untersuchung konnte ich die Ordensfrau hinsichtlich einer eventuellen Belastung der Kinderschlafplätze voll beruhigen. Lediglich ihr eigener Schlafplatz in einem winzig kleinen Zimmer (Zelle) war durch ein Störfeld infolge einer Stromleitung im Außenbereich belastet. Wie die sehr sympathische Schwester auf Anhieb selbst mit der Rute umgehen konnte, darüber berichte ich später.

Tod von Reitpferden über einer Wasserader, 2. Beispiel

Eines Tages bat mich mein langjähriger Stadtratskollege, Landwirt und Reiterhofbesitzer Franz K. aus P., so schnell wie möglich seinen Pferdestall auf Erdstrahlen zu untersuchen. Eines seiner Pferde war über Nacht plötzlich an einem Kollaps verendet. Ich sagte sofort zu und bat ihn, vorher alle Pferde aus dem Stall zu entfernen, die Boxen auszumisten und neu einzustreuen. Können Sie sich denken, warum? Die Antwort ist ganz einfach: Würde ich nämlich in den Stall gehen und die leere Box vorfinden, wäre das eine sichtbare Beeinflussung, die ich konsequent ablehne. Franz K. sah das schließlich ein und befolgte meine Aufforderung. Am Reiterhof angekommen, orientierte ich mich am Gelände und begann rund 120 Meter vom Stall entfernt eine Wasserader zu muten, was in wenigen Minuten der Fall war. Ich stellte mich in labiler Haltung in die Hauptzone, drehte mich mit den Ruten im Kreis und erhielt die

Fließrichtung angezeigt. Abwechselnd schräg nach links und rechts gehend, suchte ich die Ränder der Reizzone in Richtung Stall. Wo mir ein Hindernis den Weg versperrte, umging ich dieses und setzte auf der anderen Seite den Weg fort. Schließlich stand ich an der Stallmauer, nahm ein Stück Kreide und zeichnete an diese zwei Striche. Mein Hinweis, dass die Wasserader dahinter weiterführte, überraschte Franz K. wenig. Er meinte lediglich: »Du hast vollkommen Recht!« Daraufhin bat er mich, mit in den Stall zu gehen, damit ich mich von der Richtigkeit meiner Mutung selbst überzeugen konnte. In der Reizzone lag die zweite von insgesamt acht Boxen, auf die Franz K. dann zeigte. Auf meine Frage, warum ich mit meiner Feststellung Recht hatte, erklärte er mir, dass exakt in dieser Box nunmehr das zweite Pferd einen tödlichen Kollaps erlitten hatte. Mehr noch, in der verlängerten Reizzone hätte er früher ein Zuchtschwein gehalten, dessen Junge stets tot geboren wurden. Meinen Hinweis, dass auch die dritte Pferdebox teilweise durch die Wasserader belastet ist, nahm er mit Verwunderung auf. Als er das betroffene Pferd holte, sah ich die Bescherung. Der linke Vorderfuß zeigte eine Wunde, die laut Franz K. nicht um alles in der Welt heilen wollte. Gibt es eine größere Bestätigung einer erfolgreichen Mutung? Die Verfolgungsmethode hatte sich erneut voll bewährt. Bis zum Umbau des Pferdestalls in ein Büro blieben die beiden Boxen leer.

Wasseradern durch Namen unterscheiden

Eine gänzlich andere Mutungsmethode habe ich 1998 im Rahmen der jährlichen Fortbildungsmaßnahme kennen gelernt. Mein Freund und Kollege Franz K. aus Altertheim bei Würzburg hatte mit seiner Gruppe zunächst drei Wasseradern gemutet und jeder von ihnen einen Namen gegeben: Johann, Georg und Karl.

An einem vorher gemeinsam gemuteten Kreuzungspunkt hatten die Schulungsteilnehmer Gelegenheit, sich auf die drei Wasseradern mental einzustellen. Die eigentliche Aufgabe bestand darin, einige hundert Meter weiter im freien Gelände die drei namentlich genannten Wasseradern erneut richtig zu muten. Zufall, oder half mir mein Namenspatron? Jedenfalls hatte ich mit meiner mentalen Frage nach »Karl« den gewünschten Erfolg. Natürlich ist diese Methode auch mit Nummern möglich, doch Namen sind sicherlich persönlicher, und Franz K. hatte damit eine neue Methode zur Unterscheidung von verschiedenen Wasseradern beschritten. So weit zum Thema Hauptzone, Fließrichtung und Lauf. Diese drei Kriterien sind insbesondere bei einer Haus- und Schlafplatzuntersuchung von Bedeutung. Der Lauf einer Wasserader wird bei Planzeichnungen meist geradlinig dargestellt. Das radiästhetische Untersuchungsergebnis zeigt also in der Regel nur die Breite der Hauptzone sowie die mit einem Pfeil verdeutlichte Fließrichtung. Möglichkeiten der Tiefenbestimmung und Schüttung einer Wasserader werde ich im Kapitel IV/2 ausführlich darstellen.

9. Fernmutung: Eine Gabe, die nur wenige besitzen

Was Sie bislang über das Muten von Wasseradern und anderen Objekten gelesen haben, war die Arbeit vor Ort. Dabei suchen Sie in der Regel den direkten Kontakt zur Strahlung. Wie in den Kapiteln I/4 »Erfolgreicher TV-Auftritt bei Thomas Gottschalk« und II/1 »Geschichte des Rutengehens: Ein Überblick« erwähnt, gibt es auch die so genannte Fernmutung. Diese besondere Gabe besitzen nur sehr wenige Radiästheten. Ich selbst gehöre nicht zu diesen Experten, weil meine Tätigkeit die direkte Mutung beinhaltet. Aus diesem Grunde habe ich auch noch nie den Versuch gemacht, über große Entfernungen hinweg ein Objekt zu muten. Dennoch kann ich Ihnen über einige dieser Begabten berichten. Obwohl die folgende Geschichte für Sie unglaublich erscheint, handelt es sich um eine Tatsache.

Standort der vermissten Katze
exakt gemutet

Schon seit drei Tagen war unsere Katze verschwunden. Meine Familie war in Trauerstimmung. Selbst nachts liefen wir mit der Taschenlampe durch das Wohnviertel und riefen vergeblich nach unserem Muckerl. Am Freitag war meine Prüfung als Rutengänger (FS II) angesagt, und nur schweren Herzens verließ ich das Haus. In Essing bei Regensburg angekommen, wandte ich mich sogleich an den damaligen Fachschaftsleiter und Ausbilder Franz S. Ich kannte ihn lange genug, um von seiner Fähigkeit der Fernmutung überzeugt zu sein. Von ihm wollte ich zwei Fragen beantwortet haben. Erstens, lebt unsere Katze noch, und zweitens, wenn ja, wo kann ich sie finden? Franz S. stammte aus Baden-Württemberg, war vorher noch nie in der Oberpfalz und kannte demzufolge auch nicht meine Heimatstadt. Er nahm mich zur Seite und bat mich, auf einem Blatt Papier unser Grundstück und den Grundriss des Wohnhauses nebst Nordpfeil zu zeichnen. Diese Vorgabe war mit wenigen Strichen erfolgt. Nunmehr nahm Franz S. sein Pendel und mutete die erste Frage, ob die Katze noch lebe. Während ich ihn voller Anspannung und Erwartung beobachtete, begann das Pendel von der Neutralschwingung (vor- und rückwärts) in eine Kreisschwingung überzugehen. Heute weiß ich zwar nicht mehr, ob Links- oder Rechtsdrehung, doch die Antwort, dass die Katze lebe, ließ

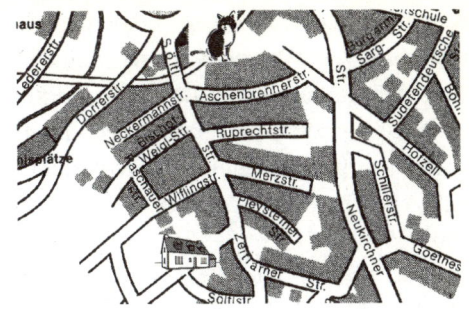

Ausschnitt aus dem Neunburger Stadtplan mit richtig gemutetem Standort der Katze.

mich aufatmen. Nun folgte der schwierigste Teil der Mutung. Langsam bewegte sich die Hand mit dem Pendel an den »Grundstücksgrenzen«. Erst schwach und dann immer stärker setzte es im Norden zur Schwingung an. Franz S. hatte die Richtung des Aufenthaltsortes der Katze gemutet. Nunmehr fragte er das Pendel nach der Entfernung und wiederum konnte ich nur staunen. Schließlich war er fertig und antwortete: »Die Katze befindet sich rund 150 Meter entfernt nördlich des Grundstücks.« Ich zweifelte keinen Augenblick an seinen Angaben und ersparte mir einen Anruf daheim. Am Sonntagnachmittag zu Hause angekommen, läutete ich an der Haustür, und meine Frau, die Katze im Arm, öffnete die Tür. Auf meine brennende Frage, wo sich diese versteckt hatte, erhielt ich zur Antwort: »Bei der Familie Sch. neben der AOK.« Jeder meiner Mitbürger in Neunburg vorm Wald weiß, dass die vorgegebene Richtung exakt stimmte. Lediglich bei der Entfernung hatte sich Franz S. um 50 Meter verzählt. Da die Mutung selbst rund 85 Kilometer vom »Tatort« entfernt stattgefunden hatte, darf das Ergebnis sicherlich als 100 Prozent richtig angesehen werden.

Für Franz S. wäre es von Vorteil gewesen, wenn er auch die »Fallstricke« gemutet hätte, in die er später als Fachschaftsleiter ahnungslos stolperte.

Fernmutung bestätigte Untersuchungsergebnis

Ich hatte das Wohnhaus der Familie K. F. in Regensburg untersucht. Dieses war 12 Meter lang und nur 5,5 Meter breit, was ein höchst ungewöhnlicher Grundriss ist. Das Ergebnis meiner Mutung war für mich eindeutig. Quer über dem Ehebett verlief der Reizstreifen einer Wasserader und längs des Bettes von Herrn F. der Nord-Süd-Streifen des Benker-Gitters. Eine Umstellung der Betten war auf Grund der Enge im Haus fast unmöglich. Diese Situation war für das Ehepaar offenbar eine doppelte Belastung. Folglich beauftragte es einen weiteren, mir gut bekannten Rutengänger. Dessen Ergebnis wich von meinem so stark ab, dass er glaubte, mich damit konfrontieren zu müssen. Da mir einige seiner guten wie schlechten Arbeiten bekannt waren, wollte ich es genauer wissen. Sechs Monate später war der Zeitpunkt gekommen. Es war während einer Veranstaltung in Würzburg-Kleinrinderfeld. Ich bat die Bedienung um ein Blatt Papier aus ihrem Quittungsblock, der im Maßstab 1:100 fast die Größe des beschriebenen Wohnhauses hatte. Darauf zeichnete ich nichts als den Nordpfeil. Diesen Zettel – und sonst nichts – übergab ich meinem Kollegen Walter S. Er war mir schon lange als sehr ernst zu nehmender und ausgezeichneter Rutengänger bekannt. Während im Saal die Tagesordnung behandelt wurde, pendelte Walter S. den »Grundriss« des Gebäudes nach Reizzonen ab. Um ihn nicht zu beeinflussen, hatte ich ihm verschwiegen, dass bereits zwei verschiedene Untersuchungsergebnisse vorliegen. Vom Podium aus konnte ich verfolgen, wie er in sich vertieft die Ränder des Zettels abpendelte und hin und wieder mit dem Bleistift einen Punkt oder Strich machte. Nach rund 20 Minuten suchte Walter S. meinen Blick und nickte mir zu, was so viel bedeutete, dass er fertig war. Das galt auch in physischer Hinsicht, denn wie kaum ein anderer, mir bekannter Rutengänger forderte er sich selbst am meisten. Was er mir anschließend übergab, schien auf den ersten Blick meine eigene Planzeichnung oder eine Kopie davon zu sein. Nie zuvor hatte ich eine deutlichere Übereinstimmung zwischen der Mutung vor Ort und einer Fernmutung gesehen. Es war einfach faszinierend. Wie kann jemand, der das Haus in Regensburg nicht kannte, zum gleichen Untersuchungsergebnis kommen wie ich? War es mein gedanklicher Wunsch? Oder anders gefragt, habe ich ihm suggeriert, zum gleichen Ergebnis wie ich zu kommen? Wenn Sie das für möglich halten, dann sollten Sie aber auch eine plausible Erklärung für viele andere erfolgreiche Fernmutungen haben. Nun, wie auch immer, es ist und bleibt ein Phänomen.

Fernmutung hatte mehr mit Vermutung zu tun

Neugierig, wie ich war und bin, besuchte ich in O. einen Vortrag über Erdstrahlen und ihre Wirkungen. Als Referent war ein Mann angekündigt, über dessen Arbeit als Pendler ich wiederholt gehört hatte. Die Veranstaltung im Gemeindehaus war sehr gut besucht. Der Referent, von Beruf Schullehrer, war sehr redegewandt. Seine Ausführungen zur Geschichte der Radiästhesie brachten mir nichts Neues. Erst seine angewandte Pendelpraxis ließ mich aufhorchen. Tatsächlich, er praktizierte die Fernmutung vom Telefon aus. Der Hilfe suchende Anrufer teilte ihm demnach die Lage und Größe seines Wohnhauses mit, und der »Meister« mutete die Reizzonen. Ich hatte vorher zwei derartige Untersuchungsergebnisse gesehen und als absurd befunden. Dies deshalb, weil die Netzgitter nicht mit den Himmelsrichtungen übereingestimmt hatten. Aus eigener Erfahrung wusste ich, dass die Festlegung der Nordrichtung mit der Wünschelrute oder dem Pendel selbst bei bester Konzentration sehr schwierig ist. Da ihm der Kompass während seiner »fernmündlichen« Fernmutung nicht helfen konnte, drängte es mich, von ihm eine Antwort zu erhalten. Ganz offensichtlich hatte er nicht mit kritischen Zuhörern gerechnet. Ich brachte ihn ungewollt in Verlegenheit. Geradezu peinlich wurde es, als er mich im Rahmen seiner weiteren Ausführungen hinsichtlich der Vermeidung von Erdstrahlen wiederholt um meine Meinung fragte. Ehrlich gesagt, von dieser Art Wunderheiler hatte ich die Nase voll. Anders dagegen lag folgender Fall, der nicht direkt mit der Fernmutung etwas zu tun hat.

Kurze Schmerzlinderung durch Magnetiseur

Mit einer größeren Gruppe von Kollegen war ich nach Holland gereist. Kurz hinter der Grenze hatte sich der in radiästhetischen Kreisen bekannte Magnetiseur Dr. C. angesiedelt. Nach eigenen Worten waren ihm in Deutschland die Behörden und vor allem das Finanzamt zu sehr »auf den Fersen« gewesen. Die Gebäude, umgeben von unzähligen Parkplätzen für Pkws und Omnibusse, glichen einem Fabrikgelände. Nach Angaben von Herrn Dr. C. hatte er täglich bis zu 600 Patienten. Diese aus ganz Europa angereisten Heilsuchenden warteten teilweise die ganze Nacht in einer Umzäunung neben dem Gebäude. Nach Öffnung der Praxis wurden zunächst die Personalien und Krankheiten notiert. Anschließend erfolgte der große, erwartungsvolle Augenblick. Die Leidgeprüften wurden der Reihe nach dem Magnetiseur vorgeführt. Dieser mutete Krankheiten weder mit der Wünschelrute noch mit dem Pendel, wie es einige Radiästheten in strafbarer Weise tun. Nein, ohne den Körper des Patienten auch nur zu berühren, versuchte er, Krankheitsherde zu fühlen und »Blockaden« oder »Knoten« durch heilende Kräfte bzw. magnetische Ströme zu lösen. Dieser Vorgang dauerte in der Regel weniger als drei Minuten. Eine Kollegin, die an chronischen

Kreuzschmerzen litt, wurde kostenlos behandelt. Wenngleich es heißt, was nichts kostet, taugt nichts, traf es in diesem Fall nicht ganz zu. Dr. C strich mit der flachen Hand einige Male nahe dem Rücken rauf und runter, und die Kollegin verspürte eine wohlige, angenehme Wärme. Später räumte sie ein, dass das lindernde Gefühl nicht allzu lange angehalten hatte. Für hartnäckige Fälle stand den Patienten deshalb auch ein Hotel zur Verfügung, um die Behandlungen am Ort intensivieren zu können.

Vielleicht werden Sie nun fragen, was diese Geschichte mit der Radiästhesie und Fernmutung zu tun hat? Ganz einfach! Laut Erfahrung und Aussage von Dr. C. sind Krankheiten bei Kindern bereits bei deren Zeugung oftmals schon vorprogrammiert. Im Klartext, die Zeugung selbst sollte nie auf einer Reizzone stattfinden, und die werdende Mutter sollte während der Schwangerschaft auch Reizzonen meiden. Zudem riet Dr. C., bei unlösbaren »Blockaden« oder »Knoten« im Nervenbereich einen guten Radiästheten mit einer Schlafplatzuntersuchung zu beauftragen. Der Magnetiseur räumte ehrlicherweise ein, dass seine Heilmethode bei Krebskranken und Schwerkranken nahezu aussichtslos sei. Dass er hier auf die Radiästhesie vertraute, erfuhr ich später, als sich einige Patienten auf seine Empfehlung hin an mich wendeten.

10. Entscheidet der Biorhythmus über die Tagesform?

Seit Beginn meiner radiästhetischen Tätigkeit besitze ich die Bio-Kalenderscheibe. Eigentlich sind es vier Scheiben, die Deckscheibe und die Scheiben für die körperliche, seelische und geistige Verfassung. Um mit Hilfe dieser Scheibe meine heutige

»Tagesform« festzustellen, bräuchte ich mindestens eine Viertelstunde. Lohnt sich dieser Aufwand, um am Ende festzustellen, dass mir die Scheibe vielleicht ein Formtief bestätigt, obwohl ich eigentlich gut drauf bin? Ich kenne Rutengänger, die errechnen ihre persönliche Verfassung bereits eine Woche im Voraus, damit sie wissen, was sie tun oder lassen sollten. Andere benutzen dazu einen kleinen Taschencomputer oder lassen sich anderswo die Daten ermitteln. Wieder andere fragen sich mit der Wünschelrute oder dem Pendel, ob es ihnen gut, weniger gut oder schlecht geht.

Ich halte nicht viel von mathematisch bestimmten guten und schlechten Tagen, obwohl die Natur sich an bestimmte Zeitabläufe und Regeln hält. Was ist ergo von folgender Empfehlung eines bekannten französischen Altmeisters zu halten, der meinte: »Ist man an gewissen Tagen und Stunden biorhythmisch in einem zwei- oder dreifachen Minus, beharre man in solchen Situationen nicht darauf, eine Angelegenheit von Wichtigkeit zu testen, denn es wäre nutz- und zwecklos.«

Die Anhänger der Biorhythmus-Theorie nehmen an, dass es drei Rhythmen gibt, die das menschliche Leben oder Wohlbefinden bestimmen: den Körperrhythmus mit 23 Tagen, den Seelenrhythmus mit 28 Tagen und den Geistrhythmus mit 33 Tagen. Es kann also sein, dass der eine Rhythmus sich in einem Hoch befindet und die beiden anderen in einem Tief. Oder zwei Rhythmen befinden sich im Hoch und der dritte im Tief usw. Selbstverständlich findet der Wechsel von Hoch und Tief nicht abrupt, sondern fließend statt. Dennoch kann es schlimmstenfalls vorkommen, dass sich Körper, Seele und Geist in einem absoluten Tief befinden. In diesem Fall wird empfohlen, Unternehmungen jeder Art abzusagen, d. h. auch die Wünschelrute im Koffer zu lassen.

Wie verhält es sich nun bei »vorprogrammierten« Unfällen, Krankheiten oder Todesfällen? Um diese Frage beantworten zu können, bräuchte man zunächst ausreichend viele und zuverlässige Daten über Arbeits-, Haushalts-, Verkehrs-, Sport- oder Freizeitunfälle. Somit könnte den Befürwortern des Biorhythmus zufolge ermittelt werden, ob die Person zum Zeitpunkt des Unfalls z. B. körperlich in keiner guten Verfassung war. Ebenso schwierig ist es bei verschiedenen Krankheiten. Wie verhält es sich z. B. bei Infektionskrankheiten? Gilt hier der Zeitpunkt der Ansteckung oder das Auftreten erster Symptome? Ist es auf der anderen Seite überhaupt möglich, eine Nichterkrankung oder eine leichte Erkrankung biorhythmisch zu erklären? Und um die Sache noch verzwickter zu machen, wie verhält es sich bei chronischen, d. h. langzeitlichen Erkrankungen? Laut Biorhythmus müsste nämlich nach einer gesundheitlichen Krise auch eine Hochform kommen! Also auch mit der »errechneten« Krankheit kann es nicht so richtig klappen. Bleiben also nur noch die Todesfälle!

Hier mangelt es kaum an zuverlässigen Daten, sprich Geburts- und Sterbetagen. Schon jetzt möchte ich davor warnen, bei Lebenden den Todestag per Biorhythmus errechnen zu wollen. Mir geht es nur darum, festzustellen, ob sich der oder die Verstorbene am Todestag in einem körperlichen, geistigen und/oder seelischen Tief befand. In diesem Fall könnten der Lebenswille oder die Lebenskraft durchaus sehr stark geschwächt sein. Anderenfalls könnte ein positiver Biorhythmus einen Todkranken vielleicht bis zum nächsten Tief retten. Ich möchte es dabei bewenden lassen und mich jetzt der Praxis zuwenden.

Dazu muss ich auf meine vor fünf Jahren gemachte Auswertung von 250 Todesfällen aus meinem Heimatlandkreis zurückgreifen. Es würde zu weit führen, Ihnen diese Fälle tabellarisch und periodisch aufzuzeigen. Deshalb komme ich zu dem Schluss, dass der Biorhythmus in keinem Verhältnis zum Todesdatum steht. Selbst ein Zufallsgenerator könnte dieses nicht anders bestimmen. Also doch Schicksal und nicht vorherseh- bzw. berechenbar! Folglich neige ich auch zu der Behauptung, dass ein Rutengänger auf die Berechnung seiner Tagesform verzichten kann. Ich gehe davon aus, dass ein gewissenhafter Radiästhet nur in guter geistiger, körperlicher und seelischer Verfassung seinen Auftrag ausführt.

11. Wer ist als Wünschelrutengänger geeignet?

Schon von Thomas Gottschalk wurde ich 1983 gefragt, ob jeder Mensch Rutengehen kann. Meine damalige Antwort war ebenso unpräzise wie ungenau. Wie sollte sie auch nicht? Bis heute ist nicht einmal bekannt, wie viele Rutengänger es überhaupt in Deutschland gibt. Dazu müsste zunächst klar definiert sein, wer als Wünschelrutengänger bezeichnet werden kann, jeder, der professionell und gelegentlich mit der Wünschelrute arbeitet? Diese Frage würde ich verneinen, denn von einem Rutengänger erwarte ich mehr als die Demonstration eines Rutenausschlages. Leichter wäre die Frage, wie viele gute Wünschelrutengänger bzw. Geobiologische Berater wir in Deutschland sofort benötigen? Diese Frage würde ich ohne zu zögern mit 25 000 beantworten, vorausgesetzt, dass diese Rutengänger auch über ein umfangreiches Wissen in Geobiologie verfügen. Doch zurück zur Eingangsfrage, ob jeder Mensch Rutengehen kann. Hier möchte ich mit »Jein« antworten. Es wäre auch reine Spekulation, hier Zahlen oder Prozente anzugeben. Eines ist jedoch sicher: Unser Schöpfer hat den Menschen mit den Sinnesorganen Sehen, Hören, Schmecken, Riechen und Tasten ausgestattet. Wenn von einem sechsten Sinn die Rede ist, dann möchte ich die Fähigkeit des Fühlens als solchen nennen. Die Naturvölker und unsere Vorfahren hatten jedenfalls diese besondere Gabe. Leider büßen viele Menschen im Laufe der Zeit durch eine unnatürliche Lebensweise ihre Sensitivität ein, d. h., sie verlieren die natürliche Fähigkeit, geringe Unterschiede in der Umgebungsstrahlung wahrzunehmen. Das liegt sicherlich auch daran, dass sie in ihrem Arbeits- und Wohnbereich mehr oder weniger starken künstlichen elektromagnetischen Reizen ausgesetzt sind, mit der Folge, dass die Reizschwelle gegenüber natürlichen Strahlungen immer höher wird. Diese Art Gewöhnung kann jedoch nicht bedeuten, dass diese Menschen immun sind gegen krank machende Strahlungen. Im Gegenteil, denn nur derjenige, der die »Gefahr« erkennt, kann ihr wirksam begegnen.

Damit komme ich auf den Punkt. Bezüglich der Strahlenfühligkeit unterscheide ich drei Gruppen von Menschen:

1. Die Gruppe der »locker Gelösten«: Diesen Menschen ist das Muten bzw. die Fühligkeit offenbar mit in die Wiege gelegt worden. Dabei handelt es sich insbesondere um stark naturverbundene Menschen.

2. Die Gruppe der »Feinfühligen und Sensitiven bzw. Sensiblen«: Auch diese Menschen können auf Anhieb muten oder beherrschen diese Tätigkeit mit Leichtigkeit.

3. Die Gruppe der »intellektuell Überlagerten, Übernervösen und Konzentrationsgestörten«: Diese Menschen zweifeln an der Fühligkeit, die mit der Wünschelrute angezeigt wird. Sie sind meist unfähig, Reize aufzunehmen und sichtbar zu machen. Zudem fehlt ihnen ein gesundes Maß an Selbstbe-

wusstsein. Soweit bei diesen Menschen die Fühligkeit lediglich verkümmert ist, kann sich durch intensive Übung doch noch ein Rutengefühl entwickeln.

Frage: Zu welcher Gruppe gehören Sie? Fühlen Sie den Unterschied der Wärmestrahlung zwischen dem Kachelofen und der Sonne? Machen Sie sich sensitiv, und erfühlen Sie die Grundstrahlung zwischen einer Wand- oder Bodenfliese und einer Kork- oder Holzplatte! Halten Sie die Hand über ein Elektrokabel, und fühlen Sie, ob es Strom führend oder stromfrei ist! Hochsensitive sind sogar in der Lage, unterschiedliche Farbblätter zu fühlen. Wenn Sie zu diesen Menschen zählen, dann können Sie auf die Wünschelrute verzichten. Was Sie nämlich bei der Mutung einer Wasserader fühlen, ist eine Veränderung der Bodenstrahlung, sprich ein standortbedingter Reizstreifen.

Zum Schluss möchte ich noch eine Gruppe von Menschen nennen, die auf eine radiästhetische Tätigkeit verzichten sollten. Es handelt sich um schwangere Frauen, kranke Menschen, Alkoholiker und Kettenraucher sowie um Kinder.

12. Rutengehen setzt eine gute Ausbildung voraus

Zwischen meinem TV-Auftritt 1983 und dem Beginn meiner Ausbildung als Rutengänger lagen wenige Wochen. Obwohl ich auf dem Gebiet des Rutengehens kein Laie mehr war, stellte ich mich den neuen Anforderungen. Das Tagungsprogramm enthielt Hinweise auf die Messung der »Aura« des »Reaktionsabstandes« und der »Polarität«. Mit diesen Begriffen konnte ich zunächst beim besten Willen nicht viel anfangen. Weiter war ein

Versuch der Rutenfühligkeit mit zwei verschiedenen Ruten geplant, was für mich nichts Neues darstellte. Deutlich hatte Norbert H., Architekt und BG-Leiter, in der Einladung gewarnt: »Am gefährlichsten scheint mir, wenn Leute an ihre eigene Fühligkeit glauben, nur weil sich einmal ein Pendel oder eine Rute in ihren Händen bewegte. Der ernsthafte Rutengänger muss seine Gabe über Jahre hinweg ständig überprüfen, verfeinern und mit Gegenversuchen absichern. Das ist eine schwere, mühsame Arbeit, der sich natürlich nur sehr wenige unterziehen.«

Diese zitierte Warnung kann ich voll unterstreichen. In der Einladung wurde weiter bemerkt, dass Rutengehen ähnlich wie Musizieren ist, d. h., nicht jeder kann ein Johann Strauß werden. Zudem kann man Rutengehen nicht erzwingen, was als Einsicht dem Teilnehmer viel Ärger und Lehrgeld spart. Und schließlich ein Satz, der auch heute noch Gültigkeit hat: »Rutengehen muss in Zukunft ernsthaft betrieben werden.«

Wenn das Wort »ernsthaft« mit seriös gleichzusetzen ist, dann finde ich das zutreffend. Die Ausbildung für die erste Leistungsstufe selbst ließ daran jedenfalls keinen Zweifel. Auch im Nachhinein würde ich sie in theoretischer wie praktischer Hinsicht als optimal bezeichnen. Das war auch sehr wichtig, wie Sie weiter unten erfahren werden. Gleichermaßen positiv war auch mein persönliches Abschneiden bei der Prüfung. Für mich Grund genug, die Ausbildung für die weiteren Stufen fortzusetzen. Im Gegensatz zu heute, wo einige »Ausbildungsstätten« ihre Lehrgangsteilnehmer nach vier Wochen »auf die Menschheit loslassen«, dauerte meine insgesamt vier lange Jahre. Sie beinhaltete unzählige Schulungstage, Versammlungen, Exkursionen und Ausflüge, die bis nach Holland gingen. Es versteht sich von selbst, dass ich in dieser Zeit viele Rutengänger kennen lernte, männlichen wie weiblichen Geschlechts. Nicht alle verdienen meine Hochachtung. Das liegt wohl daran, weil ich mir den gesunden Menschenverstand bewahrt habe. Sollten Sie selbst einmal die Bekanntschaft von Rutengängern oder Pendlern machen, so lassen Sie sich nicht von der schnell drehenden Rute oder dem rasant kreisenden Pendel beeindrucken. Oftmals steckt nämlich reine Angabe oder Absicht dahinter. Zudem lernen Sie aber auch Leute kennen, die Sie vielleicht im ersten Moment zu Unrecht als Spinner bezeichnen werden. Lassen Sie mich ein paar Erlebnisse erzählen.

Elektromagnetische Aufladung abschütteln?

Auf der Omnibusfahrt nach Würzburg zu einer Veranstaltung von Rutengängern legten wir eine kurze Rast ein. Eigentlich ein ganz normaler Vorgang, werden Sie denken, warum erzählt er das? Weil mich etwas stutzig machte. Zwei ältere Kollegen, eine Hausfrau und ein hoher Regierungsbeamter, gingen nämlich mit kurzen trippelnden Schritten ständig auf dem Parkplatz auf und ab und schüttelten dabei die Hände aus. »Ein komisches Gespann«, dachte ich für mich und fragte dann einen Kollegen, was dieses Getue für einen Sinn habe, Lockerungsübungen gingen mir ja noch ein. Die Antwort überraschte mich: »Die befreien sich von der elektromagnetischen Aufladung, die die elektrische Zündung des Busmotors verursacht.« Heute weiß ich, dass man als Autofahrer nicht nur einem elektromagnetischen Feld ausgesetzt ist, sondern sich auch elektrostatisch auflädt.

Kopfschmerzen durch bös gesinnten Kollegen?

Diese Geschichte spielt in einem Versammlungsraum voller Radiästheten. Der Vorsitzende des Verbandes hatte das Wort. Plötzlich ein lauter Zwischenruf eines mir unbekannten Kollegen: »Wer verursacht mir Kopfschmerzen?« Hatte ich mich etwa verhört? Nein, der Mann wurde deutlicher und rief erneut: »Ich will wissen, wer mich mit Kopfschmerzen belastet?« Der Kollege war nicht zu beruhigen und wurde gebeten, den Saal zu verlassen. Neugierig, wie ich bin, folgte ich ihm und fragte nach der Ursache seiner Beschwerde. Der Mann war außer sich und antwortete, dass jemand im Saal ihn nicht leiden könne und ihn deshalb mit Kopfschmerzen belaste. Ich hatte vorher noch nie von dieser Möglichkeit gehört. So sehr sich mein Inneres lange Zeit dagegen sträubte, glaube ich heute daran. Wie schon ausgeführt, ist ein Rutengänger ein sensitiver Mensch und folglich auch beeinflussbar. In diesem Fall offenbar durch eine Person mit extrem starker Ausstrahlung und dem Willen, einen anderen Menschen mit Kopfschmerzen zu belasten. Erst später habe ich wiederholt von dieser Möglichkeit gehört und gelesen.

Umweltsünder mit der Wünschelrute ermitteln?

Im dritten Fall befinde ich mich mit einigen Kollegen in einem großen Regensburger Hotel. Wir diskutieren über eventuelle Maßnahmen für den jährlichen Veranstaltungskalender. Ein bekannter Kollege, dessen Namen ich nicht nennen mag, schlug vor, eine »Umweltsünderaktion« an der Donau durchzuführen. Können Sie mit diesem Wort etwas anfangen? Sollten etwa Rutengänger den wild abgelagerten Wohlstandsmüll längs der Donau aufsammeln? »Nein«, so der Kollege, »wir sollten mit Hilfe der Wünschelrute versuchen, den oder die Umweltsünder zu ermitteln und anzuzeigen.« Also, alles was recht ist, aber für ein derartiges Unternehmen war ich nicht zu gewinnen. Stellen Sie sich einmal vor, Sie finden einen Sack voller Unrat und versuchen mit der Wünschelrute den Übeltäter zu ermitteln. Ob möglich oder nicht, dieser Vorschlag war wohl mehr illusorisch und unrealistisch als praktikabel. Oder sind Sie anderer Meinung?

Den größten Unfug erlebte ich während einer Ausbildungsmaßnahme in meiner Heimatstadt. Interessierte Rutengänger
waren aufgerufen, im dortigen Freizeitzentrum einen geeigneten Bohrpunkt für einen Brunnen zu suchen. Alles war bestens
geplant und organisiert. Im letzten Moment meldete sich der
»Meister des 4. Strahles« aus der Landeshauptstadt München
und stellte das Unternehmen in Zweifel. Mehr darüber weiter
unten.

13. Wo erfolgen Ausbildungen
zum Rutengänger?

Ich möchte versuchen, diese Frage so neutral wie möglich zu
beantworten. Grundsätzlich können Sie das Rutengängerhand-
werk im Selbststudium erlernen. Damit, so meine Erfahrung,
wären Sie jedoch langfristig gesehen auf »verlorenem Posten«.
Dieses Buch bietet Ihnen zwar eine umfassende, auf die Praxis
bezogene Einführung, ersetzt jedoch nicht Ihre eigene, individuelle Erfahrung. Aus diesem Grunde empfehle ich Ihnen deshalb, zunächst einen Schnupper- oder Einführungskurs in Sachen Rutengehen zu belegen. Dieser dauert in der Regel zwei
Tage und findet meist an Wochenenden statt. Vom Kursergeb-
nis sollten Sie Ihre weitere Entscheidung abhängig machen. Wie
in Kapitel I/2: »Eigene Gehversuche mit der Wünschelrute« erklärt, habe ich mir das Rutengefühl ohne Hilfe von außen an-
geeignet. Erst hinterher entschied ich mich für eine umfangreiche Aus- und Fortbildung.

Noch heute bin ich der Meinung, dass diese Entscheidung
trotz mancher persönlicher Enttäuschungen richtig war. Nun
werden Sie fragen, warum? Die Antwort ist ganz einfach: Im

Verband haben Sie es in der Regel mit erfahrenen Wünschelrutengängern als Ausbilder zu tun, haben Sie direkte Kontakte zu Gleichgesinnten, können Sie sich mit diesen »messen«, d. h. Ihre Ergebnisse abstimmen, sind »radiästhetisch« auf dem Laufenden und nicht zuletzt können Sie ständig Erfahrungen austauschen. Schließlich können sich auch Freundschaften bilden, die von gegenseitigem Nutzen sind. Doch Vorsicht, auch hier gilt die Warnung: Trau, schau, wem! Ja, ich bin sicher, dass es keine echte Alternative zur Mitarbeit im Verband gibt. Nachfolgend nenne ich Ihnen drei mir bekannte Verbände für Einführungskurse bzw. Aus- und Fortbildungsmaßnahmen:

Deutsche Gesellschaft für Geobiologie e.V. (DGG e.V.) mit der Fachschaft Deutscher Rutengänger (FDR)

Hierbei handelt es sich um einen bundesweiten, gemeinnützigen Verein. Die Vereinsgeschichte beginnt bereits im Jahre 1925. Damals nannte sich der Verein: Verband für Ruten- und Pendelkunde. Auf Grund der Unterbrechung durch das Hitlerregime ruhte die Verbandsarbeit bis nach dem Zweiten Weltkrieg, wo sie dann wieder aufgenommen wurde. Infolge verschiedener Zielrichtungen innerhalb des Verbandes kam es später zur Spaltung. Im Jahre 1982 wurde der alte Verein in Deutsche Gesellschaft für Geobiologie e.V. (DGG e.V.) mit der Fachschaft Deutscher Rutengänger (FDR) unbenannt. Letztere ist kein Verein im Verein, sondern das eigentliche Ausbildungsorgan innerhalb der DGG e.V. Die DGG-Mitglieder werden in Bezirksgruppen, auf der Ebene von Regierungsbezirken, betreut. Hier finden Einführungsseminare im Umgang mit Rute und/oder Pendel statt. Die weitere Ausbildung zum geprüften Rutengänger, Geobiologischen Berater oder schließlich zum Rutenmeister obliegt der Fachschaft. Zu den Aufgabengebieten des Verbandes zählen die Bereiche Geo, Kosmos, Physik, Chemie, Ökologie, Prophylaxe, Biologie, Mythos und Medizin. Die Gesellschaft fördert laut Satzung Maßnahmen, die dem Schutz des Lebens und der Umwelt dienen. Sie hilft Reize aus der Umwelt für Mensch, Tier und Pflanze zu erkennen und damit leben zu lernen. Weiter bemüht sich diese Gesellschaft um bessere Lebensbedingungen durch Aufklärung und Bewusstseinsänderung. Sie regt zu naturverbundenen Lebensgewohnheiten an und unterstützt das Gesundheitswesen durch Prophylaxe und Harmonisierung von Leib und Seele. Ganz ohne Zweifel hat sich die DGG e.V. damit hohe Ziele gesetzt.

Forschungskreis für Geobiologie Dr. Hartmann e.V.

Der Verein als gemeinnützige Körperschaft wurde in der heutigen Form im Jahre 1961 in München von Dr. med. Ernst Hartmann ins Leben gerufen und ist beim Amtsgericht Mosbach mit Sitz in Waldbrunn eingetragen. Nach eigenen Angaben ist der Forschungskreis mit ca. 2000 Mitgliedern der größte und erfolgreichste seiner Art. Laut Satzung verfolgt der Verein ausschließlich und unmittelbar gemeinnützige Zwecke im Sinne der Gemeinnützigkeitsverordnung von 1953, insbesondere durch Zusammenfassung von Personen, die sich theoretisch und praktisch mit der physikalischen und biologischen Klärung bisher beobachteter Zusammenhänge zwischen Untergrund, Klima, Wetter und Krankheitsgeschichten bei Mensch, Tier und Pflanzen befassen oder diesen Zweck unterstützen wollen. Insbesondere soll dadurch zur wissenschaftlichen Klärung des Krebsproblems beigetragen werden. Zur Intensivierung der Vereinsarbeit werden von der Hauptversammlung Fachgruppen mit folgenden Themen gebildet: Grundlagenforschung, Öffentlichkeitsarbeit, Baubiologie, Biometeorologie, medizinische Probleme und Geobiologische Berater. Informationskurse und Seminare des Forschungskreises finden grundsätzlich in Waldbrunn/Waldkatzenbach (Hoher Odenwald, nahe Eberbach/Neckar) statt. Als eines der großen Ziele des Vereins wird die wissenschaftliche Klärung des Wünschelruten-Phänomens sowie die Fragen nach Krankheiten als Standortproblem genannt. Mit einem Satz: Vereinsziel ist, den Dingen auf den Grund zu gehen!

Internationaler Arbeitskreis für Geobiologie e.V. (IAG e.V.)

Sitz des Vereins ist Frankfurt am Main. Unter Zweck des Vereins und Sprachregelung heißt es: »Der Verein bedient sich des internationalen Charakters, um zunächst eine Zusammenfassung von geobiologischen Bestrebungen im deutschsprachigen Raum zu ermöglichen. Der Verein befasst sich mit der Erforschung, der Lokalisation, der Deutung und Interpretation von Störfaktoren extraterrestrischer, terrestrischer und zivilisatorischer Herkunft. Besondere Bedeutung gewinnen diese geopathischen Faktoren in ihrer Beziehung zu Mensch, Tier und Pflanze, wobei das Hauptinteresse auf das Gebiet bösartiger Erkrankungen gerichtet ist. Erklärtes Ziel des Vereins ist es, vorrangig zur Lösung des Krebsproblems beitragen zu wollen.« Wie die vorgenannten Vereine verfolgt auch dieser ausschließlich und unmittelbar gemeinnützige Zwecke im Sinne der Abgabenordnung von 1977. Die Arbeits- und Forschungsergebnisse werden im Rahmen internationaler Symposien und Kongresse dargestellt. In den Ländern werden regionale Tagungen veranstaltet, auf denen neben der Darbietung eines angemessenen Vortragsprogramms für die Öffentlichkeit Forschungsvorhaben konkretisiert und Forschungsaufträge erteilt werden. Laut Geschäftsordnung betätigt sich die IAG auf wissenschaftlichen und grenzwisssenschaftlichen Arbeitsgebieten. Unter Letzteren werden solche verstanden, die zurzeit von der so genannten Schulwissenschaft (Schule) noch nicht berücksichtigt werden. Dem IAG e.V. ist es gelungen, Mutungen von Geobiologen messtechnisch nachzuweisen. Damit ist zugleich die Möglichkeit gegeben, die Mutungsfähigkeit des Geobiologen festzustellen. Der Verein verweist auf 20-jährige einschlägige Erfahrungen und Beobachtungen aus der Sicht eines biologischen Arztes und bietet auf hohem Niveau Seminare für die Aus- und Fortbildung zum Geobiologischen Berater an.

»Geprüfter Rutengänger« nach acht Schulungstagen?

Ohne Zweifel genügen zwei Tage für die Feststellung der Rutenfühligkeit. Für die weitere Ausbildung zum Wünschelrutengänger reicht jedoch auf keinen Fall ein einwöchiges Seminar. Und dennoch gibt es den einen oder anderen Verband, der den Seminarteilnehmer nach acht Tagen Theorie und Praxis als »Geprüften Rutengänger« entlässt. Ich meine, dass auf dem rein subjektiven Gebiet des Rutengehens ganz einfach die Qualität vor Quantität stehen muss. Auch die anhaltende Nachfrage darf nicht dazu führen, dass Rutengänger aus kommerziellen Gründen auf dem Fließband »produziert« werden. Diese Praxis hat meines Erachtens weniger mit Gemeinnutz, sondern mehr mit Eigennutz zu tun. Eine derartige Ausbildung bezeichne ich deshalb schlicht und einfach als verantwortungslos. Es ist durchaus verständlich und legitim, dass der Seminarteilnehmer so schnell wie möglich seine hohen Ausbildungs- und die damit verbundenen Unkosten durch Untersuchungsaufträge decken will. Aber bitte nicht auf Kosten der Hilfesuchenden und zu Lasten des Ansehens der Radiästhesie.

Während meiner eigenen langjährigen Ausbildung habe ich bei radiästhetischen Bauplatz-, Haus- oder Schlafplatzuntersuchungen grundsätzlich meinen Ausbilder (Mentor) hinzugezogen. Eine weitere Besonderheit der guten Ausbildung besteht z. B. in der Gruppenarbeit. Dabei untersuchen die Gruppenmitglieder gegenseitig und jeder für sich das Haus oder den Schlafplatz des anderen Mitgliedes. Hier steht tatsächlich nicht das Verdienen, sondern das Dienen und Erlernen im Vordergrund. Niemand sollte deshalb das Zertifikat für den Seminarbesuch oder das Prüfungszeugnis als »Freibrief« betrachten. Oder anders gesagt, es sollte nicht versucht werden, nach einem Seminarbesuch so schnell wie möglich wieder »auf seine Kosten« zu kommen. Vielmehr rate ich zunächst zu einer soliden Aus- und Fortbildung, denn auch auf dem Gebiet des Rutengehens ist noch »kein Meister vom Himmel gefallen«. Wenn Sie sich also für das Rutengehen interessieren, sollten Sie sich zunächst die Zeit nehmen, um sich über die vielfältig angebotenen Seminare und Kurse sowie deren Inhalte und Kosten kundig zu machen. Diese Mühe macht sich langfristig in jeder Hinsicht bezahlt.

14. Physikalische und biophysikalische Nachweismethoden

Um die Effekte geopathogener Zonen objektiv nachzuweisen, wurden in den letzten Jahrzehnten eine Reihe von Geräten und Messmethoden entwickelt. Damit lässt sich die subjektive Mutung mehr oder weniger gut nachprüfen. Zu den wichtigsten messbaren Effekten nebst Messgeräten zählen:
- Erhöhung der Neutronenstrahlung (Szintillationszähler)
- Änderung der Luftionisation (Ionometer)
- Erhöhung der elektrischen Leitfähigkeit des Bodens (Feldmeter)

- Veränderung technischer Impulse (UKW-Feldmessgerät)
- Erhöhte Boden- und Luftfeuchtigkeit (Hygrometer)
- Änderung des erdmagnetischen Feldes (Geo-Magnetometer)
- Abweichungen der Bodentemperatur (Infrarotfotografie)

Um es vorweg zu sagen, die physikalische Messmethode ist in der Regel sehr aufwändig, umständlich und teuer. Sie erfordert zudem gute messtechnische und physikalische Kenntnisse. Die meisten Methoden sind noch nicht praxisreif entwickelt. Bei Messungen in Gebäuden werden viele Geräte durch Störquellen beeinflusst. Die Ergebnisse sind daher nur bedingt zuverlässig.

Mit Hilfe medizinisch-physikalischer Testverfahren kann der Einfluss von Bodenstrahlungen an Menschen, aber auch an Tieren und teilweise an Pflanzen auch indirekt nachgewiesen werden. Dabei handelt es sich insbesondere um folgende Effekte:
- Erhöhung der Pulsfrequenz
- Veränderung der Blutsenkung und der roten Blutkörperchen
- Reaktionen der Gehirnströme im EEG bzw. Beeinflussung des Zentralnervensystems
- Verschiebung des pH-Wertes (z. B. im Blut)
- Erhöhung und stressartige Beunruhigung des Körperwiderstandes
- Minderung der Flimmerverschmelzungsfrequenz (FVF)
- Erhöhung der Reaktionszeit
- Abweichung des Körperpotenzial- und Muskelstroms
- Störung der Plus/Minus-Polarität der Körperzellen
- Verstärkung von Krankheitskeimen (Bakterien, Viren) sowie Wachstum von Tumorzellen

In Kombination mit subjektiven und physikalischen Testmethoden wurden derartige Versuche besonders von Ärzten und Biologen durchgeführt. Bezüglich der Therapie-Kontrolle stellen sie angeblich eine wertvolle Bereicherung dar. Eine besonders bekannte und gern praktizierte Testmethode ist die Messung des Haut- und Körperwiderstandes mit einem Ohmmeter. Im Rahmen meiner Ausbildung habe ich mich wiederholt für solche Experimente zur Verfügung gestellt.

15. Das Wünschelruten-Phänomen aus wissenschaftlicher Sicht

Das Wirken unsichtbarer Kräfte hat etwas Magisches. Wer sich damit beschäftigt, unterliegt allzu leicht phantastischen Vorstellungen. Wir sehen zwar, dass der Apfel vom Baum auf den Boden fällt, machen uns aber darüber keinerlei Gedanken, warum das so ist. Und doch ist hier eine unsichtbare Kraft im Spiel, nämlich die Gravitation, sprich die Schwerkraft bzw. die Anziehungskraft der Erde. Die Physik konnte auch anderen Kraftfeldern den Schleier des Geheimnisses entreißen. So haben Phänomene wie Magnetismus, elektrische Ladungen und elektromagnetische Wellen in der Naturwissenschaft einen festen Platz. Wir sind heute in der Lage, kleinste Mengen an Strahlung, z. B. radioaktiver Strahlung, exakt zu messen. Andererseits können wir die Frage, ob und in welcher Weise sehr schwache magnetische und elektrische Felder auf biologische Organismen wirken, noch immer nicht exakt beantworten, ebenso die Frage, wie sich Zugvögel über Tausende von Kilometern orientieren und welche Leitsysteme sie in ihr jeweiliges Zielgebiet führen, genauso wie Fischschwärme blitzschnelle Richtungsänderungen vornehmen, ohne dass auch nur ein einziges Exemplar ausschert und Unordnung in das Gefüge bringt.

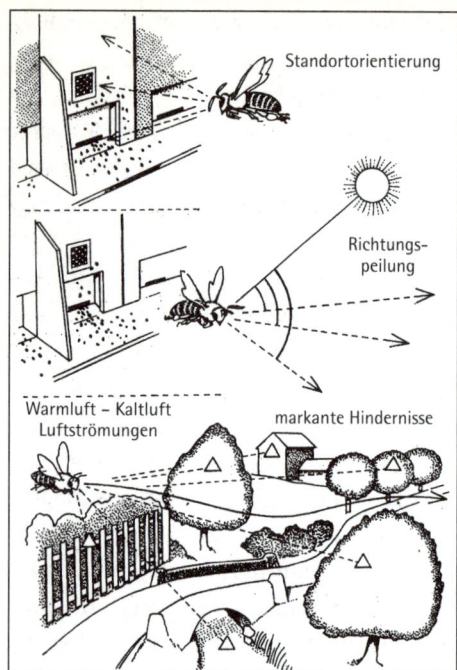

Bienen (Insekten) orientieren sich an Standort, markanten Stellen und Reizzonen.

Das Gleiche gilt auch für die Orientierungsfähigkeit der Bienen. Obwohl sie tagsüber große Gebiete abfliegen, sammeln sie sich in der Dämmerung gezielt im Bienenstock. Und sicher haben Sie auch schon Mückenschwärme beobachtet, die eine regelrechte vertikale Säule bilden. Es darf bezweifelt werden, dass für die geschilderten Verhaltensweisen der Tiere die Sinnesorgane für Sehen, Riechen, Hören, Schmecken und Fühlen ausreichen. Schon seit Jahrzehnten beschäftigt deshalb Wissenschaftler die Frage, ob nicht elektrische oder magnetische Felder für diesen faszinierenden Orientierungssinn verantwortlich sind. Es ist jedenfalls kein Fehler, anzunehmen, dass natürliche Strahlungsfelder auf die Organismen wirken. Ob diese These gänzlich in das Denkschema der Naturwissenschaft passt, bleibt abzuwarten.

Die Geschichte lehrt uns, dass es keinen Grund gibt, an der Strahlenfühligkeit von Lebewesen zu zweifeln. Der fühlende Mensch kann somit auf geheimnisvolle Weise den Standort ausmachen, wo das zu suchende Objekt zu finden ist. Allerdings verfügt der Mensch über keinen so untrüglichen »Sinn« wie das Tier. Liegt es vielleicht daran, dass der Mensch, hier der Rutengänger, bei seiner Tätigkeit neben den natürlichen Sinnen auch den Verstand einschaltet? Während Tiere instinktiv suchen und finden, handelt und reagiert der Wünschelrutengänger bewusst analysierend. Aus diesem Grunde ist es nicht verwunderlich, dass Mutungsergebnisse mehrerer Rutengänger bei ein und demselben Objekt oftmals sehr starke Abweichungen zeigen. Klar doch, dass der einzelne Wünschelrutengänger immer Recht hat. Dennoch überschätzen sich viele in ihrer Fähigkeit und neigen daher zur Übertreibung. Kein Wunder also, dass die Wissenschaft lange Zeit alles, was mit Wünschelrute zu tun hatte, in das Reich der Fabel verbannte. Die Forschung auf wissenschaftlichen Grenzgebieten ist eben keine einfache Angelegenheit. Ein Teil der Wissenschaftler hält das Rutengänger-Phänomen für wahr und glaubwürdig, der andere dagegen behauptet, es handele sich dabei nur um Hokuspokus und Geisterbeschwörung. Die Gegensätze könnten also nicht krasser sein. Eines ist jedoch sicher, wer die Existenz der Radiästhesie, d. h. die Gabe der Strahlen- und Rutenfühligkeit, bestreitet, ist selbst unfähig, damit umzugehen.

Als der große Physiker Max Planck 1932 die Auffassung vertrat, die Wissenschaft müsse das Phänomen der Erdstrahlen ernsthaft prüfen, stuften seine Fachkollegen dieses Verlangen als Spleen ein und ignorierten es. Mit diesem Verhalten möchte ich an eine Erkenntnisregel des Philosophen Arthur Schopenhauer erinnern, der einmal halb scherzhaft gesagt haben soll: »Jede Erkenntnis durchläuft drei Phasen. In der ersten wird sie verlacht, in der zweiten bekämpft, und hat sich die Sache einmal durchgesetzt, hört man den Vorwurf, warum wurde das nicht schon früher erkannt?« Ich möchte es Ihrer Beurteilung überlassen, festzustellen, auf welcher Stufe sich das Rutengehen heute befindet.

Die Wissenschaft hat noch vor etwa einem Jahrhundert versucht, die Möglichkeit der Wassersuche mittels Wünschelrute zu leugnen, obwohl schon viel früher erfolgreiche Anwendungen bekannt waren. Erst gegen 1972, als der Schweizer Pharmakonzern Hoffmann-La Roche unter streng wissenschaftlichen Laborbedingungen einen erfolgreichen Versuch durchführen ließ, konnten die Skeptiker die Realität nicht mehr leugnen.

Das Problem »Erdstrahlen und Wünschelrute« fand in der Vergangenheit auch einmal auf einer Regierungsebene Beachtung, so im Jahre 1936, als Professor Reiter, Präsident des Reichsgesundheitsamtes, sich zu diesem Thema äußerte und von negativ ausgefallenen Prüfungen berichtete sowie die Beunruhigung der Bevölkerung mit der »Erdstrahlen-Angst« durch gewisse Kreise verurteilte. Dennoch betrachtete man das Problem als wissenschaftlich offen und forderte weitere Prüfungen. Es würde zu weit führen, die vielen Initiativen bis Ende der 1970er-Jahre aufzuführen. Sie sind auch nicht Gegenstand dieses Buches. Für Sie ist es jedoch wichtig zu wissen, dass in Deutschland der Durchbruch in der wissenschaftlichen Forschungsarbeit erst Anfang der 1990er-Jahre gelungen war. Nach zahlreichen Verhandlungen und Diskussionen fand im Jahre 1984 erstmals eine große Expertentagung statt. Dem Gremium gehörte u. a. auch die Vorsitzende der »Stiftung zur Förderung der

Naturheilkunde«, Dr. Veronika Carstens, an. Vor allem auf Grund ihrer Initiative wurde ein umfangreiches Forschungsvorhaben ermöglicht. Das Projekt selbst wurde vom Bundesministerium für Forschung und Technologie mit 417 000 Mark gefördert. Für die Projektdurchführung zeichneten die Münchner Wissenschaftler Prof. Dr. H.-D. Betz, Sektion Physik, und Prof. Dr. H. L. König, Lehrstuhl für Technische Elektrophysik, beide TU München, verantwortlich. Insgesamt hatten an dem Forschungsprojekt 14 Wissenschaftler aus neun verschiedenen Instituten teilgenommen. Das Forscherteam sollte herausfinden, ob Rutengänger ortsabhängige Sinnesreize empfinden können, die nicht auf einfache und bekannte Art und Weise erklärbar sind. Anders ausgedrückt: Verfügen Menschen, insbesondere Rutengänger, über einen neuen, noch nicht bekannten Sinneskanal zur Wahrnehmung bestimmter Umweltreize? Laut Professor Betz in »Natur und Medizin« eine typisch biophysikalische Fragestellung. Es versteht sich von selbst, dass dabei die Bereiche Esoterik und Okkultismus ausgeschlossen waren. Das streng wissenschaftliche Forschungsprojekt war demnach gegen jede prinzipielle, sachliche Kritik gefeit, was sich auch im Nachhinein bestätigte, als Kritiker versuchten, die erzielten Ergebnisse zu entwerten.

Bei diesem Vorhaben handelte es sich um das bislang größte und umfangreichste Forschungsprojekt. Rund 500 Rutengänger konnten an insgesamt 160 Experimentiertagen an 50 Versuchsstrecken in 18 verschiedenen Orten ihre angebliche Fühligkeit unter Beweis stellen. Nach 10 000 Einzelexperimenten kam Professor Betz zu dem Schluss: »Es gibt in der Tat ein echtes, noch unverstandenes Rutengänger-Phänomen.« Eine große Sonntagszeitung meldete: »Das Phänomen des Rutenausschlages existiert mit an Sicherheit grenzender Wahrscheinlichkeit.«

Rutengänger beim
Münchner Forschungs-
projekt bei der Mutung
auf dem Laufbrett.

Heinz Müller vom »IAG e.V.« resümierte das Testergebnis eu-
phorisch: »Es ist nun endgültig wissenschaftlich gesichert, dass
es Menschen gibt, die einen treffsicheren Rutenausschlag haben.« Objektiv betrachtet, verbirgt sich zwischen den Zeilen dieser drei Kurzmeldungen dennoch ein Fragezeichen. Dazu aus
der Zusammenfassung des Buches »Der Wünschelruten-Report«
von Betz und König in Kurzform: »Die Treffsicherheit durch-
schnittlicher Rutengänger war in den durchgeführten Testrei-
hen schlecht und in den meisten Fällen kaum oder nicht vom
Zufall zu unterscheiden.« Und weiter: »Einige Rutengänger wiesen bei speziellen Aufgaben eine außerordentlich hohe Treffsicherheit auf, welche kaum oder nicht durch Zufall erklärt werden kann.«

Zur »Ehrenrettung« vieler guter Rutengänger möchte ich darauf hinweisen, dass die Probanden teilweise völlig unrealistische, sprich praxisfremde, Testaufgaben zu bewältigen hatten. So z. B. Muten mit dunkler Brille, Gesichtsmaske und Ohrenschützern, was im normalen Alltag unmöglich wäre. Dazu gehörte insbesondere das Laufgang-Experiment: Hier wurde ein auf Rädern montiertes Laufbrett, das ringsum und oben mit einer Plane abgedeckt war, eingesetzt. Dieses »Gefährt« mit dem Probanden nebst Protokollführer wurde dann per Zufallsgenerator auf einer Strecke von 20 Metern über eine Reizzone gezogen, die von der Testperson selbst oder auch von anderen Prüflingen vorher gemutet worden war. Der Proband musste dann innerhalb des Laufganges feststellen, wo sich die Reizzone befand. Eine Aufgabe, bei der manch ein Teilnehmer schier Platzangst bekam. Danach wurde eine Alternative entwickelt, die einen erneuten Nachteil in sich barg, da der Versuchsperson die Augen verbunden wurden, damit sie sich nicht an Äußerlichkeiten orientieren konnte. Auf die weiteren eingebauten Erschwernisse bei diesem Test möchte ich verzichten. Mit einem Satz: Dieses Tests haben mit der Praxis überhaupt nichts zu tun. Beim Scheunen-Experiment musste die Testperson eine künstliche Wasserführung erspüren, die quer zur Laufrichtung im darunter liegenden Geschoss verschiebbar installiert war. Diese Tests waren meines Erachtens schon realistischer. Daran sehen Sie, dass die Experimente »extrem gut abgesichert« waren.

Was schließlich zählte, war der Erfolg. Dieser liest sich wie folgt: »Die streng wissenschaftlichen statistischen Experimente mit Rutengängern zeigen, dass deren bisher umstrittene Fähigkeiten mit sehr hoher Wahrscheinlichkeit real sind.« »Allerdings«, so weiter im Ergebnis, »überschätzen Rutengänger ihr Können meist erheblich.« Insgesamt gesehen können die Experimente jedoch als erfolgreich bezeichnet werden. Sicher ist auch, dass die im Forschungsprojekt erzielten Ergebnisse klare Hinweise auf die Existenz eines noch unverstandenen Phänomens ergeben. Ferner wurde mit der kritischen Durchleuchtung des Fragenkomplexes »Erdstrahlen und Rutengänger« ein weiteres wichtiges Ziel erreicht. Dieses Ergebnis ist eine gute Basis für künftige Untersuchungen im Bereich der biologischen Wirkungsorganismen. Nach dem ersten Forschungsschritt sollte deshalb der nächste folgen. Bei diesem müsste wissenschaftlich untersucht werden, ob es krank machende Orte gibt und ob diese von Wünschelrutengängern aufzuspüren sind. Eine Aufgabe, die keine besonderen Schwierigkeiten bereiten dürfte. Ich persönlich bin sicher, dass die Antwort auf diese wichtige Frage nur »Ja« lauten dürfte. Die unzähligen und vor allem nachweisbaren Erfolge guter Rutengänger sprechen eindeutig dafür. Dass die Kritiker der Radiästhesie dabei Misserfolge in die Waagschale werfen, steht ihnen frei. Mehr noch, eine Opposition kann auch hier nicht schaden. Es liegt somit in erster Linie bei den Wünschelrutengängern, das vorhandene Misstrauen durch eine gewissenhafte Arbeit abzubauen. Lassen Sie es mich ganz deutlich sagen: »Die Radiästhesie darf nicht zum Tummelplatz für Scharlatane und Abzocker werden!« Ich appelliere deshalb an alle geobiologischen Verbände und Organisationen, sich von derartigen Mitgliedern zu trennen. Je schneller und konsequenter das erfolgt, desto besser für den Verband selbst sowie für das Ansehen der Radiästhesie und ihrer überzeugten Anhänger. Wenn Sie mich nun fragen, warum ich in der Sache so hart bin, gibt es nur eine Antwort: »Ich bin stinksauer auf Leute, die unter dem Deckmantel einer guten Sache ihr Unwesen treiben.« Vielleicht spielt auch das eben geführte Telefonat mit einer Frau aus Frankfurt eine Rolle. Sie hatte schon einmal angerufen und mich um die Adresse eines guten Rutengängers gebeten. Dieser war jedoch nach Angaben der Frau leider voll ausgebucht. Bei ihren weiteren Bemühungen kam sie auf einen Rutengänger, der ihr das Schlafzimmer gegen Erdstrahlen abschirmen wollte, wovon ich ihr abgeraten hatte. Und schließlich geriet sie doch in die »Fänge« eines Mannes, der mit einem Blick in ihr Schlafzimmer die »Erdstrahlen« gesehen haben will und nach einigen Untersuchungen 1000 Mark als Honorar verlangt hatte. Ehrlich gesagt, die arme Frau tut mir in jeder Hinsicht Leid! Ich habe ihr empfohlen, sich bei der Verbandsspitze dieses Individuums zu beschweren. Und damit bin ich bei der eigentlichen Ursache vieler zu beobachtender Ängste.

III. Erdstrahlen:
   Ursachen und Wirkungen

1. Erdstrahlen sind terrestrischer und
   kosmischer Herkunft

Wenn der Volksmund von »Erdstrahlen« spricht, dann meint er jene bekannten und unbekannten Energien, die aus der Erde und aus dem Kosmos kommen. Es handelt sich demnach um keine neuartigen und künstlichen Strahlungen, sondern um ganz natürliche Energien. Was mich persönlich immer wieder überrascht, ist die Tatsache, dass viele Menschen diese Strahlungen fürchten »wie der Teufel das Weihwasser«. Selbst in meinem Bekanntenkreis sind Erdstrahlen eher gefürchtet als z. B. der künstlich erzeugte und biologisch wirksamere Elektrosmog. Es ist auch schier unglaublich, mit welchen Mitteln sich manche Menschen vor Erdstrahlen schützen wollen. Ohne dem Kapitel VII »Das ›Geschäft mit der Angst‹ vor Strahlen« vorgreifen zu wollen, möchte ich Ihnen dazu einen mehr amüsanten als ernst zu nehmenden Fall aus meiner Praxis schildern.

Ein Mann aus Regensburg hatte mich gebeten, seinen Schlafplatz auf Erdstrahlen zu untersuchen. Seit dem Einzug in sein neues Wohnhaus konnte er nicht mehr schlafen. Nachdem ich zunächst das Gebäude von außen untersucht hatte und mit den Aufzeichnungen fertig war, begab ich mich in das Hausinnere. Im Schlafzimmer traute ich kaum meinen Augen. Dabei waren es weniger der fünftürige Spiegelschrank, Radiowecker, Bettkasten und Teppichboden, die mich zunächst störten. Derartige

Elektromagneti-
sche Wellen zwi-
schen Erde und
Ionosphäre sind
Teil des Strahlen-
spektrums.

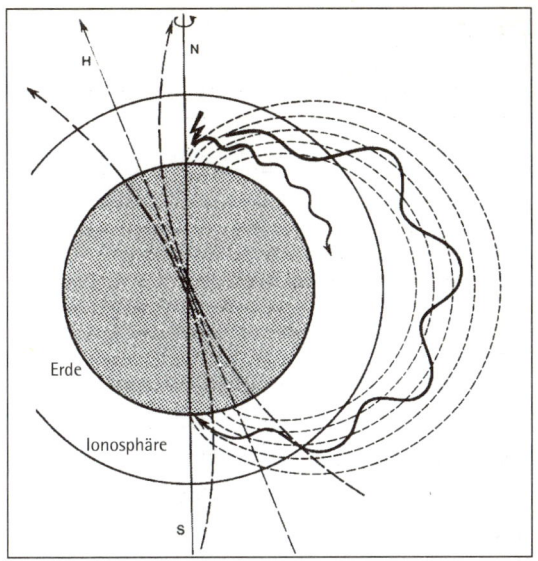

»Risikofaktoren« im Schlafzimmer können mich nicht mehr überraschen. Nein, es war das gewisse Etwas zwischen Teppich und Bettgestell, nämlich Glasscherben. Auf mein Kopfschütteln und die Frage, was diese für einen Zweck haben sollten, erhielt ich folgende Antwort: Ein Rutengänger vor mir hätte im Bett-bereich eine »Wasseraderkreuzung« festgestellt und ihm gera-ten, das Bett zum Boden hin mit Glas zu isolieren. Somit wür-den die Erdstrahlen nicht mehr in das Bett gelangen. Ich kann es Ihnen nicht verdenken, wenn Sie nun lauthals lachen. Beim Anblick der handtellergroßen Glasscherben musste ich mich je-denfalls zurückhalten. Es ist bedauerlich genug, dass es unter Rutengängern derartige Laien gibt. Übrigens waren es in die-sem Fall nicht »Erdstrahlen«, die dem Mann den Schlaf raubten, sondern physikalische und chemische Risikofaktoren.

Zunächst möchte ich festhalten, dass uns nicht die Existenz

der Erdstrahlung ein Rätsel aufgibt, sondern deren genaue Ursache und Wirkung. Bis dato ist es der Geophysik nicht gelungen, eine eindeutige Erklärung für die Entstehung des Phänomens zu finden. Als gesichert gilt jedoch, dass wir uns in einem sehr komplexen Strahlungsfeld befinden, das durch die Einstrahlung aus dem Kosmos und der Aus- und Rückstrahlung der Erde (Terra) verursacht wird. Als Quelle der terrestrischen Grundstrahlung werden das Magma des Erdkerns (ca. 3500 Grad Celsius) sowie das natürliche Erdmagnetfeld vermutet. Letzteres ergibt sich aus wissenschaftlicher Sicht durch die Polarität (Nord- und Südpol) und die Erdrotation (Drehung), ähnlich einem Generator. Die These, wonach es sich bei der Erdstrahlung auch um eine Neutronenstrahlung infolge radioaktiver Zerfallsvorgänge innerhalb der Erdkruste handelt, wird zunehmend bestätigt. Diese Strahlung ist ganz besonders über strömendem Grundwasser oder wasserführenden Erdspalten messbar. Man spricht hier von einer abgebremsten Neutronenstrahlung. Laut Heinz Müller (IAG e.V.) ist der messtechnische Nachweis eines gehäuften Vorkommens thermischer Neutronen über »Wasseradern« mit Hilfe von Szintillationsmessgeräten bereits projektiert. Der Vergleich mit dem nahezu homogenen Erdmagnetfeld und dessen Einfluss auf das biologische System lässt die Wirkung einer »gebündelten« Strahlung über Wasseradern fast erahnen. Die terrestrische Strahlung, sprich die Strahlung aus der Erde, tritt nämlich nicht überall gleichmäßig aus dem Boden. Vielmehr ist sie streifenweise verstärkt über gut leitende Objekte im Untergrund festzustellen. Diese Strahlungsstreifen werden vielfach als Reizstreifen, Störzone, Kraftfeld, Störstreifen, Kraftzone, gestörter oder pathogener Platz und auch als Krebsstreifen bezeichnet. Bereits in meiner ersten Veröffentlichung aus dem Jahr 1993 habe ich diese standortbedingten Felder als

»Reizzonen« bezeichnet. Ich lehne es daher nach wie vor entschieden ab, die veränderte Bodenstrahlung über einer Wasserader oder Verwerfung anders zu nennen. Die Tatsache, dass verschiedene Lebewesen sich im Bereich einer Reizzone sehr wohl fühlen und diese sogar suchen, gibt mir Recht. Mit Genugtuung kann ich zudem feststellen, dass dieser Begriff in der einschlägigen Literatur zunehmend übernommen wird.

Wasseradern

Wasser ist ein sehr unruhiges Element. Ständig ist es auf Wanderschaft und kommt nie zur Ruhe. Die aus der Wolke fallenden Wassertropfen legen oftmals phantastisch verwunschene Wege zurück. Es erscheint sichtbar über und auf der Erdoberfläche und unsichtbar unter der Erdoberfläche, ganz zu schweigen als Bestandteil von Pflanzen und Lebewesen. Das im Erdboden angesammelte Wasser wird als Grundwasser bezeichnet.

Ohne in diesem Zusammenhang näher auf die Hydrogeologie einzugehen, der Wissenschaft bzw. der Lehre von den Erscheinungen des Wassers in der Erdkruste (Grundwasserkunde), wenden wir uns gleich dem sich unterirdisch auf undurchlässigen Schichten (Wasserstauer) und innerhalb durchlässiger Schichten (Wasserträger) bewegten Wasser zu. Das aus den Niederschlägen stammende Wasser dringt zunächst in die oberen Bodenschichten ein. Da es dem physikalischen Gesetz der Schwerkraft unterworfen ist, versucht es deshalb seinen Weg nach unten beizubehalten. Dieser Vorgang vollzieht sich in Abhängigkeit der Beschaffenheit der Erdoberfläche und dem Aufbau des Untergrundes. Handelt es sich dabei um einen geneigten und wenig porösen Boden, so wird ein beträchtlicher Teil des Wassers dem Gefälle folgend abfließen. Dabei wird es vielfach gehemmt oder gehindert. Die Geschwindigkeit, mit der das

Wasser versickert, hängt vom Porenvolumen und dem Widerstand der Bodenschichten ab. Ab diesem Zeitpunkt beginnt die »Geburtsstunde« unserer Wasserader. Offenbar haben viele Menschen vor dieser eine Heidenangst.

In der Öffentlichkeit wird vielfach verkannt, dass die Wasserader nur indirekt die eigentliche Ursache von Erdstrahlen ist, ganz abgesehen davon, dass es noch eine Reihe anderer Gründe für eine veränderte Bodenstrahlung gibt. Übrigens gibt es Zeitgenossen, die die Existenz von Wasseradern bestreiten. Offenbar haben diese Leute z. B. noch nie eine Quelle gesehen oder davon gehört. Diese kann nämlich schlechthin das Ende einer Wasserader sein. Ich gebe zu, dass die Bezeichnung Wasserader irreführend ist. Nach dem Duden (1996) ist eine Wasserader ein »kleiner unterirdischer Wasserlauf«. In der Radiästhesie wird in der Regel von einer unterirdischen Wasserführung oder von strömendem Grundwasser gesprochen. Dabei ist festzuhalten, dass Wasser selbst nicht strahlt. Beim fließenden Grundwasser tritt jedoch das Phänomen von elektrischen Spannungen auf, besonders dann, wenn es z. B. durch unterirdischen Kies oder grobkörnigen Sand fließt. Dieses Bodenmaterial gewährt eine schnellere Fließgeschwindigkeit als feinkörniger Sand. Und da Wasser eine erhöhte Bodenleitfähigkeit besitzt, fließt in diesem Bereich auch mehr Strom. Folglich entstehen an diesen Stellen auch ein Magnetfeld sowie eine erhöhte Partikelstrahlung und andere Dinge mehr.

Anhand eines einfachen Experiments können Sie den Vorgang des Versickerns selbst testen. Nehmen Sie dazu drei gleich große durchsichtige Behälter, z. B. Gläser. Den einen füllen Sie mit Kies, den zweiten mit grobkörnigem Sand (Splitt) und den letzten mit feinkörnigem Flusssand. Der Behälterboden stellt dabei den Wasserstauer dar. In der Natur ist das eine wasserundurch-

Erdstrahlung infolge einer so genannten Wasserader mit Hauptzone und den beiden Randzonen.

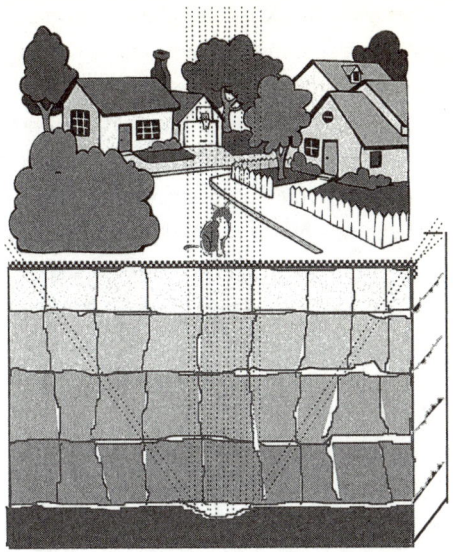

lässige Schicht, wie z. B. Lehm, verdichtetes Bodenmaterial oder Fels. Wenn Sie nun die Behälter mit Wasser aufgießen, werden Sie sehen, dass die Stärke der Fließ- bzw. Sickergeschwindigkeit in der Reihenfolge der genannten Materialien erfolgt. Sicherlich haben Sie das schon vorher gewusst, oder? Wissen Sie auch, in welchen der mit Bodenmaterialien gefüllten Behältern mehr Wasser passt? Wetten, dass Sie nun raten müssen? Ohne Zweifel ist auf den ersten Blick im Behälter mit Kies ein größeres Porenvolumen, in dem sich Wasser ansammelt. Und doch bietet dieser Behälter nur das zweitgrößte Fassungsvermögen. Hinsichtlich dieses Raums lautet die richtige Reihenfolge: grobkörniger Sand (Splitt), Kies, feinkörniger Flusssand. Daraus ergibt sich: Je feiner das Bodenmaterial (Wasserträger), desto größer die Wasseraufnahmefähigkeit, und je grobkörniger das Material, desto größer die Fließgeschwindigkeit.

Kies und grobkörniges Bodenmaterial erzeugen also auf Grund des schnellen Wasserdurchlaufs einen höheren Reibungsstrom als mit Sand oder Lehm verdichtete Bodenschichten, ganz abgesehen von der erhöhten Partikelstrahlung über allen wasserführenden Erdschichten. In der Praxis bedeutet das, dass über wasserführenden Bodenschichten eine mehr oder weniger starke veränderte Bodenstrahlung vorhanden ist, die wie gesagt durch den Reibungsstrom, die erhöhte elektrische Leitfähigkeit der Partikel- bzw. abgebremste Neutronenstrahlung und andere Phänomene bedingt ist. Diese Strahlung tritt entsprechend der unterirdisch fließenden Wasserläufe meist streifenförmig aus dem Boden. Damit glaube ich, den Begriff Wasserader allgemein verständlich beschrieben zu haben.

Verwerfungen

Durch Bewegungen in der Erdkruste entstehen Reibungen und Spannungen. Folglich bilden sich innerhalb der Gesteinsschichten Brüche, Risse, Spalten und Abschiebungen. Da diese Besonderheiten radiästhetisch schwer auseinander zu halten sind, wurde zum allgemeinen Verständnis der Begriff Verwerfung gewählt. Sicher haben Sie derartige Vorkommen schon gesehen, beispielsweise in großen Steinbrüchen, bei Erdaushüben oder in der Bergwelt. In der Rutengängersprache werden diese geologisch unregelmäßigen Tektoniken allgemein als Verwerfungen bezeichnet. Anders als bei Wasseradern, deren »Ufer« oftmals verschwommen sind, zeigen Verwerfungen eine ganz klare Abgrenzung. Sofern es sich um Spalten handelt, können diese auch Wasser führen. Damit haben sie aus radiästhetischer Sicht eine ähnliche, wenn nicht größere pathogene Wirkung als die Wasseradern. Die von einer Verwerfung, sprich Spalte, ausgehende Energie ist darüber hinaus meist von hoher Intensität

Geologische Verwerfungen als Bruch, Riss oder Kluft zählt zu den intensiven Reizzonen.

hinsichtlich des Austritts von radioaktiver Strahlung und des Gases Radon.

Meinen bislang bedeutendsten Fall in Sachen Verwerfung hatte ich im April 1992. Herr H. K. hatte mich um eine Haus- und Schlafplatzuntersuchung gebeten. Er konnte nur sehr schlecht ein- und durchschlafen, litt an Nervosität und Herzbeschwerden. Sein Wohnhaus stand an einem Hang. Wie immer untersuchte ich zunächst das Haus von außen nach einer etwaigen Wasserader. Auf der Rückseite des Hauses erhielt ich im Abstand von zwei Metern deutliche Rutenausschläge. Ich drehte mich innerhalb der Reizzone im Kreis und fragte nach der Fließrichtung. Diese führte entsprechend der Hanglage etwas versetzt zur Straßenseite. Dort erfolgten ebenfalls die Ausschläge. Die Tatsache, dass ich auch innerhalb der Wasserader zwei Rutenausschläge erhielt, irritierte mich etwas. Es musste also noch etwas anderes, für diesen Standort Ungewöhnliches vorliegen. Ich konzentrierte mich daher auf eine Verwerfung und ging auf die Reizzone zu. Erneut überkreuzten sich die Winkelruten. Es konnte sich nur um eine, nein, zwei wasserführende Verwerfungen handeln.

Nach Abschluss der weiteren Außenuntersuchung erklärte ich Herrn K. das Ergebnis meiner »Blindmutung« und fragte nach dem Standort des Schlafzimmers. Anhand des Grundrissplanes erkannten wir, dass sein eigenes Bett exakt durch die Reizzone einer wasserführenden Verwerfung beeinträchtigt wurde, während die andere knapp am Bett der Ehefrau verlief. Auf meine Frage, ob er beim Erdaushub für das Wohngebäude zwei ca. 15 bis 20 Zentimeter breite, nahe beieinander verlaufende Erdspalten gesehen habe, zeigte sich Herr K. bejahend überrascht. Ebenso perplex war ich, als er auf meine Frage, was er gegen die Spalten unternommen habe, antwortete: »Wir haben ganz einfach leere Zementsäcke hineingestopft und zubetoniert.« Im Rahmen der Schlafplatzuntersuchung wurden noch eine Reihe weiterer Risikofaktoren festgestellt, auf die ich später eingehen werde. Ob Herr K. meine damaligen Empfehlungen befolgte, weiß ich nicht. Jedenfalls scheinen sie für ihn zu spät gewesen zu sein, da er etwa zwei Jahre später im Alter von rund 50 Jahren verstarb. Die Konsequenz aus dieser Erfahrung kann nur sein, offensichtliche Verwerfungen nicht einfach zu überbauen. Auf jeden Fall ist es falsch, Erdspalten mit Papier auszustopfen. Wenn schon, dann bitte nach Möglichkeit bündig ausbetonieren.

Anomalien in der Erdschicht

Wie Sie bereits im Kapitel II/1 gelesen haben, gibt es nahezu nichts, was der sensitive Mensch mit Hilfe der Wünschelrute oder dem Pendel nicht orten könnte. Mutungen nach Erzen, Mineralien, Erdöl u. v. a. m. sind fester Bestandteil des Tätigkeitsbereichs eines Wünschelrutengängers und damit fast so alt wie die Menschheit. Bereits im Mittelalter wurden Lagerstätten von Erz und Kohlenflözen erfolgreich gemutet. Es war die Rede von Ausdünstungen, die man mutete oder mit dem Geruchssinn ortete. Zu den besten Rutengängern unserer Zeit, die auf dem Gebiet Mineralienmuten tätig sind, zähle ich meine Kollegen Dietmar Bitz und Erich Schuck aus Hessen. Wiederholt hat dieses Team bei Spezialseminaren seine Fähigkeit unter Beweis gestellt. Ihren Erfolg im In- und Ausland führen sie auf die Kenntnis der richtigen »Kennzahl« und Frequenz des jeweiligen Materials zurück. Zudem benutzen sie zur mentalen Unterstützung Stoffproben, die sie entweder in der Hand oder am Körper tragen. Doch zunächst zurück zum Thema Anomalien in der Erdschicht.

Wenn bisher von streifenähnlichen Reizzonen die Rede war, ist jetzt die Rede von anderen Formen der Strahlen. Zum besseren Verständnis möchte ich Ihnen einen Fall aus den Anfangsjahren meiner praktischen Tätigkeit schildern. Frau M. L. hatte mich um eine Schlafplatzuntersuchung gebeten. Ihr Mann war stark nervös und litt an Herzbeschwerden. Ich selbst wusste, dass er beruflich stark unter Stress stand. Bei der Begehung außer Haus mutete ich zunächst eine Wasserader und ein Netzgitter, auf das ich weiter unten noch eingehen werde. Ich wollte auf Nummer Sicher gehen und stellte mich mental auf noch andere, mir bis dahin unbekannte, terrestrisch bedingte Risikofaktoren ein. Ich hatte mit Sicherheit nicht den Wunsch, etwas zu finden, was nicht da war. Und doch erhielt ich nördlich und westlich am hinteren Hauseck im Abstand von etwa drei Metern deutliche Reaktionen. Bei der mentalen Abfrage über den Verlauf der Reizzone blieben die Ruten ruhig. Ich war am Ende meiner damaligen Weisheit. Das Ehepaar L. zeigte mir nach der Außenuntersuchung den Grundrissplan, und ich stellte fest, dass das Schlafzimmer weder durch die gemutete Wasserader noch durch andere Reizstreifen belastet war. Das Schlafzimmer, genauer das Bett des Ehemannes, stand teilweise exakt über dem mir bis dahin unbekannten Objekt. Des Rätsels Lösung: Das Ehepaar gab mir zu verstehen, dass sich dort ein riesiger Granitblock befand, den man beim Erdaushub nicht hatte entfernen können. Dazu sollten Sie wissen, dass der Oberpfälzer Granit weltweit zu den höchst kontaminierten Graniten zählt. Hierbei ist auch zu beachten, dass entsprechend dem Tiefengestein Granit auch der Radongehalt extrem hoch ist. Ich behaupte nicht, dass der Granitstein die Ursache für die genannten Symptome des Mannes war. Dies schon deshalb nicht, weil sich im Schlafzimmer selbst eine Menge zusätzlicher geobiologischer »Todsünden« angehäuft hatte. Spätestens hier frage ich mich, warum Rutengänger oder Geobiologische Berater erst dann geholt werden, wenn »das Kind in den Brunnen gefallen« ist? Der in jeder Hinsicht gestresste Mann starb bald darauf an Herzinfarkt.

Mit diesem Beispiel wollte ich Ihnen sagen, dass auch erdeigene Anomalien zu den Verursachern von Erdstrahlen zählen können.

Gitternetze

Lassen Sie mich vorausschicken, dass die Erklärung der Gitternetze nicht so einfach nachzuvollziehen ist wie die bisherigen Erklärungen. Am besten ist es, Sie lösen zunächst Ihre Gedanken von der Mutter Erde und richten sie gen Himmel, in die Atmosphäre. Bedenken Sie, dass das Strahlungsfeld unserer Umwelt aus dem Zusammenwirken der Strahlen aus dem Kosmos und der aus der Erde entsteht. Dadurch ergeben sich Überlagerungen, Resonanzen und Interferenzen. Es bilden sich so genannte Gitternetze. Vermutlich handelt es sich dabei um hochfrequente stehende Wellen, die vom Kosmos und der Sonne eingestrahlt und durch das Erdmagnetfeld gebündelt und polarisiert werden. Somit entstehen verschiedene geometrische Streifensysteme, die zum Teil auch vom geologischen Untergrund beeinflusst werden. Da diese Systeme weltweit ausgeprägt und gemutet sowie teilweise gemessen wurden, werden sie als global bezeichnet. Sie sind jedoch regional und lokal unterschiedlich.

Gitternetze sind erdbezogen, weil deren Existenz mit dem Erdmagnetfeld zu tun hat. Sie sind zudem instabil und bezüglich ihrer biologischen Wirksamkeit von Zeit und Wetterlage abhängig. Das heißt, die Struktur der Streifen ist auch vom Wetter abhängig. Bei Schlechtwetterlagen verbreitern sie sich und verstärken ihre Intensität. In meiner Beschreibung beschränke ich mich auf vier verschiedene Gitternetze, im Folgenden als Gitter bezeichnet. Diese zu beschreiben, ist sicherlich einfacher, als sie zu muten. Auf keinen Fall sollten sie in der Praxis des erfahrenen Rutengängers ignoriert werden.

Das Hartmann-Gitter

Im Jahre 1951 entdeckte der Radiästhet und Arzt Dr. E. Hartmann ein Strahlennetz, das die Erde umgibt. In der Literatur wird dieses Netz deshalb »Globalnetzgitter nach Dr. Hartmann« genannt. Im gleichen Jahr wie Dr. Hartmann schrieb der Rutengänger Hiller in Detmold über die Möglichkeit von netzförmigen Reizstreifen. Doch schon vor ihnen hatten begabte Rutengänger Reizstreifen geortet, die sich gitterförmig über die Erde ziehen, so z. B. der Franzose Peyré, der als Erster vor dem Zweiten Weltkrieg eine derartige Struktur mutete.

Beim Globalnetzgitter handelt es sich um ca. 20 Zentimeter breite Streifen, die im Abstand von etwa 2 Metern in Nord-Süd-Richtung und von etwa 2,5 Metern in Ost-West-Richtung um die Erde verlaufen. Experten sind der Meinung, dass sich die Netzstruktur an den beiden Polen der Erde verengt. Da ich selbst noch nicht am Nordpol war, kann ich das nicht bestätigen. Die Gründe für eine Verengung sind dennoch einleuchtend. In der Praxis werden diese Streifen schablonisiert dokumentiert, was jedoch nicht der Realität entspricht. Bei Hausuntersuchungen ist es aber auch kaum möglich, anders zu verfahren. Die systematische Mutung des Globalnetzgitters sollte sich deshalb nur auf den Schlafplatz beschränken. Von Dr. E. Hartmann selbst ist bekannt, dass die von ihm beschriebenen Gitternetzpunkte nur dann krank machend sind, wenn diese über einer Wasserader, Verwerfung oder Wasseraderkreuzung liegen. Hartmann selbst stellte auch die Frage, ob Gitternetzstreifen nur dann krank machend sind, wenn es sich um Doppelzonen handelt, worauf ich später noch näher eingehen werde.

Das Curry-Gitter

Diese Gitternetzstruktur wurde ebenfalls von einem Arzt entdeckt. Dr. M. Curry hat sie erstmals beschrieben, infolgedessen ist sie auch nach ihm benannt worden. Anders als das Hartmann-Gitter, das sich bekanntermaßen an den Himmelsrichtungen orientiert, befindet sich das Curry-Netz in den Zwischenhimmelsrichtungen. Aus diesem Grunde ist auch vom »Diagonalnetzgitter« die Rede. Die Streifenbreite beträgt beim

Gitternetze nach
Anton Benker,
Dr. med. Curry und
Dr. med. Hartmann
sind z. T. global.

Atomares Kubensystem
nach Anton Benker

Diagonalnetzgitter
nach Dr. med. Curry

Globalnetzgitter nach
Dr. med. Hartmann

Curry-Netz zirka 60 Zentimeter, und die Maschenbreite beträgt etwa 3 bis 4 Meter. Diese Netzstruktur gilt als biologisch unangenehmer als das Hartmann-Gitter.

Das Benker-Gitter

Eine weitaus größere Struktur als die vorgenannten Gitternetze weist das so genannte atomare Kubensystem nach Benker (»aKnB«) auf. Dieses wurde 1953 erstmals von Anton Benker aus Starnberg bei München festgestellt. Viele Rutengänger hatten dieses System lange Zeit fälschlicherweise als rechtwinkelige Wasseraderkreuzung gemutet. Kein Wunder, dass es deshalb zu Fehlbohrungen gekommen ist. Die Streifenbreite des nach Nord-Süd und Ost-West ausgerichteten aKnB beträgt zirka 1 Meter und die Maschenbreite etwa 10 Meter. In der Praxis bedeutet das, dass der Rutengänger bei einer Bauplatzuntersuchung alle 10 Meter den Reizstreifen dieses Systems mutet. Hier-

123

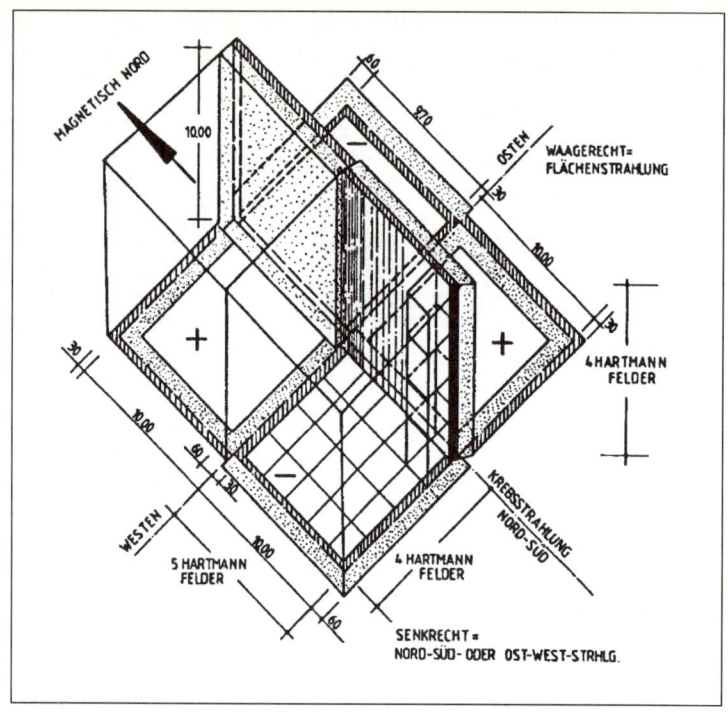

Das Kubensystem nach Benker (Benker-Gitter) mit horizontalen und vertikalen Streifen.

bei handelt es sich um die vertikale Strahlung. Da jedoch ein Kubus auch eine »Sohle« und einen »Deckel« besitzt, ergibt sich zudem je eine horizontale Strahlungsfläche, die so genannte Flächenstrahlung. Die Strahlung eines einzelnen Würfels kann magnetisch oder elektrisch, d. h. abladend oder aufladend, sprich minus oder plus, sein. Weil es sich in atomarer Hinsicht um ein System handelt, wechseln sich diese Kräfte von Kubus zu Kubus ständig ab. Unter Berücksichtigung der Maße des Hartmann-Gitters (4 m x 2,5 m = 10 m² und 5 m x 2 m = 10 m²) kommt es zu Deckungsgleichheiten bzw. Doppelzonen mit dem Benker-Gitter. Das ist für mich persönlich die Ursache für die krank machende Wirkung des Benker-Gitters.

Der Rutengänger mutet in der Praxis zunächst die vertikalen Reizstreifen. Ob zuerst in Nord-Süd- oder Ost-West-Richtung, spielt keine Rolle. Kompass und Maßband stellen dazu eine wertvolle Hilfe dar. Anschließend sollte nach Möglichkeit auch die Flächenstrahlung gemutet werden. In einem bestehenden Gebäude erfolgt das durch die Begehung vom Keller zum Obergeschoss. Schwieriger ist es auf einem unbebauten Gelände. Sofern in unmittelbarer Nähe ein Haus steht, ist der Vorgang wie erwähnt möglich. Wenn nicht, orientiert sich der erfahrene Rutengänger in der Regel an »Zeigerpflanzen«, auf die ich noch zu sprechen komme. Jedenfalls, so meine Erfahrung, ist die Mutung und Berücksichtigung des Benker-Gitters bei einer radiästhetischen Untersuchung von Wichtigkeit, vor allem der Nord-Süd-Streifen dieses Systems.

Das Wittmann-Gitter

Oberingenieur und Rutenmeister Wittmann mutete dieses Feld im Jahre 1950. Folglich trägt es die Bezeichnung »Polares Feld nach Wittmann«. Ebenfalls wie das Curry-Gitter verlaufen die Begrenzungslinien in den Zwischenhimmelsrichtungen. Auch hier handelt es sich um positive und negative Felder in der Größe von ca. 10 Meter mal 16 Meter. Da diese Gitterstruktur weder von mir noch von den meisten meiner Kollegen berücksichtigt wird, möchte ich nicht näher auf sie eingehen.

Jetzt werden Sie sicherlich fragen, wie man diese Gitternetze muten kann? Hier kann ich Ihnen z. B. meine eigene Methode hinsichtlich der Suche des Benker-Gitters empfehlen: Nachdem Sie die terrestrisch bedingten Reizzonen gemutet haben, legen

Sie mittels eines Kompasses ein 20-Meter-Maßband in Richtung Nord-Süd aus. Schreiten Sie nun am Nullpunkt beginnend mit der Wünschelrute langsam das Maßband ab. Konzentrieren Sie sich einzig und allein auf eine »Glaswand« oder unsichtbare Mauer. Der erste Rutenausschlag zeigt Ihnen den Randstreifen des Ost-West-Streifens. Entweder Sie gehen nun weiter und erwarten in einem Abstand von einem Meter den zweiten Ausschlag, oder Sie muten von der anderen Seite. Nehmen wir an, dass Sie den Streifen zwischen der 5,0-Meter- und 6,0-Meter-Markierung gemutet haben. Folglich müssten die nächsten Ausschläge zwischen 15 Meter und 16 Meter erfolgen. Um den Nord-Süd-Streifen zu muten, gehen Sie im rechten Winkel von der Seite auf das ausgelegte Maßband zu. Die Entfernung sollte mindestens 10 Meter betragen. Lassen Sie sich dabei nicht vom Maßband selbst irritieren. Spätestens vor diesem werden Sie den Nord-Süd-Streifen feststellen. Setzen Sie nun erneut die Begehung fort, um den zweiten Streifen zu muten, und stecken Sie Ihr Ergebnis aus. Bei Hausuntersuchungen verwende ich dazu farbige Wäscheklammern und bei Bauplatzuntersuchungen angespitzte Holzstecklinge. Wenn Sie nun Ihr Werk betrachten, werden Sie ein quadratisches Feld von rund 10 Meter mal 10 Meter feststellen. Zur Frage, ob es sich um ein auf- oder abladendes Feld (+ oder –) handelt, können Sie wie folgt verfahren: Sie stellen sich in die Mitte des Feldes und halten die Rute im labilen Zustand. Je nach Art der eindeutigen Fragestellung sollte die Rute dann reagieren.

Wie schon erwähnt, mute ich grundsätzlich der Reihe nach die verschiedensten Reizzonenverursacher. Dieses Verfahren ist zwar zeitaufwändig, doch nach meinem Dafürhalten ebenso erfolgreich wie die Vorgehensweise meines Freundes und Kollegen Manfred Benker. Dieser stellt sich z. B. insbesondere bei

Bauplatzuntersuchungen mental auf alle ihm bekannten Verursacher von Reizzonen ein und geht den Bauplatz ab. Überall dort, wo er einen Rutenausschlag erhält, markiert er die Stelle mit einem Holzsteckling. Am Schluss seiner Mutungen betrachtet er das Areal und ordnet die Markierungen den einzelnen Reizzonen zu. Das ist zwar einfacher gesagt als getan, aber es funktioniert. Voraussetzung dafür ist die genaue Kenntnis der Maße der o. a. Netzgitter und ein geschultes Auge. Sofern sich z. B. die Frage nach der Wasserader oder Verwerfung stellt, wird diese gekonnt mental beantwortet. Doch wie gesagt, dieses Vorgehen setzt eine außerordentlich gute radiästhetische Erfahrung voraus. Apropos Zeit, diese darf oder sollte bei der radiästhetischen Untersuchung keine Rolle spielen. Ein Rutengänger, der unter Zeitdruck steht, sollte erst gar nicht tätig werden. Aus diesem Grunde werden meine Leistungen nicht nach Stunden, sondern pauschal vergütet. Übrigens, während der Mutung nehme ich meine Uhr (mit Lederarmband) immer vom Handgelenk. Der mutende Körper sollte nämlich durch nichts eingeengt oder behindert werden, wozu auch die Batterie der Uhr gehört, die zwar ein schwaches, aber dennoch ein Magnetfeld in den Blutkreislauf ausstrahlt. Doch zurück zum Netzgitter!

Zur Feststellung der horizontalen Strahlung des aKnB bzw. der Flächenstrahlung muten Sie innerhalb des Hauses folgendermaßen: Gehen Sie vom Keller langsam und in labiler Haltung die Treppe nach oben, wenn möglich bis über die Ebene des Obergeschosses. Sobald Ihr Körper mit den Ruten die Strahlung aufnimmt, kommt es zum Rutenausschlag. Wenn das knapp über dem Boden eines Geschosswerkes erfolgt, dürften sich alle Betten innerhalb der Flächenstrahlung befinden. Sofern der eine oder andere Schlafplatz zudem noch durch weitere Reizzonen gemäß Erläuterung belastet ist, dann »Gute Nacht«.

Bezüglich der Gitternetze prägte Dr. M. Curry den Begriff Reaktionsabstand (Rutenausschlag). Demzufolge kann ein Gitternetz eine Plus-, sprich aufladende, Wirkung haben, d. h. den RA-Abstand des Menschen verlängernde, positiv polarisierte Kreuzung oder eine Minus-, sprich abladende, Wirkung, d. h. den RA-Abstand des Menschen verkürzende, negativ polarisierte Kreuzung. Als Reaktionsabstand bezeichnete Dr. Curry die Länge der Welle, die der Mensch selbst als Eigenenergie aussendet. Der RA kann mit der Rute oder dem Pendel gemutet werden. Geht ein Rutengänger mit seinem Instrument in Höhe des Solarplexus auf eine andere Person zu, erhält er in einem bestimmten Abstand einen Ausschlag. Dieser erfolgt je nach Typ der Versuchsperson (kälte- oder wärmefrontempfindlich) früher oder später. Da dieses Thema nicht zur täglichen Praxis des Rutengängers gehört, möchte ich es nicht weiter vertiefen.

Wichtiger ist zu wissen, dass im umbauten Raum zusätzlich zur Gitterstruktur ein parallel zu den Wänden verlaufendes Gitter zu beobachten ist. Es handelt sich hier offenbar um eine Reflexion der Wellen an den Wänden. Die Intensität dieser Wellen ist jedoch sehr gering. Dagegen können z. B. Betondecken aufspaltend und verstärkend auf die Gittersysteme wirken.

Zusammenfassend weise ich darauf hin, dass es auf Grund der verschiedenen Reizzonenverursacher leider kein einziges Ehebett in einem deutschen Haushalt gibt, das nicht in irgendeiner Form davon betroffen ist. Diese Tatsache sollte Sie jedoch nicht beunruhigen. Grundsätzlich sollte versucht werden, im Plusfeld (aufladend) des Benker-Gitters zu arbeiten und im Minusfeld (abladend) zu schlafen. Auf Grund meiner langjährigen Erfahrung weise ich darauf hin, dass sich der Schlafplatz möglichst nicht im Reizzonenbereich einer Wasseraderkreuzung, Verwerfung oder im Kreuzungspunkt von Gitternetzen bzw. im Schnittpunkt von Gitternetzstreifen in Kombination mit einer Wasserader oder Verwerfung befinden sollte. Zu dieser Rangordnung zähle ich noch den Nord-Süd-Streifen des Benker-Gitters hinzu.

Mit dieser Festlegung erteile ich den oftmals phantasievollen Zahlenangaben von Reizeinheiten oder Schwierigkeitsgraden eine klare Absage. Diese sind nämlich stets auf die individuelle Sensitivität des Rutengängers bezogen und nicht auf die jeweilige Situation.

2. Erdstrahlen und ihr Einfluss auf das biologische System

Ein Rutengänger, der mit »Suche Krebsstrahlen« wirbt, gehört, wie bereits gesagt, aus dem Verkehr gezogen. Dass es auch anders geht, möchte ich Ihnen anhand meines eigenen Informationsblattes aufzeigen. Wer immer meine Hilfe beansprucht, bekommt dieses vor einer Terminvereinbarung zugesandt. Hier einige Auszüge aus dem Faltblatt: »Erdstrahlen, Elektrosmog, Radioaktivität, Chemikalien, Allergene, Lärm und andere Ursachen sind eine ernsthafte Bedrohung für unsere Gesundheit. Viele Menschen könnten alleine durch die Anwendung geo- und baubiologischer Erkenntnisse geheilt oder vor Erkrankung geschützt werden. Das wäre möglich, wenn anstelle der Symptombehandlung die Ursachenbekämpfung treten würde (...) Die Problemlösung kann die ganzheitsmedizinische Orientierung sein. Sie wird erfolgreich von Naturmedizinern und zunehmend auch von Allgemeinärzten praktiziert. Dabei kommt dem Geo- und Baubiologen eine wichtige Aufgabe zu, wie folgender Auszug aus einem Brief eines Arztes an mich deutlich macht. Darin heißt es u. a.: ›Da ich im Rahmen meiner naturheilkundlichen

Ausrichtung besonders auf die Wechselwirkungen zwischen menschlichem Organismus und Umwelteinflüssen achte, fiel mir auf, dass der Großteil unserer Patienten deutliche Hinweise auf geopathische, insbesondere Schlafplatzbelastungen zeigte.‹ Und weiter: ›Der Schlüssel zur Heilung oft chronischer Krankheiten lag neben einer ganzheitsmedizinischen Behandlung im Aufspüren und Ausschalten der angreifenden Störfaktoren (z. B. Elektrosmog, Erdstrahlen etc.)‹. Der Brief schloss mit dem Hinweis: ›Um auf dem Gebiet der Geobiologie weiter voranzukommen, ist der Schulterschluss zwischen ganzheitsmedizinischen Ärzten und Geobiologen dringend erforderlich!‹«

Weiter im Faltblatt: »Der genannte Schulterschluss zwischen Ärzten und Geo- und Baubiologen findet zunehmend statt. Letzterer hat die Aufgabe, im Umfeld des Patienten krank machende Standortfaktoren aufzuspüren und zu versuchen, diese abzustellen. Dabei werden nur Untersuchungen und Messungen durchgeführt, die auf Grund der ärztlichen Empfehlung oder der gegebenen Situation erforderlich sind (...) Ich lehne es strikt ab, Körpermutungen durchzuführen, Diagnosen zu stellen oder so genannte Erdstrahlen mit nutzlosen oder dubiosen Gegenständen und Geräten abzuschirmen.« Hinweise solcher Art schaffen erfahrungsgemäß Vertrauen.

Natürlich sind mir Aussagen bekannt, wonach es bei längeren und starken Einflüssen von durch Erdstrahlen bedingten Reizzonen zu Krankheiten kommen kann. Dabei möchte ich das Wort »kann« betonen. Bei der Frage der gesundheitlichen Schädigung spielen nämlich zweifelsfrei folgende Faktoren eine entscheidende Rolle: Die Art der Strahlung oder Störung, deren Intensität, die Verweil- oder Belastungsdauer im Bereich der Reizzone und die Konstitution des/der davon Betroffenen. Bekanntlich soll es Menschen geben, die eine »Rossnatur« haben

Alternative: Statt Symptombehandlung (Operation, Medizin) Beseitigung der Ursachen.

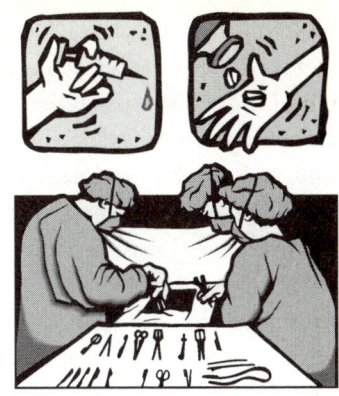

und widerstandsfähiger sind. Andererseits gibt es auch das Sprichwort: »Steter Tropfen höhlt den Stein!« Folglich ist es also auch eine Frage der Zeit, wann die Strahlung wirksam wird. Nachfolgend möchte ich versuchen, Ihnen den Vorgang der Wirkung von Erdstrahlen auf das biologische System so einfach wie möglich zu erklären.

Die Reaktion des Organismus auf Strahlung besteht wahrscheinlich in einer Störung der Steuerung der natürlichen Lebensvorgänge. Dabei werden die Funktionsmechanismen im geordneten biologischen System bis in jede einzelne Zelle hinein durch elektrische Impulse gestört. In der Regel äußert sich die pathogene, sprich krank machende, Wirkung von Erdstrahlung zunächst als funktionelle Störung. Sobald diese vom körpereigenen Regulationssystem nicht mehr ausgeglichen oder repariert werden kann, kommt es zu Beschwerden oder Schäden. Diese wiederum können vorübergehend sein oder verschwinden, wenn der Reiz nicht mehr wirkt. In diesem Fall wird von umkehrbaren Schäden gesprochen. Nicht mehr umkehrbar sind Schäden dann, wenn sie trotz Abwesenheit des Reizes bestehen bleiben oder sich sogar verschlimmern. Durch Langzeitwirkung können sogar chronische Krankheiten entstehen. Sobald also der Organismus einem Dauerreiz ausgesetzt ist, kann mit einer krank machenden Wirkung gerechnet werden. Andererseits ist schon lange bekannt, dass »schicksalhafte Erkrankungen« durch Bettumstellung und Beseitigung von Störfaktoren schlagartig gebessert oder geheilt werden können.

Ähnlich bei Menschen, die ständig ihren Wohnsitz, ergo ihren Schlafplatz wechseln. So werden z. B. Landfahrer oder Sinti kaum mit Erdstrahlen-bedingten Krankheiten konfrontiert sein. Anders dagegen die Sesshaften, die jahrelang oder ihr ganzes Leben im gleichen Haus wohnen oder am selben Platz schlafen. Hier sind unter Umständen geradezu pathogene Wirkungen vorprogrammiert. Zudem, so die Erfahrung vieler Kollegen und meine eigene, gibt es auch so genannte Krebshäuser. Dabei handelt es sich in der Regel um alte Gebäude, wo mehrere Generationen ihren Schlafplatz an der gleichen Stelle hatten.

Folgende erste Symptome beim Menschen können auf Reizzonen hindeuten: Nervosität, Unruhe, Gereiztheit und Aggressivität. Als Anzeichen von Reizzonen beim Schlafplatz werden genannt:
- Abneigung gegen das Bett und das Zubettgehen
- stundenlang nicht einschlafen können
- unruhige Schlaf- und Angstträume
- weinen und erwachen, aufschreien
- Nachtschweiß, zerknitterte Betttücher
- ausweichen im Bett, aus dem Bett fallen
- Flucht aus dem Bett, Nachtwandel bei Vollmond
- frieren im Bett, mit den Zähnen knirschen und Zähneklappern
- Müdigkeit und Abgeschlagenheit am Morgen
- Appetitlosigkeit und Unbehagen
- Missmutigkeit und Depressionen

- Krämpfe – und nicht zuletzt
- starkes Herzklopfen im Bett

Bei längeren und starken Einflüssen durch Reizzonen und Störfelder auf den menschlichen Körper, d. h., wenn sich der Schlaf-
und Arbeitsplatz (auch Schulplatz bei Kindern) in diesem Bereich befindet, kann es zu folgenden schweren Erkrankungen
kommen:
- Blutkrankheiten
- Gewebezersetzungen
- Störung der Motorik (Bewegungsabläufe)
- Störung der Sensorik (Bewusstsein)

Die Erfahrungsberichte bekannter Rutengänger (z. B. Freiherr
von Pohl, Käthe Bachler u. v. a. m.) nennen folgende Krankhei-
ten:
- Abgeschlagenheit und Asthma
- Angstzustände und Arthritis
- Bettnässen, Blasenleiden und Blutkrebs
- Darmleiden, Depressionen und Drüsenbeschwerden
- Entwicklungsstörungen und Entzündungen
- Fehlgeburten und Fieber
- Gallen- und Gichtleiden
- Herzleiden und Hysterie
- Ischias und Irrsinn
- Kinderlosigkeit und Kopfschmerzen
- Krampfadern, Konzentrationsmangel und Krebs
- Lähmungen und Lungenleiden
- Magersucht, Migräne, Missmut und Müdigkeit
- Nerven- und Nierenleiden
- Ohnmacht und Ohrenleiden

- Periodenstörungen
- Rheuma und Rückenbeschwerden
- Schilddrüsenerkrankungen und Schwermut
- Thrombosen
- Unterleibsleiden
- Zahnerkrankungen, Fisteln und Zuckerkrankheit.

Diese alphabetische Auflistung ist sicherlich nicht vollständig. Sie zeigt aber die Vielfalt der verschiedensten Risiken auf krank machenden Plätzen. Über ähnliche Erkenntnisse berichtet auch das »Institut für Baubiologie und Ökologie«, Neubeuern (IBN), unter Berufung auf Bachler. Schon Freiherr von Pohl und andere ältere Forscher wiesen darauf hin, dass z. B. Krebs standortbedingt ist. Auch heute gibt es eine ganze Reihe bekannter Strahlenbiologen, Physiker, Biologen, Geologen und Mediziner, die einen direkten Zusammenhang zwischen der Strahleneinwirkung auf eine Person und deren Gesundheitszustand sehen. Ob nun die krank machende Wirkung von Erdstrahlen direkt oder indirekt erfolgt, spielt für den Betroffenen sicherlich keine Rolle. In diesem Zusammenhang verweise ich auf die Gefahr durch Mobilfunk. Zu einer diesbezüglichen Initiative von mir äußerte sich das zuständige Gesundheitsamt Schwandorf im August 1994 u. a. wie folgt: »Es wird angenommen, dass Mikrowellen- und Hochfrequenzstrahlung nicht direkt krebserzeugend wirkt.« Wie beruhigend!

Und nun zu meinem persönlichen Gespräch mit Dr. med. Dieter Aschoff, der für mich der bekannteste Forscher auf dem Gebiet der Erdstrahlen und ihren krank machenden Wirkungen ist. Dr. Aschoff hat sich vor allem einen Namen durch seinen so genannten Aschoff's Bluttest gemacht. Ich kenne ihn nicht nur aus verschiedenen Vorträgen, sondern hatte auch privat Gelegenheit, dem heute 80-jährigen Arzt zu begegnen. Es ist wichtig, darüber kurz zu berichten: Ich hatte mich für ein Seminar über Geo- und Baubiologie in Biberach angemeldet. Als Referent war u. a. ein Professor mit mehreren Doktortiteln vorgesehen. Für einen Laien und Menschen vom Lande sicherlich eine respektvolle Person. Mein Platz im Veranstaltungsraum war bereits reserviert. Im letzten Moment ging ich in das angrenzende Café und sah den Mann, von dem alle Geobiologen nur mit Hochachtung sprechen. Ich kannte ihn vom Hörensagen und von einem Foto: klein, schmächtig, weißes Haar. »Jetzt oder nie«, dachte ich und steuerte auf seinen Tisch zu, wo er sich mit einer Dame unterhielt. Beide schauten mich mit einem fragenden Blick an. Meinen ganzen Mut zusammenfassend, stellte ich mich vor und bat etwas abgehackt, kurz Platz nehmen zu dürfen. Viele andere Persönlichkeiten hätten darauf mit Befremden reagiert, nicht aber Dr. Aschoff. Er bot mir einen Stuhl an und fragte, wie er mir helfen könne. In kurzen Worten erklärte ich ihm, was ich mache und dass ich in Biberach ein Seminar zur Geo- und Baubiologie besuche. Damit war das Stichwort gefallen. Während sich die Dame, ich nehme an, es handelte sich um seine Gattin, entschuldigte und den Tisch verließ, erzählte mir mein Gegenüber aus seinem Lebenswerk.

Bereits seit 1953 sei ihm klar gewesen, dass jeder Krankheitsherd ein elektromagnetisch gestörtes Feld aufweist. Seine rund 60 000 elektromagnetischen Bluttests hätten das bestätigt. Er hatte herausgefunden, dass das Blut von Patienten, die auf Reizzonen liegen, seinen natürlichen Magnetismus verliert und die elektrische Komponente überwiegt. Später hätte er festgestellt, dass auch elektromagnetische Felder und bestimmte Medikamente die bei gesunden Patienten vorhandene magnetische Ausrichtung zerstören können. Die magnetische Ordnung des

Blutes sei für die Gesundheit die wichtigste Voraussetzung. Folglich empfiehlt er allen Patienten, bei denen diese Ordnung fehlt, eine Schlafplatzuntersuchung durchführen zu lassen. Bevor ich Ihnen einen Fall erzähle, den Dr. Aschoff mir berichtete, möchte ich Ihnen mit einfachen Worten den erwähnten Magnetismus des Blutes erklären. Um ihn zu verstehen, müssen Sie wissen, dass das Blut eines gesunden Menschen in seinem Aufbau einen geordneten Spin (engl. Kreisel) aufweist. Diesen Zustand nennt Dr. Aschoff »magnetisch«. Über einer Reizzone gerät die geordnete Spinausrichtung in Unordnung, mit der Folge, dass das Blut »kippt« und in einen »elektrischen« Zustand gerät. Beim Bluttest nach Dr. Aschoff wird ein Blutstropfen mittels einer speziellen Apparatur in Schwingung gebracht und die elektrische sowie magnetische Komponente festgestellt.

Dass die Ursache für dieses »Kippen« des Blutes nicht immer unmittelbar am Schlafplatz liegen muss, werden Sie aus der folgenden Geschichte erfahren. Bei einem Bluttest hatte Dr. Aschoff festgestellt, dass das Blut einer Patientin von magnetisch auf elektrisch »gekippt« war. Auf Grund seiner radiästhetischen Fähigkeit stellte er daraufhin per Fernmutung fest, dass die Ursache nicht direkt am Schlafplatz, sondern rund 15 Meter davon entfernt lokalisiert war. Seine radiästhetische »Befragung« ergab ferner, dass es sich um einen größeren Quarzstein im Garten der Patientin handeln musste. Folglich beauftragte er einen ihm bekannten, erfahrenen Rutengänger und beschrieb ihm die Stelle, wo sich der Stein rund 20 Zentimeter unter der Grasnarbe befinden musste. Wie sich herausstellte, hatten sich die Hinweise von Dr. Aschoff als richtig erwiesen. Der Quarzstein hatte nach seiner Meinung die ortsgebundene Strahlung gebündelt und genau in das Bett der Patientin reflektiert. Nach Entfernung des Verursachers hatte sich der Gesundheitszustand der Patientin schlagartig zum Guten gewendet. Obwohl mir schon damals ähnliche Fälle aus der Literatur bekannt waren, hatte ich nunmehr die Bestätigung von einem hoch geschätzten Experten sozusagen aus »erster Hand«. Das persönliche Gespräch mit Dr. Aschoff war mir wichtiger als der nebenan geführte Vortrag über Geo- und Baubiologie. Später hatte ich noch öfters Gelegenheit, den Vorträgen des von mir verehrten und allseits geschätzten Arztes zu lauschen.

3. Freiherr von Pohl als deutscher Rutengänger-Pionier

Wie im Kapitel II/1 »Geschichte des Rutengehens: Ein Überblick« dargestellt, stellte Anfang der 1930er-Jahre Baron Gustav Freiherr von Pohl die Behauptung auf, die Krebsursache entdeckt zu haben. Ich befasse mich mit seiner Erfahrung deshalb, weil es für jeden Rutengänger nahezu eine Ehre und Pflicht ist, über das Wirken dieses hoch begabten Radiästheten Bescheid zu wissen und darüber zu berichten. Zudem hatte ich im Rahmen meiner Ausbildung Gelegenheit, mit anderen Kollegen »auf den Spuren dieses Mannes« zu muten. Schon seit 1904 machte er immer wieder die Beobachtung, dass sich die Betten an Krebs Verstorbener ausnahmslos auf Stellen befanden, von denen eine gammastrahlenartige, sprich radioaktive, vertikale Strahlung aufstieg. Seine Erkenntnisse fanden bei der Ärzteschaft jedoch nicht den geringsten Glauben.

Alsdann entschloss sich Freiherr von Pohl, ein geschlossenes Stadtbild zu untersuchen. Er beschränkte sich dabei ausschließlich auf Krebsfälle. Dazu einige Auszüge aus seinem Buch »Erdstrahlen als Krankheits- und Krebserreger«: »Protokoll des Beweises über die Begehung des Marktes Vilsbiburg vom 13. bis 19. Januar 1929. Als Zeugen dieser Begehung werden genannt: 1. Bürgermeiser J. Brandl, Polizeikommissär Fischer, Polizeiwachtmeister Schachtner, Christian Lechner sen. und Georg Brandl. Zweck der Begehung war das Angebot des Freiherrn, eine Planzeichnung der unter Vilsbiburg fließenden unterirdischen Wasserläufe anzufertigen. Damit sollte bewiesen werden, dass sämtliche Todesfälle an Krebs in den Häusern erfolgt sein müssten, unter denen besonders starke Wasserläufe fließen. Auf Ersuchen von Bürgermeister Brandl hatte der Vilsbiburger Bezirksarzt, Obermedizinalrat Dr. med. Bernhuber, anhand der Leichenschauscheine diejenigen Häuser in Vilsbiburg ermittelt, in denen zwischen 1918 und 1928 Todesfälle an Krebs erfolgt waren.« Von diesem Verzeichnis, so aus dem Protokoll, erhielt der Baron weder vor noch während seiner Begehung Kenntnis. Wie Sie inzwischen wissen, wird diese Art Untersuchung als Blindmutung bezeichnet.

Freiherr von Pohl benutzte für seine umfangreichen Mutungen eine sieben Millimeter dicke Wünschelrute aus Messing und eine dünne Stahlrute. Ich nehme an, dass es sich dabei a) um Winkelruten und b) um eine Schleifenrute handelte. Ohne auf seine ausführlich beschriebene Tätigkeit näher einzugehen, übertrug er schließlich die gemuteten unterirdischen Wasserläufe in die ihm zur Verfügung gestellten Blätter (Straßenverzeichnisse) des Marktes Vilsbiburg. Dabei kam er zu folgendem Ergebnis: Auf den Karten zeigte sich die verblüffende Tatsache, dass sämtliche Krebstodesfälle in Vilsbiburg auf den von ihm eingezeichneten Wasserläufen lagen. Anders gesagt, die von ihm außer Haus erfolgten Angaben hatten sich durch die Befragungen des 1. Bürgermeisters bzw. des begleitenden Polizeibeamten bei den Nachkommen der Verstorbenen als richtig er-

Ausschnitt aus der Karte von Vilsbiburg. Freiherr von Pohl mutete in Vilsbiburg und anderen Städten Wasseradern als Krebsursache.

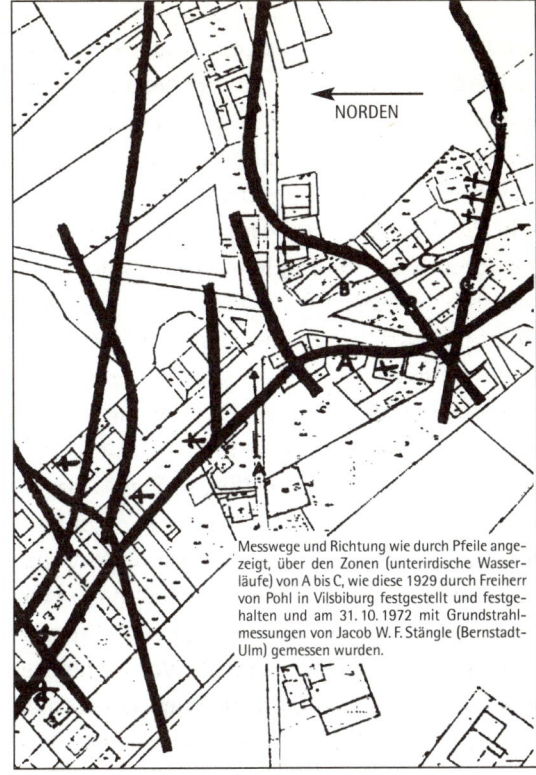

NORDEN

Messwege und Richtung wie durch Pfeile angezeigt, über den Zonen (unterirdische Wasserläufe) von A bis C, wie diese 1929 durch Freiherr von Pohl in Vilsbiburg festgestellt und festgehalten und am 31.10.1972 mit Grundstrahlmessungen von Jacob W. F. Stängle (Bernstadt-Ulm) gemessen wurden.

wiesen. In Räumen mit mehreren Betten hatte er zur Verblüffung der Anwesenden immer richtig angegeben, in welchem Bett der oder die Krebskranke gelegen hatte. Die Schlussfolgerung aus dem bezeugten Protokoll lautete: »Es wird hierdurch festgestellt, dass Freiherrn von Pohl der oben unter dem Titel ›Zweck‹ genannte Nachweis, dass Todesfälle an Krebs ausnahmslos in Häusern bzw. Zimmern bzw. Betten erfolgten, die über besonders starken unterirdischen Wasserläufen stehen, in vollem Umfang gelungen ist.«

Dieses geradezu sensationelle Ergebnis erregte nicht nur in Rutengängerkreisen höchste Aufmerksamkeit. Auch die Ärzteschaft konnte das Ergebnis nicht mehr pauschal in Zweifel stellen. Somit sah sich der »Ausschuss des Deutschen Zentralkomitees zur Erforschung und Bekämpfung der Krebskrankheit« in Berlin auf den Plan gerufen. Sein Generalsekretär, Geheimrat Prof. Dr. Blumenthal, ließ sich von Freiherr von Pohl über das Ergebnis in Vilsbiburg persönlich informieren. Beide kamen überein, diese Art Untersuchung in einer besonders krebsarmen Stadt zu wiederholen. Dazu benannte das Statistische Landesamt in München die Stadt Grafenau im Bayerischen Wald.

Zum Zeitpunkt der Untersuchung am 4. und 5. Mai 1930 zählte die Stadt zirka 2000 Einwohner. Laut Statistik waren seit dem Jahre 1914 nur 16 Todesfälle auf Grund von Krebs bekannt. An der Begehung durch den Baron hatte amtlicherseits der Grafenauer Bezirksarzt Dr. med. Grab teilgenommen. Die Mutung selbst erfolgte nach dem bewährten Muster von Vilsbiburg. Wie nicht anders erwartet, ergab die Prüfung der Ermittlungen auch in Grafenau eine totale Übereinstimmung jener Häuser, in denen Patienten über den ermittelten unterirdischen Wasserläufen an Krebs gestorben waren. Davon alleine fünf von 16 in einem einzigen Häuserblock. Dies sollte auch als Beweis dafür gelten, dass es tatsächlich so genannte Krebshäuser gibt.

Messungen bestätigen von Pohls Angaben

Dem Beispiel des Freiherrn von Pohl folgend, untersuchten später Sanitätsrat Dr. Hager die Krebsfälle in Stettin, Dr. E. Blos Krankenbetten in Karlsruhe und nicht zuletzt Dr. W. Birkelbach Krebsfälle in Wolfratshausen. Sie alle kamen zum gleichen Ergebnis. Wenngleich sich die subjektive Untersuchungsmethode als richtig erwiesen hatte, fanden die nachfolgenden, sehr umfangreichen Untersuchungen durch Dr. V. Rambeau in Marburg mit technischen Mitteln statt. Auch dieser kam zu dem Schluss, dass es keinen Fall von Krebs gab, der nicht über einem geologisch gestörten Gebiet lag.

Zu den aktivsten Forschern auf dem Gebiet der Erdstrahlung zählte sicherlich der französische Ingenieur P. Cody. Von 1933 bis 1939 untersuchte er mit einem Elektroskop die physikalischen und biologischen Wirkungen von Reizzonen in Le Havre. Nach rund 10 000 Messungen kam er zu dem Schluss, dass die Ionisation der Luft über Reizzonen zehnmal stärker ist als an den nebenliegenden Kontrollstellen. Ebenso stellte er tageszeitliche Differenzen der Messwerte fest. Demnach war die Ionisation zwischen 10 Uhr und 14 Uhr am schwächsten und in der Nacht am stärksten. Ebenso stellte er jahreszeitliche Schwankungen fest sowie Veränderungen je nach Wetterlage. Cody legte seine umfangreichen Untersuchungsergebnisse dem »Internationalen Kongress für Geophysik« 1939 in New York vor. Ob dieser Folgerungen daraus gezogen hat, ist unbekannt.

Lernschwäche bei Kindern infolge von Erdstrahlen

Nicht weniger fleißig war die österreichische Hauptschullehrerin und Rutengängerin Käthe Bachler aus Hallein bei Salzburg. Infolge eines Forschungsauftrags der Landesschulbehörden und des pädagogischen Instituts der Universität Salzburg hatte sie Tausende von Fällen von Schulversagen bei Kindern untersucht. Sobald sie unerwartete Lernschwierigkeiten bei Schülern feststellte, wurden diese umgesetzt. Die Umsetzungen bei Müdigkeit, Unaufmerksamkeit und Lethargie sollen bei den Schülern Erfolg gezeitigt haben. Selbstverständlich konnte sie unterscheiden zwischen echter Lernschwäche und Faulheit. Auf Grund ihrer Erfahrungen kam sie zu dem Schluss, dass an vielen schlechten Noten der Sitzplatz der Schüler schuld sei. Nachdem sie ihre vorgesetzte Behörde von ihrer Beobachtung überzeugt hatte, wurde sie mit einer landesweiten Untersuchung beauftragt. Ihre erfolgreichen Untersuchungen beschränkte sie schließlich nicht nur auf Schulen, sondern führte auch radiästhetische Schlafplatzuntersuchungen durch.

Mit den Untersuchungsmethoden des Freiherrn von Pohl (subjektiv) und Ing. P. Cody (objektiv) wollte ich Ihnen zeigen, dass offenbar verschiedene Wege zum Ziel führen. Über die richtige Methode zur Feststellung von Erdstrahlen lässt sich sicherlich streiten. Grundsätzlich bin ich aber der Meinung, dass das, was gemessen werden kann, auch gemessen werden sollte. Und wie schon erwähnt, ist die physikalische Messmethode, ob direkt oder indirekt, sehr aufwändig, umständlich und teuer. Dies deshalb, weil Sie nahezu für jede Art von Strahlung ein spezielles Messinstrument benötigen, um die unterschiedlichen Frequenzen (Schwingungen) feststellen zu können. Ob diese eine biologische Belastung oder Beeinträchtigung darstellen, darauf bleibt Ihnen das Messgerät die Antwort schuldig. Hier helfen dann nur Erfahrungswerte weiter. Anders dagegen der sensitive Mensch. Er fühlt, ob der jeweilige Standort für ihn eine Belastung darstellt oder nicht. Diese natürliche Art der Feststellung von Risikofaktoren geht relativ schnell, ist kostengünstig und bedarf keines großen Aufwands. Dabei ist es zunächst unwichtig, ob es sich um niederfrequente, hochfrequente oder um ionisierende Strahlen handelt. Für Sie und mich ist vor allem wichtig zu wissen, dass ein Einfluss von Erdstrahlen auf den Organismus besteht und dass von diesen unter Umständen unsere Gesundheit abhängen kann.

Ein abschließender Satz zu den Ergebnissen des Freiherrn von Pohl: Seine Mutungen in Vilsbiburg wurden 43 Jahre später,

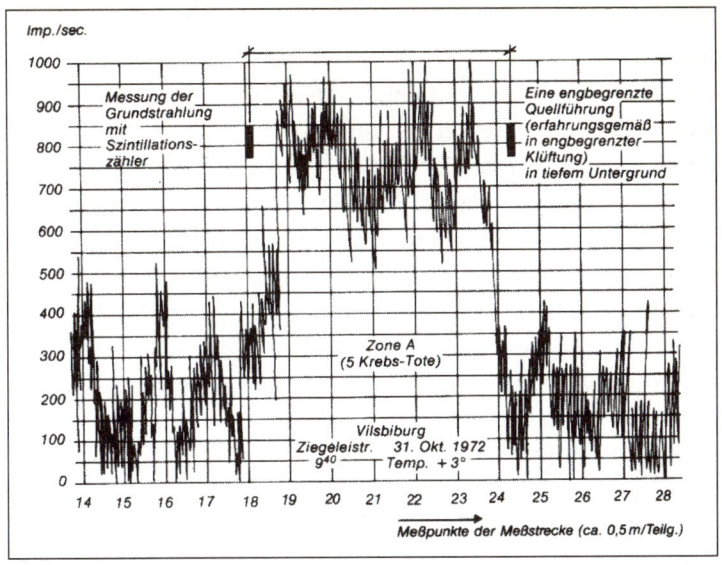

Imp./sec.

Messung der Grundstrahlung mit Szintillationszähler	Eine engbegrenzte Quellführung (erfahrungsgemäß in engbegrenzter Klüftung) in tiefem Untergrund

Zone A
(5 Krebs-Tote)

Vilsbiburg
Ziegeleistr.   31. Okt. 1972
9⁴⁰   Temp. + 3°

14 15 16 17 18 19 20 21 22 23 24 25 26 27 28

Meßpunkte der Meßstrecke (ca. 0,5 m/Teilg.)

J. Stängle bestätigte 1972 die Ergebnisse Pohls mittels eines Szintillationszählers.

nämlich am 31. Oktober 1972, durch physikalische Messungen durch Jacob W. Stängle vollinhaltlich bestätigt. Mittels Szintillationszähler stellte dieser über den gemuteten Reizzonen Strahlungsanomalien fest, die gegenüber der Bodenstrahlung der Umgebung doppelte Werte erreichten. Ein Beweis mehr, dass Erdstrahlen subjektiv wie objektiv zu orten sind.

Für Rutengänger stellt sich zu Beginn des 21. Jahrhunderts die Frage, ob sie in unserer hoch technisierten Welt überhaupt noch gebraucht werden. Hier möchte ich grundsätzlich mit Ja antworten. Dabei muss unterschieden werden zwischen jenen, die Rutengehen als Hobby betreiben, sprich für den Hausgebrauch oder als Nachbarschaftshilfe, und jenen, die diese Kunst gewerbsmäßig ausüben. Wer sich mit Bauplatz-, Haus- oder Schlafplatzuntersuchungen befasst, übernimmt jedenfalls eine hohe Verantwortung gegenüber Bauherrn und Bewohnern. Diese erwarten entweder eine gesundheitsvorsorgende Unterstützung oder wollen die Ursachen bereits bestehender Beschwerden ergründet haben. Anders gesagt, wer das Handwerk des Rutengängers oder Geobiologischen Beraters ausübt, muss sich der Problematik und Verantwortung bewusst sein und versuchen, die an ihn gestellten Anforderungen und Erwartungen in Theorie und Praxis gewissenhaft zu erfüllen. Dazu einige Negativbeispiele, die geeignet sind, die Radiästhesie in ein denkbar schlechtes Licht zu rücken.

4. Rote Karte für schwarze Schafe unter Rutengängern

Für Gegner der Radiästhesie sind folgende Fälle sicherlich ein »gefundenes Fressen«. Das kann mich jedoch nicht daran hindern, darüber zu berichten. Hier zum einen als Warnung für Hilfesuchende und zum anderen als Aufforderung an einige Rutengänger, es künftig besser zu machen.

Bei laufendem Motor Wohnhaus untersucht

Ein mir bekannter Rutengänger wurde gebeten, eine radiästhetische Hausuntersuchung in meiner Heimatstadt vorzunehmen. Die Auftraggeberin hatte mich vorher über ihr Vorhaben informiert. Der beauftragte Mann wollte diese Aufgabe im Rahmen seiner Tour als Bierfahrer erledigen und kam zum verabredeten Zeitpunkt. Wegen der herrschenden Kälte ließ er vor dem Grundstück den Motor des Transporters laufen. Nachdem er einige Male mit der Wünschelrute das Haus umrundet hatte, ließ er sich im Esszimmer der Wohnung nieder und übertrug in aller Eile die gemuteten Reizzonen auf einen Fetzen Papier. Ein Blick auf die Uhr zeigte ihm, dass es für ihn höchste Zeit war, seine Tour fortzusetzen. Da die Kundin die beabsichtigte Untersuchung vorher mit mir abgesprochen hatte, informierte sie mich noch am selben Tag über das Resultat. Noch nie hatte ich eine schlampigere Arbeit gesehen. Zwei Striche sollten die Wasserader durch das Haus verdeutlichen und mehrere überkreuzte Linien ein Netzgitter. Obwohl der Kompass des Mannes defekt war, wie er der Frau erklärt hatte, zeichnete er den Nordpfeil auf das aus einem Schreibblock herausgerissene Stück Papier. Dass damit die Netzgitterstreifen falsch verliefen, war ihm offenbar egal. So nicht, Herr Kollege!

Ich werde Ihnen später zeigen, wie eine ordentliche Planzeichnung auszusehen hat. Jedem Rutengänger muss nämlich klar sein, dass seine Arbeiten auch andere Personen zu sehen bekommen. Deshalb ist die Planzeichnung auch ein Spiegelbild seiner Arbeit.

Schwarzer Mann wollte Erdstrahlen einatmen

Aus Rutengängerkreisen wurde ich über folgende Geschichte informiert: Eine Familie in Oberfranken hatte einen unbekannten Rutengänger gebeten, ihr Haus auf Erdstrahlen zu untersuchen und diese wenn möglich abzuschirmen. Den Angaben nach war ein ganz in Dunkel gekleideter Herr erschienen. Ohne sich zuerst im Außenbereich kundig zu machen, war er gleich ins Haus gegangen und hatte sich in die Mitte der Wohnung gestellt. Hier soll er dem Vernehmen nach den Bewohnern erklärt haben, dass er nun die schädlichen Erdstrahlen einatmen und diese im Wald wieder an die Atmosphäre abgeben werde. Flugs soll er einige Male tief eingeatmet haben, und nach dem Kassieren von zirka 500 Mark war er verschwunden und nie mehr gesehen. So sehr diese Geschichte zum Lachen ist, zeigt sie uns doch, mit welchen Gaunereien Geld zu machen ist und wie leichtgläubig manche Menschen sind.

Ungestörtes Bauland für Berliner Interessenten

In einem anderen Fall rief mich eine Frau aus dem Nachbarlandkreis an. Die clevere Geschäftsfrau wollte von mir ein Grundstück auf Erdstrahlen untersucht haben. Eigentlich ein ganz normaler Auftrag, werden Sie nun denken, doch weit gefehlt. Auf meine Frage nach der Größe des Grundstücks antwortete die Frau, dass es sich um etwa 15 Bauparzellen auf einem Bauerwartungsland handeln würde. Viele andere Rutengänger hätten sich hier die Hände gerieben, denn immerhin würde das Honorar für eine derart umfangreiche Untersuchung mindestens 3500 Mark betragen. Eingebung oder nicht, ich hakte nach und erfuhr, dass die Auftraggeberin von mir eine Bestätigung wollte, wonach das Grundstück frei von Erdstrahlen sei. Das nahe einer Kläranlage liegende Areal sollte damit »aufgewertet« und dann an einen Berliner Interessenten verkauft werden. Trotz des sehr guten Honorarangebots für den »Nachweis auf Erdstrahlenfreiheit« habe ich den Auftrag mit aller Entschiedenheit zurückgewiesen. Mehr noch, ich warnte nicht nur meine Verbandskollegen vor dieser Art Aufträge mit betrügerischem Charakter. Zudem weigerte ich mich, der Frau einen anderen Rutengänger zu nennen.

Meiner Meinung nach ist es sehr gut möglich, dass ein einzelner Bauplatz frei ist von Wasseradern und Verwerfungen. Nicht jedoch von Gitternetzen wie oben beschrieben, die nahezu in jedem Ehebett (rund 4 Quadratmeter) vorzufinden sind. Sie können sich selbst ausrechnen, in welcher Vielfalt und Größenordnung das auf einem etwa 12 000 Quadratmeter großen Grundstück dann der Fall ist. Um es deutlich zu sagen, wer derartige Aufträge wider besserer Erfahrung mit ruhigem Gewissen ausführt, dem geschieht wohl Recht, wenn ihm der Schöpfer die Begabung oder der Gesetzgeber das Recht auf Ausübung seiner Tätigkeit als Rutengänger entzieht.

Erdstrahlen in Planzeichnungen zeigten System

Einen ehrlichen und meines Erachtens doch »falsch gewickelten« Rutengänger lernte ich nur dem Namen nach kennen. Egal, ob bei Vorträgen oder Hausuntersuchungen, immer wieder kamen Zuhörer oder Kunden auf den Mann aus meinem Heimatlandkreis zu sprechen. Dadurch wurden mir auch die Arbeiten dieses »Kollegen« bekannt. Bereits bei der dritten Planzeichnung seiner Mutungsergebnisse klickte es bei mir. Sie zeigten ein System, das es nicht geben kann und darf. Bei ihm verliefen im Untergrund von kleinen Häusern vier und in größeren Häusern fünf Wasseradern. Konkret: Beim kleinen Haus je zwei auf der Längs- und Breitseite und bei einem größeren Gebäude drei auf der Längs- und zwei auf der Breitseite. Von einigen seiner Kunden weiß ich, dass er sich wirklich Mühe gegeben hatte. Einer davon wörtlich: »Herr S. ist schweißgebadet um das Haus gerannt, als ob der Teufel hinter ihm her wäre.« Warum diese Hetze? Wie heißt es denn so schön: In der Ruhe liegt die Kraft! Der amüsante Teil dieser Geschichte ist der, dass ich jedesmal, wenn der Name dieses Rutengängers fiel, dem Zuhörer oder Kunden genau sagen konnte, wie das Mutungsergebnis aussah, was einige Überraschung hervorrief.

Um es deutlich zu sagen, ich bin der Letzte, der die Arbeit eines »Kollegen« kritisiert oder in Frage stellt. Ich kann auch nicht beschwören, ob ich nicht selbst hin und wieder eine Reizzone verwechsle. Eines weiß ich jedoch ganz sicher: Abgesehen von Wohnsilos in Großstädten gleicht auf dem flachen Land kein Haus und kein Grundriss dem anderen. Ebenso verhält es sich beim Verlauf von Reizzonen. Aus diesem Grunde möchte ich empfehlen: Ordnung in seine Gedanken bringen, aber um Himmels willen nicht System! Wer diesen Hinweis ignoriert, leistet sich selbst und der Radiästhesie einen denkbar schlechten Dienst.

Rutengänger nannte sich selbst Tatortspezialist

Abschließend einen Fall aus der Oberpfalz. Herr O. W. hatte mich gebeten, sein neu erbautes Wohnhaus zu untersuchen. Aus dem Untersuchungsergebnis meines Vorgängers, eines »Tatortspezialisten«, wurde er, wie er sagte, »leider nicht schlau«. In diesem war die Rede vom 1. und 2. Gitter, von Doppelzonen, negativen Schwerpunkten, Erdmagnetfeldverzerrungen und radioaktiven Strahlungen, doch nichts über die Belastung der Schlafplätze. Dennoch hatte er das untrügliche Gefühl, dass mit den Schlafplätzen etwas nicht in Ordnung war. Ein Phänomen, das er sich nicht erklären konnte und in der vormaligen Wohnung nicht kannte. Und tatsächlich, das Ehebett stand exakt auf dem Kreuzungspunkt des Benker-Gitters und die Betten der Kinder auf dem Nord-Süd-Streifen des Netzgitters nach Benker. Beim Anblick meiner Planzeichnung wurde ihm klar, dass die Schlafplätze falsch gewählt waren. Später rief er mich an, bedankte sich und sandte mir die »nutzlosen« Unterlagen meines Vorgängers.

5. Rutengänger als »Testpersonen« für Studienzwecke

Offenbar gibt es auch Leute, denen es Spaß macht, ihr Wohnhaus studienhalber untersuchen zu lassen. Doch welcher Rutengänger weiß das schon im Voraus, dass er nur »getestet« werden soll? Doch lesen Sie selbst:

Auftraggeber bot 200 Mark für Testergebnis

Im März 1995 rief mich ein Herr A. S. an und wollte von mir sein Haus untersucht haben. Dabei machte er kein Geheimnis daraus, dass er vor mir schon zwei Rutengänger mit der Untersuchung beauftragt hatte. Brühwarm erklärte er mir, dass er die beiden gegeneinander »ausgespielt« habe. Tatsächlich seien auch beide zu einem völlig unterschiedlichen Ergebnis gekommen. Obwohl ich mich nicht scheute, diese Art Test zu verurteilen, fragte er nach meinem Preis. Auf Grund der großen Entfernung und des Untersuchungsauftrages nannte ich ihm eine Pauschale von 400 Mark. Dieser Betrag war ihm jedoch für einen weiteren Test zu hoch. Sein eigenes Angebot in Höhe von 200 Mark lehnte ich ab. Ich war mir ganz einfach zu schade, mich als Nummer 3 von ihm »ausspielen« zu lassen.

Schullehrer bat studienhalber um Begehung

Ein ähnlicher Fall begegnete mir während eines Vortrages in O. Ein Zuhörer, von Beruf Lehrer, fand meine Ausführungen so interessant, dass er mich »studienhalber« um eine Hausuntersuchung bat. Deutlich gab ich ihm zu verstehen, dass ich weder studienhalber, noch für Experimente Zeit hätte. Ich sei nämlich mehr als genug von ernsthafter Arbeit ausgelastet. Drei Wochen später rief mich der Mann an und bat um eine Untersuchung.

Während der öffentlichen Versammlung habe er sich geniert, mich darum zu bitten. Seine Befürchtung, dass »etwas mit seinem Bett nicht in Ordnung sei«, traf voll zu. Dies wurde auch durch seinen etwa 12-jährigen Sohn bestätigt, der auf Anhieb den Umgang mit der Wünschelrute beherrschte. Abschließend möchte ich Sie über einen Fall informieren, der bundesweit unter den Rutengängern die Runde machte.

Geschäftsmann »testete« fünf Wünschelrutengänger

Während einer Veranstaltung in Nürnberg wurden zwei verschiedene Hausgrundrisse mit jeweils fünf verschiedenen Mutungsergebnissen vorgestellt. Erst später erfuhr ich, dass es sich um Objekte aus meiner Heimatstadt handelte. Demnach hatte ein hiesiger Geschäftsmann sein Wohnhaus und das seiner Tochter von mehreren Rutengängern untersuchen lassen. Keiner von ihnen wusste dabei von der Arbeit des anderen. Nachdem der Geschäftsmann offenbar »genug« hatte, packte er die Berichte zusammen und übergab sie dem in Nürnberg tagenden Verband einer Rutengängervereinigung.

Das Ergebnis sollte ein Warnzeichen für jene sein, die sich mit Hausuntersuchungen beschäftigen. Tatsächlich, die Ergebnisse waren mehr als beschämend. Nur wer sehr tolerant war, konnte darin gewisse Übereinstimmungen und Schwerpunkte feststellen. Zur Ehrenrettung der Zunft muss jedoch gesagt werden, dass nur einer der fünf Rutengänger der DGG e.V. angehörte. Dessen Ergebnis würde ich auf Grund meiner eigenen, später durchgeführten Untersuchung als realistisch bezeichnen. Übrigens handelte es sich bei der Untersuchung auch um einen jener Rutengänger, der, wie bereits erwähnt, der Natur ein System abringen wollte. Fazit des Ganzen: Wenn fünf das Gleiche tun, ist es noch lange nicht dasselbe.

6. Fallbeispiele für Wirkungen durch Erdstrahlen

Aus eigener Erfahrung weiß ich, dass ein Rutengänger oder Geobiologischer Berater häufig erst dann mit der Untersuchung beauftragt wird, wenn es zu spät ist. Das heißt, entweder hatte sich der Verdacht auf standortbedingte Risikofaktoren erhärtet, oder es war eine unerklärliche Krankheit bis hin zum Todesfall aufgetreten. Meine eigenen Untersuchungsaufträge sind dafür der Beweis. Diese bekam ich bis dato allesamt auf folgende Empfehlungen hin: zu 83 Prozent von Kunden und Ärzten und 17 Prozent auf Grund persönlicher Vorstellung durch eigene Vorträge, auf Grund von Presseinformationen sowie auf Empfehlung von Baubiologen und der eigenen Organisation. Die Prophylaxe, sprich vorbeugende Maßnahme, findet demnach sehr selten statt, was die folgenden Zahlen unterstreichen. Demnach wünschten 86 Prozent eine Haus- und Schlafplatzuntersuchung und nur 14 Prozent eine Bauplatzuntersuchung. Hier besteht also ein großer Informationsbedarf seitens der Bauherren, Architekten, Baufirmen und aller am Bau beteiligten Personen. Dazu mehr im Kapitel VIII »Beratung: Tipps und Empfehlungen«.

Ich bin jedesmal deprimiert, wenn ich in ein Haus mit Schwerkranken gerufen werde. Entweder will der Auftraggeber vom Rutengänger eine Antwort auf die Frage nach dem Grund der Erkrankung oder die Lösung des Problems. Hat der Schulmediziner nicht die erhoffte Heilung vermocht, gilt der Radiästhet oftmals als letzter »Nothelfer« oder »rettender Strohhalm«. Sofern es sich um leichtere Fälle handelt, kann meist sofort geholfen werden und bei schwereren dauert es eben länger. Hier immer vorausgesetzt, dass die Erkrankung auf standortbedingte Risikofaktoren zurückzuführen ist. Das trifft z. T. auch auf

Krebsfälle zu, wie Sie weiter unten erfahren werden. Doch zunächst zu den »leichteren« Fällen:

Schlechter Schlaf über einer Wasserader

Das sechs Wochen alte Baby der Familie M. B. hatte einen schlechten Schlaf und schrie die meiste Zeit. Ich hatte gerade in der Nachbarschaft zu tun. Als mich die Großmutter des Babys sah, bat sie mich, sein Kinderzimmer zu untersuchen. Das Kind war in seinem Korbwagen nicht zu beruhigen. Schon von außen stellte ich fest, dass dicht an der Hausmauer neben einem der Fenster ein fetter Holunderbaum wuchs und in der Verlängerung ein dürrer Apfelbaum stand. Die Mutung bestätigte meinen Verdacht. Beide Pflanzen standen auf einer Wasserader. Diese reichte in ihrer Breite bis ins Hausinnere. Der Korbwagen stand voll in dieser Reizzone. Ich empfahl der Großmutter, diesen künftig außerhalb der Reizzone zu stellen und mich zu informieren, wenn keine Besserung eintreten sollte. Zufällig traf ich die Frau einige Wochen später. Voller Freude erzählte sie mir, dass das Baby seit der Umstellung des Wagens wie ausgewechselt sei.

Schreikrämpfe über einer Verwerfung

Die einjährige Tochter der Familie A. U. hatte einen unruhigen Schlaf, Schreikrämpfe und ungewöhnlich oft Fieber. Die Untersuchung ergab, dass das Kinderbett im Reizzonenbereich einer geologischen Verwerfung stand. Diese sei nach Aussage der Eltern beim Erdaushub für das Wohnhaus zwar erkannt, ihr aber keine Bedeutung beigemessen worden. Gleichermaßen hätten sie sich über den späteren Riss in der Außenmauer keine Gedanken gemacht. Nach dem Standortwechsel des Kinderbettes wurde das Kind ruhiger, und die fiebrigen Anfälle verschwanden.

Krank über einer Reizzonenkreuzung

Der dreijährige Sohn der Familie K. W. war meist unruhig, hatte einen schlechten Schlaf und zeigte Blässe und Appetitlosigkeit. Das Kinderbett stand über einer Reizzonenkreuzung, verursacht durch eine Wasserader und dem Nord-Süd-Streifen des Benker-Gitters. Die Eltern erzählten mir, dass auf diesem Platz die Großmutter die Nacht verbracht habe und an Brustkrebs erkrankt und später hier verstorben sei. Sie wären jedoch nie darauf gekommen, dass die Krankheit vielleicht auf Erdstrahlen zurückgeführt werden könnte. Jedenfalls hatte der kleine Sohn nach Umstellung des Kinderbettes keine Beschwerden mehr.

Belastungen durch Reizzone und Störfeld

Der 13 Jahre alte Sohn der Familie P. W. hatte seit längerer Zeit Schwierigkeiten beim Einschlafen, einen unruhigen Schlaf und war wohl deshalb auch nervös und unkonzentriert, was sich auch auf die Schulnoten auswirkte. Die Eltern, sie Lehrerin und er Ingenieur, fanden dafür keine Erklärung. Das Bett des Sohnes stand im Reizzonenbereich des Nord-Süd-Streifens des Benker-Gitters. Was meines Erachtens jedoch noch schlimmer war, es stand in voller Länge direkt am zwei Meter langen Heizkörper auf der Giebelseite des Hauses. Frau W. erklärte mir, dass jedesmal, wenn sie nachts nach dem Sohn schaute, der Junge mit offenen Augen im Bett lag. Der Raum bot genügend Platz für eine Bettumstellung. Als ich mich 14 Tage später vor Ort über das Befinden des Sohnes erkundigte, fiel mir die Frau vor Glück fast um den Hals. Der Standortwechsel hatte eine sofortige Besserung gebracht. Was es mit dem Heizkörper am Bett für eine Bewandtnis hatte, erfahren Sie im Kapitel VI »Elektrosmog und andere Krankmacher«.

Chronische Kopfschmerzen durch Reizzonen

Der 15-jährige Sohn der Familie G. W. hatte seit langem starke Kopfschmerzen, einen schlechten Schlaf und war ständig müde. Die Eltern baten mich um eine Haus- und Schlafplatzuntersuchung. Sie waren zur Erkenntnis gelangt, dass die medizinische Symptombehandlung mit ihren Nebenwirkungen auf Dauer nicht ratsam war. Ich hatte den Eltern versprochen, sofern die Beschwerden standortbedingt waren, ich die Ursache auch finden würde. Meine Untersuchung hatte ergeben, dass das Bett des Sohnes auf dem Kreuzungspunkt des Benker-Gitters und in der Reizzone einer Wasserader stand. Mein Verdacht für die Ursachen der Krankheit wurde von den Eltern bestätigt. Wie sie sagten, waren die Großeltern in diesem Raum an Krebs verstorben. Wenige Wochen nach Umstellung des Bettes des Jungen waren die Beschwerden verschwunden.

7. Krebs und andere schwere Erkrankungen

Vorab möchte ich feststellen, dass bei Kindern und Jugendlichen standortbedingte Krankheiten schneller heilen als bei Erwachsenen. Ihre Frage nach dem Grund für diese Behauptung ist ganz einfach zu beantworten. Während ein Kinderbett bzw. ein Korbwagen oder eine Wiege viel öfter umgestellt wird, bleibt ein Ehebett oder großes Einzelbett meist Jahrzehnte an ein und demselben Platz stehen. Je länger also jemand im Wirkungsbereich starker Reizzonen liegt, desto länger dauert auch der Prozess der Regenerierung. Hinzu kommt, dass neben den natürlichen Reizzonen auch künstlich erzeugte Störfelder den Heilungsprozess erschweren oder gar verhindern könnten. Dazu ebenfalls einige Fälle aus meiner Praxis:

Brustkrebs

Ein Arzt hatte mich gebeten, das Haus einer seiner Patientinnen zu untersuchen. Frau M. B. hatte Brustkrebs, und der Termin für die Amputation stand bereits fest. Ich sollte ihren Schlafplatz untersuchen, um eventuell den Heilungsprozess nach der Operation beschleunigen zu helfen. Nach Abschluss der so genannten Blindmutung (außer Haus) und dem Einblick in die Grundrissplanung des Wohnhauses stellte ich fest, dass sich das Ehebett mit dem Kopfteil im Nord-Süd-Streifen des Benker-Gitters befand. Die Frau nahm das ohne jegliche Aufregung zur Kenntnis. Ihre Leidensgeschichte, die sie bislang keinem Fremden erzählt hatte, stimmte mich sehr traurig. Ihr Mann und einer ihrer beiden Söhne waren an Krebs verstorben, und der zweite Sohn war von einem Betrunkenen totgefahren worden. In einer derartigen Situation ist es besser zu schweigen, als über Erdstrahlen zu sprechen oder die Zusammenhänge zu erklären. Ich würde nie behaupten, dass die Reizzone den Brustkrebs verursachte. Vielmehr könnte dieser die Folge der erlittenen Schicksalsschläge in Verbindung mit der Reizzone gewesen sein. Wie ich später erfuhr, war die Operation gut verlaufen, und der Frau ging es auf ihrem neuen Schlafplatz den Umständen entsprechend gut.

Lungenkrebs

Der Mann von Frau M. H. war an Lungenkrebs verstorben. Um es gleich vorweg zu sagen, er war Nichtraucher! Frau H. hatte zwar keine Angst, allein im großen Ehebett zu schlafen, dennoch war es ihr lieber, wenn die 14-jährige Tochter nachts neben ihr lag. Bereits in der zweiten Nacht verließ das Mädchen das Bett, weil es in ihm erklärtermaßen nicht schlafen konnte. Frau H. machte sich darüber ihre Gedanken und bat mich, das

Schlafzimmer genauer zu untersuchen. Da die Wohnung im dritten Stock eines Mehrfamilienhauses lag, verzichtete ich ausnahmsweise auf die Außenuntersuchung. Erstens sehen das die Hausbesitzer nicht gerne, und zweitens wollte ich einen Menschenauflauf vermeiden. Also bat ich Frau H., sämtliche Türen innerhalb des Wohnungsbereichs zu schließen, damit ich vorab keinen Einblick in das Schlafzimmer erhielt. Zudem forderte ich sie auf, für den Zeitraum der radiästhetischen Untersuchung innerhalb der Wohnung den Strom abzuschalten. Ich wollte damit vermeiden, dass die niederfrequenten elektrischen und magnetischen Wechselfelder mein subjektives Mutungsergebnis verfälschten. Diese Art Untersuchung ist zwar nicht ganz einfach, doch in diesem Fall ging es nicht anders. Nachdem ich keine Wasserader festgestellt hatte, stellte ich mich mit dem Kompass in die Mitte des Wohnzimmers und legte je einen Meterstab nach Nord-Süd und Ost-West aus. Dieses Kreuz war eine gute Orientierungshilfe, um das Benker-Gitter muten zu können. Schließlich stellte sich heraus, dass das Bett des verstorbenen Mannes exakt im Nord-Süd-Streifen dieses Gitters gestanden hatte. Außer einer starken Verzerrung des Erdmagnetfeldes infolge der Federkernmatratze und dem Baustahl in der Geschossdecke waren keine Auffälligkeiten festzustellen. Die Frau fühlt sich noch heute in ihrem Bett wohl, und die Tochter schläft wie früher im Kinderzimmer.

Leukämie

Der 12-jährige Sohn der Familie R. H. war an Leukämie erkrankt und in ärztlicher Behandlung. Ich sehe die Eltern noch heute traurig den Kopf schütteln, wieso gerade ihr Sohn diese schwere Krankheit bekommen hatte. Da ich Herrn H. als Rutengänger bekannt war, bat er mich, das Zimmer des Sohnes zu untersuchen. Grundsätzlich ziehe ich derartige Fälle jedem anderen Termin vor. Wie ich feststellte, befand sich das Bett im Nord-Süd-Streifen des Benker-Gitters. Über dem Bett war zudem eine extreme Erdmagnetfeldstörung messbar und neben dem Bett war die Schrankwand voll von elektrischen und elektronischen Geräten. Eindringlich warnte ich die Familie davor, das Bett auf diesem Standort, umgeben von Elektrosmog, zu belassen. Einige Zeit später hörte ich, dass der Sohn auf dem Weg der Besserung war.

Blutkrebs

Herr H. B. hatte mich eindringlich gebeten, sein Haus auf Erdstrahlen zu untersuchen. Er hatte Blutkrebs, und seine Frau litt an Unterleibsschmerzen. Seit zehn Jahren wohnte das Ehepaar mit zwei kleinen Kindern in ihrem Neubau. Nachdem ich die Reizzonen gemutet und außer Haus gekennzeichnet hatte, erklärte ich dem Mann die Situation. Es stellte sich heraus, dass eine Wasserader direkt der Quere nach über das Ehebett verlief und der Kreuzungspunkt des Benker-Gitters genau über seinem Bett lag. Der von der Krankheit gezeichnete Mann verstand die Welt nicht mehr. Er erzählte mir, dass seine Krankheit mit Schlafschwierigkeiten und allgemeiner Schwäche begonnen habe. Daraufhin hatte er einen Rutengänger im Haus gehabt, der wie ich die Wasserader an der gleichen Stelle gefunden habe. Gemeinsam hätten sie dann die Wasserader mit Kupferspiralen abgeschirmt.

Der Mann tat mir Leid. Einmal wegen seiner Krankheit und zum anderen, weil er einem großen Irrtum aufgesessen war. Einem Irrtum, dem viele Menschen in gesundheitlicher wie in finanzieller Hinsicht zum Opfer fallen. Dem Trugschluss, dass Erdstrahlen abgeschirmt werden können, habe ich einen größe-

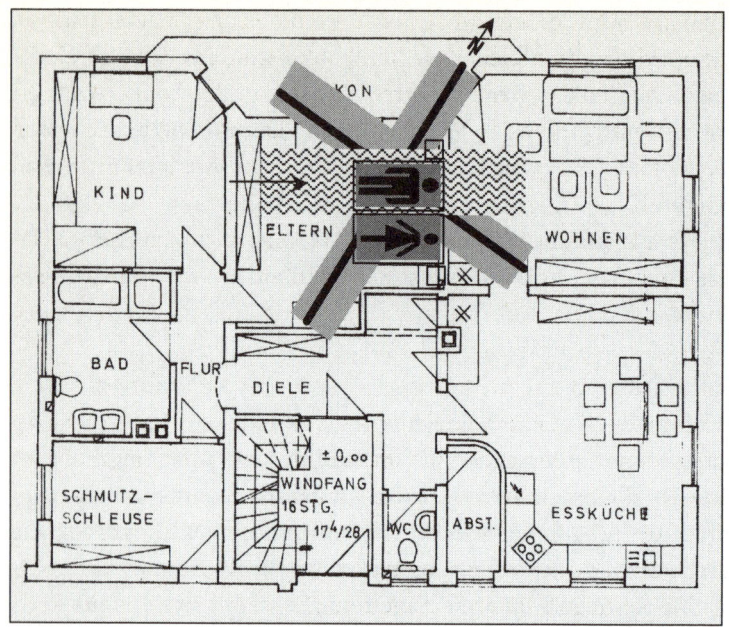

Planzeichnung mit pathogenem Schwerpunkt im Bett des schwer erkrankten Mannes.

ren Teil des Buches gewidmet. Herrn B. habe ich einen Schlafplatz im Keller empfohlen und der Ehefrau einen Platz im vormaligen gemeinsamen Schlafzimmer. Dem Vernehmen nach ging es ihnen später relativ besser.

Gehirntumor

Frau M. Z. aus der 140 Kilometer entfernten Stadt K. wollte unbedingt mich und keinen anderen Rutengänger engagieren. Dieses Vertrauen war für mich Verpflichtung. Nach Abschluss der Mutungen erklärte ich dem Ehepaar die außer Haus vorgefundenen und gekennzeichneten Reizzonen. An einer Hausecke stehend, wies ich darauf hin, dass sich einer der beiden pathogenen Schwerpunkte genau hinter der Innenwand befand. Es handelte sich dabei um den Kreuzungspunkt des Benker-Gitters, der eine sehr intensive Wirkung haben kann. Zudem würde der betroffene Raum durch die Reizzone einer Wasserader beeinträchtigt.

Das Ehepaar blickte sich sprachlos an. Auf meinen Hinweis, dass sie mich in ihr Geheimnis einweihen sollten, erklärte mir Frau Z., dass ihr Mann wegen eines Gehirntumors operiert worden sei und sich weiterhin in medizinischer Behandlung befinde. Da der Mann nicht länger als notwendig in seinem Bett schlafen wollte, wurde ich acht Tage später beauftragt, zwei angrenzende Grundstücke auf Erdstrahlen zu untersuchen. Das bessere davon wollten sie sofort kaufen und bebauen. Aus welchen Gründen auch immer, schließlich zog das Ehepaar einen Umzug in ein leeres Kinderzimmer vor. Laut Dankschreiben war zunächst eine Besserung eingetreten.

Lungenkrebs

Bei Frau K. S. hatte der Arzt vor über drei Jahren Lungenkrebs festgestellt. Noch nie in ihrem Leben hatte sie geraucht oder anderweitig Raubbau mit ihrer Gesundheit getrieben. Ihr Mann war schon seit mehreren Jahren wegen Krankheit aus dem Berufsleben ausgeschieden. Da dem Ehepaar meine Tätigkeit gut bekannt war, wollte es Erdstrahlen als Ursache für seine Krankheiten nicht ausschließen. Die Mutung ergab, dass sich das Ehebett genau innerhalb der Reizzone einer Wasserader befand. Risse an der Außenmauer des Hauses bestätigten dieses Ergebnis. Zudem stellte ich eine extreme Störung des Erdmagnetfeldes sowie andere Risikofaktoren fest. Dass sich das Schlafzimmer über dem Tankraum befand, machte das Maß voll. Nach

Verlegung der Betten in einen anderen Raum trat für das Ehepaar eine allgemeine Besserung ein. Die krebskranke Frau steht jedoch nach wie vor in ärztlicher Behandlung.

Herzkrank

Herr F. K. hatte mich auf ärztliches Anraten hin gebeten, das Schlafzimmer zu untersuchen. Es war ihm fast peinlich, einen Rutengänger damit zu beauftragen. Als ich ihn im Beisein seiner Ehefrau fragte, ob er herzkrank sei, schaute er mich überrascht an. Nun, manchen Menschen ist die Krankheit von den Augen abzulesen. Seine wirkten müde, und ich hatte richtig vermutet. Ich merkte, dass er mir vertraute. Das Untersuchungsergebnis hätte nicht schlechter ausfallen können. Quer über dem Ehebett verlief eine Reizzone infolge einer Wasserader, und das Ehebett stand im Kreuzungspunkt des Benker-Gitters. In diesem Fall gab es nur eine Lösung, den Standortwechsel in einen anderen Raum. Das Ehepaar folgte meinem Rat und dem Vernehmen nach geht es dem Mann besser.

Schwerkrank

Herr H. F. verständigte mich aus dem Krankenhaus in Regensburg. Er war dem Weinen nahe. Seit er mit der Familie im neuen Haus wohnte, wurde er kranker und kranker. Nachdem die Fachärzte nicht mehr weiter wussten, sei ich seine letzte Hoffnung. Ich versprach ihm, sofort nach seiner Entlassung aus der Klinik sein Wohnhaus zu untersuchen. Auf Krücken, dünn wie ein Strich und blass wie die Wand, empfing er mich zum vereinbarten Termin. Die Mutung ergab, dass sich das Bett direkt in der Reizzone einer wasserführenden Verwerfung befand, die quer unter dem Haus verlief. Die teilweise Unterspülung des Gebäudes war unübersehbar. Dass sich Herr F. auch auf der Couch im Wohnzimmer nicht wohl fühlte, kam daher, dass diese zur Schlafzimmerwand stand und damit wiederum innerhalb der Reizzone. Nach Umstellung des Bettes in einen anderen Raum erhielt ich einen Anruf, dass es mit ihm wieder aufwärts gehe.

Herzinfarkt

Frau A. R. hatte mich gebeten, ihr Wohnhaus nach Erdstrahlen zu untersuchen. Sie konnte es beim besten Willen nicht verstehen, warum ihr Mann plötzlich und ohne erkennbaren Grund verstorben war. Da die erwachsenen Kinder aus dem Haus waren, hatten sie ihr Schlafzimmer in einen neu renovierten Raum in das Obergeschoss verlegt. Der große Garten rund um das Haus bot mir ausreichend Platz, nach Wasseradern und Netzgittern zu muten. Nach Abschluss meiner Tätigkeit bat ich um den Grundrissplan und zeichnete mein Ergebnis in groben Zügen darin ein. Komisch, es gab nur einen sehr kritischen Punkt im Wohnhaus und ausgerechnet dort stand das Ehebett. Frau R. wollte es fast nicht glauben, es handelte sich um die Kreuzung zweier Wasseradern.

Krebstod

Elf Jahre hatte es bei E. D. gedauert, bis nach den ersten Schlafbeschwerden eine Krebskrankheit bei ihr zum Tode führte. Schon 1988 hatte ich festgestellt, dass sich das Ehebett innerhalb dem Nord-Süd-Streifen des Benker-Gitters und der Reizzone einer Wasserader befand. Zudem gab es noch eine ganze Reihe anderer Risikofaktoren, auf die ich später insgesamt eingehe. Jedenfalls waren diese meiner Meinung nach dazu geeignet, den Organismus zu belasten. Meine früheren Empfehlungen hatte das Ehepaar offenbar auf die leichte Schulter genommen. Da bekanntlich »steter Tropfen den Stein höhlt«, war eine

Verschlechterung nicht auszuschließen. Für den Ehemann bedeutete der frühe Tod der Ehefrau sicherlich eine zusätzliche Belastung.

Freitod

Frau A. S. verständigte mich über die unerklärlichen Kopfschmerzen sowie über das chronische Gelenkrheuma und die Gicht ihres Mannes. Wiederholt hatten sie bereits die Betten umgestellt, doch es war keine Besserung eingetreten. Sie waren sozusagen mit ihrer Weisheit am Ende. Die Untersuchung hatte ergeben, dass das Bett in der Reizzone einer Wasseraderkreuzung stand. Eine schnelle gesundheitliche Besserung konnte in dieser Situation nicht erwartet werden. Der Ehemann gab den Kampf gegen seine Beschwerden auf und suchte den Freitod. Einen ähnlichen Fall hatte ich in W. erfahren. Bei einer Hausuntersuchung hatte ich festgestellt, dass sich zwei Wasseradern im Nachbarhaus kreuzten. Der dortige Hausbewohner war nach Aussage meines Auftraggebers monatelang ruhelos die Wohnung auf und ab gegangen, bis er vor Erschöpfung in einem Sessel eingeschlafen sei. Sein Bett habe er gemieden wie die Pest. Einige Zeit danach habe er sich auf dem Dachboden erhängt.

Kindstod

Mit seinem kleinen Töchterlein (drei Monate) war das Ehepaar W. Z. zum Magnetiseur Dr. C. nach Holland gereist, um von ihm Heilung für das Kind zu erfahren. Mangels Muskelbildung konnte es seine Glieder nicht bewegen. Auf seine Empfehlung hin sollte ich den Schlafplatz des Babys untersuchen. Zunächst stellte ich fest, dass unter dem Haus zwei Wasseradern verliefen und das Bett der Mutter während der gesamten Schwanger-

Mauerriss infolge einer Wasserader; hinter der Hausmauer befindet sich ein Brunnen.

schaft unmittelbar im Kreuzungspunkt des Benker-Gitters gestanden hatte. Eine der vorgefundenen Wasseradern hatte in der Außenmauer des Hauses starke Risse verursacht.

Frau Z., die ich auf diesen Umstand angesprochen hatte, bestätigte meine Mutung und erklärte, dass sich im Innenraum (Wohnzimmer) ein alter Hausbrunnen befinde, der mit einem Holzdeckel verschlossen sei. Genau auf diesem Deckel hatte das Bett der Kleinen gestanden. Niemand kann der Frau wegen dieses Fehlverhaltens einen Vorwurf machen. Sie hatte wirklich alles getan, um das Kind zu retten, doch leider vergeblich. Vier Jahre später beauftragte mich das Ehepaar mit der Bauplatzuntersuchung für sein neues Wohnhaus. Die drei von mir richtig gemuteten Wasseradern wurden abgefangen und unterhalb der Garage in einen abgeteuften Brunnenschacht geleitet. Das Ehepaar hat heute einen gesunden Stammhalter, und das Familienglück ist vollkommen.

Krebshaus

Erinnern Sie sich noch an den Begriff »Krebshaus«? Frau M. E. wohnt in einem solchen Haus. Zwei vormals im Haus lebende Angehörige waren bereits an Krebs verstorben. Nachdem auch der Ehemann an Magenkrebs erkrankte und einer ihrer Söhne mit Kopfschmerzen geplagt war, bat sie mich auf Empfehlung ihres Arztes um eine Haus- und Schlafplatzuntersuchung. Es handelte sich um einen alten Bauernhof an einem leichten Abhang.

Meine Untersuchung begann weitab vom Haus und ohne die geringste Beeinflussung durch Hinweise von Frau E. Als ich ihr erklärte, dass ich zunächst nichts über das Haus und seine Versorgungsanschlüsse wissen will, war sie fast beleidigt. Als ich ihr jedoch erklärt hatte, dass ich mich durch nichts, aber auch gar nichts beeinflussen lassen möchte, verstand sie mich und ging ins Haus. Auf Grund der Größe des Gebäudes und des abzuschreitenden Umfeldes dauerte es ziemlich lange, bis ich zu einem Ergebnis kam. Nachdem ich der Frau außerhalb des Hauses den Lauf von zwei Wasseradern und die Schwerpunkte des Benker-Gitters erklärt hatte und sie mir dann den Gebäudegrundriss zeigte, war alles klar.

Die Krebsfälle lagen genau innerhalb bzw. unmittelbar neben den Reizzonen durch Wasseradern in Kombination mit den Kreuzungspunkten des Benker-Gitters. Ich war selbst überrascht und meinte: »Schlechter hätten Sie Ihre Schlafplätze nicht wählen können!« Darauf ihre vorwurfsvolle Antwort: »Genau diese Plätze hat uns ein Rutengänger vor einigen Jahren empfohlen!«

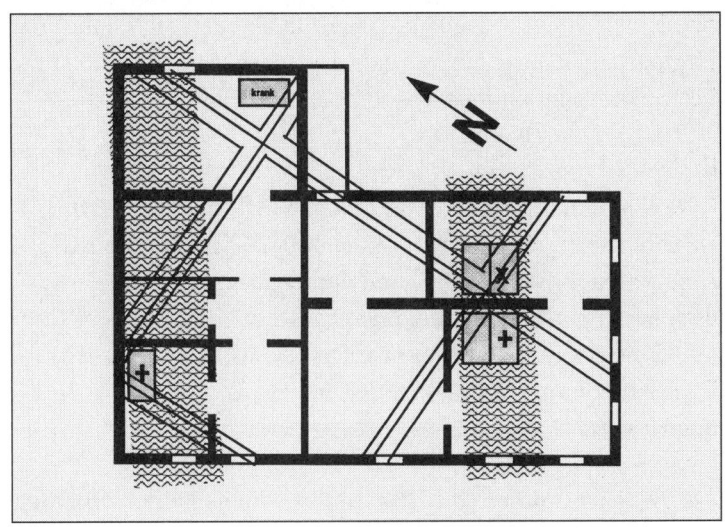

Reizzonenschwerpunkte (+/x) zeigen Plätze der Krebstoten und des Krebskranken.

Nachdem Frau E. mir das Wasservorkommen (früherer Brunnen)
unter dem Schlafzimmer bestätigte, gab es an meinem Ergebnis
nichts mehr zu rütteln. Sechs Wochen nach der Bettenumstel-
lung im Elternschlafzimmer und in den Kinderzimmern rief sie
mich an und erklärte, dass es der Familie besser gehe. Auch wolle sie meine weiteren Empfehlungen hinsichtlich physikalisch
bedingter Störfelder beachten. Es ist nicht auszuschließen, dass
mein »Vorgänger« diese missdeutet hatte.

Mit diesen Beispielen aus der Praxis wollte ich Sie keineswegs
verängstigen. Vielmehr wollte ich Sie davon überzeugen, dass
es sehr sinnvoll sein kann, sein Schlafzimmer auf Reizzonen
untersuchen zu lassen. Sie wissen ja, nur wer die Gefahr kennt,
kann ihr ausweichen oder sie verhindern. Die folgenden Angaben machen deutlich, dass nicht all unsere Betten im Reizzo-

nenbereich von Erdstrahlen stehen. Es handelt sich dabei um jüngste Zahlen aus meiner Praxis. Demnach waren von 100 Betten (Erwachsene und Kinder) wie folgt belastet:

- 26 Betten durch eine WA,
- 3 Betten durch eine WA-Kreuzung,
- 10 Betten durch eine WA und dem N-S-Streifen des BG,
- 8 Betten durch eine WA und dem O-W-Streifen des BG,
- 3 Betten durch eine WA und der Kreuzung des BG,
- 4 Betten durch die Kreuzung des BG,
- 16 Betten durch den N-S-Streifen des BG,
- 11 Betten durch den O-W-Streifen des BG.

(Bemerkung: WA = Wasserader, BG = Benker-Gitter)

Das bedeutet, dass von 100 untersuchten Betten lediglich 19 Betten frei waren von Reizzonen. Bei dieser Auflistung habe ich die Gitternetze nach Dr. Curry und Dr. Hartmann nicht berücksichtigt. Reizzonen durch Verwerfungen und andere Anomalien waren bei dieser auf 100 Betten begrenzten Untersuchung nicht festzustellen. Diese Zahlen sind natürlich nicht übertragbar, können aber als signifikant für die Schlafplatzsituation in der Bundesrepublik gelten. Immerhin hatte jedoch die große Mehrzahl der Auftraggeber in ihrer Annahme Recht, dass ihr Schlafplatz oder der ihrer Kinder infolge »Erdstrahlen« belastet sein muss.

Die Frage nach der Rangfolge (Intensität) der einzelnen Reizzonen kann ich Ihnen leider nicht eindeutig beantworten. Wie schon erklärt, kommt es dabei grundsätzlich auch auf die Dauer der Einwirkung derselben und die Konstitution der betroffenen Person an. Jedenfalls sind die von einigen Radiästheten angegebenen »Reizeinheiten« oder »Zählmethoden« individueller Natur. Um Ihnen dennoch einen Anhalt zu geben, würde ich so genannte Doppelzonen unter allen Umständen meiden. Hier ist egal, ob es sich um eine Wasserader- oder Gitternetzkreuzung oder um den Nord-Süd-Streifen des Benker-Gitters handelt. Ich betone diesen Streifen deshalb, weil er erfahrungsgemäß weitaus intensiver ist als der Ost-West-Streifen. Zudem möchte ich daran erinnern, dass es sich beim Netzstreifen des Benker-Gitters immer um eine Doppelzone handelt. Schließlich warne ich Sie davor, eine geologische Verwerfung zu ignorieren.

8. Kranke Ehefrauen werden oft fälschlich als Simulantinnen bezeichnet

Wissen Sie, was oftmals schwerer wiegt, als den krank machenden Wirkungen der Reizzonen und Störfelder ausgesetzt zu sein? Es ist das Desinteresse jener Männer, die ihre offensichtlich leidende Ehefrau als Simulantin oder gar Spinnerin bezeichnen und ihr nicht glauben. Ich kenne ein Dutzend solcher Fälle. Es waren immer Männer, die die Leiden ihrer Frau als Einbildung oder Hirngespinst bezeichneten. Gott sei Dank gibt es nicht allzu viele von dieser Sorte. Von drei Fällen möchte ich Ihnen jetzt erzählen.

Ehemann glaubte nicht an Tumor bei Ehefrau

Frau M. L. rief mich an und klagte über starke Schmerzen hinter dem rechten Auge. Mit ihrem Mann besaß sie ein kleines Häuschen am Waldrand. Das Haus war nicht unterkellert. Unmittelbar neben dem Gebäude befand sich ein Brunnen. Der Zulauf und damit die Wasserader verlief in geringer Tiefe unter dem Bett der Frau. Der desinteressierte Ehemann hatte sich während meiner Untersuchung im Garten »versteckt«. Nachdem

ich die Frau über die mögliche Gefährdung der Wasserader auf-
geklärt hatte, bat sie mich eindringlich, ihrem Mann zu sagen,
dass sie tatsächlich krank sei. Das tat ich auch und erhielt als
Antwort: »Meine Frau bildet sich die Krankheit nur ein!« Zwei
Jahre später las ich die Todesanzeige dieser allein gelassenen
Frau. Sie war an einem Tumor hinter dem Auge verstorben.

Preisgünstiger Gefallen für drängende Partnerin

Nach einem Vortrag sprach mich Herr R. T. an und wollte wissen, was eine komplette Haus- und Schlafplatzuntersuchung
durch mich koste. Nachdem ich ihm offenbar einen günstigen
Preis gemacht hatte, meinte er: »Sie sind unser Mann!« Er habe
nämlich einen Freund, der das Gleiche wie ich mache, doch dieser verlange dreimal so viel. Ihm selbst sei zwar jede Mark dafür zu schade, doch das ständige Drängen seiner Partnerin gehe ihm auf den Geist. Dieses Drängen war meiner Meinung nach
auch voll berechtigt. Ihr Bett stand in der Reizzone einer Wasserader und im Kreuzungspunkt des Benker-Gitters und war
von einer Reihe zusätzlicher Risikofaktoren beeinträchtigt. Der
Mann selbst war davon weniger betroffen, da er aus beruflichen
Gründen oft auswärts die Nacht verbrachte. Die Frau bat mich
eindringlich, im Untersuchungsprotokoll die Dringlichkeit der
empfohlenen Maßnahmen dick zu unterstreichen, da ansonsten
alles beim Alten bleibe.

Junge Ehefrau weinte sich im Bett aus

Der folgende Fall ist an Desinteresse und Dummheit kaum mehr
zu überbieten. Aus diesem Grunde berichte ich darüber etwas
ausführlicher. Frau H. F. hatte mich um einen Termin für eine
Schlafplatzuntersuchung gebeten. Ich war für längere Zeit ausgebucht, und ihr Fall schien nicht so dringend. Aus diesem

Grunde wollte ich sie später zurückrufen, um ihr einen Termin vorzuschlagen. Gesagt, getan. Am Telefon war ihr Ehemann. Als ich ihn auf die Vereinbarung für einen Untersuchungstermin ansprach, meinte er, dass er davon nichts wisse und ihn die Angelegenheit auch nicht interessiere. Ich kam mir im ersten Moment vor wie ein Hausierer. Nein, so nicht, dachte ich und gab ihm zur Antwort, dass ich meine Dienste niemandem aufzudrängen bräuchte, sondern seine Frau mich um Hilfe gebeten habe. Nur ungern holte er diese an das Telefon: Ja, sie wolle unbedingt meine Dienste beanspruchen.

Mich erwartete ein schönes Einfamilienhaus in einer neuen Wohnsiedlung. Herr F. legte vor dem Eingang Pflastersteine. Er erwiderte weder meinen Gruß noch blickte er von seiner Arbeit auf. Bei der Außenuntersuchung des Hauses machte ich einen Bogen um ihn, weniger wegen seiner »negativen Ausstrahlung« oder weil ich Angst vor ihm hatte, sondern um meine innere Ruhe zu bewahren. Nach Abschluss der Außenmutung erkannte ich anhand des Grundrissplanes, dass sich das Bett der Ehefrau direkt im Nord-Süd-Streifen des Benker-Gitters befand.

Im Ehebett stellte ich anschließend ein extrem hohes niederfrequentes elektromagnetisches Wechselfeld fest, auf das ich später eingehen werde. Da die Ursache nicht im Schlafzimmer zu finden war, musste sie im Kellerbereich sein. Was ich sah, war bislang einmalig. Statt an der Innenseite der Außenmauer war der Stromkasten für das Erdkabel an einer Zwischenwand angebracht. Die Zuleitung verlief an der Kellerdecke direkt unter dem Ehebett. So ein Schwachsinn, dachte ich und bat die Frau, ihren Mann zu holen. Nur widerwillig folgte er ihrer Bitte. Nachdem ich ihm mittels der kapazitiven Körperankopplung die hohen Werte an seiner Frau demonstriert hatte, stand er zunächst etwas ratlos da. Und dann kam der Hammer: Sein Lösungsvorschlag, das Bett zu erden, war an Dummheit nicht zu überbieten. Oder haben Sie schon einmal gehört, dass man Holz erden kann? Er wollte ganz einfach das Holzbett mit dem Erdungskontakt der Steckdose verbinden. Da er Elektriker sei, sei das für ihn kein Problem, meinte er. Damit hätte er beinahe die ganze Innung blamiert.

Meinen Hinweis, dass Holz kein Leiter sei und damit nicht geerdet werden könne, sah er schnell ein. Also gut, meinte er, dann bekomme seine Frau nachts ein Metallband um den Arm, das er erden wolle. Ich hatte genug von seinen Weisheiten. In meinem eigenen Haus hatte ich erfahren, was z. B. ein Blitzschlag infolge einer Überspannung anrichten kann. Für mich Beweis genug, dass er sich um die Gefährdung seiner Ehefrau keinerlei Gedanken machte. Dass das Kabel an der Hand während der Nacht auch hinderlich ist, kümmerte ihn ebenfalls nicht. Um meinem Ärger Luft zu machen, fragte ich ihn, warum er das Erdungskabel nicht gleich am Kopf der Ehefrau anbringen wolle. Damit könnte sie sich nachts wenigstens nahezu unbehindert nach allen Seiten drehen. Daraufhin verließ der Mann das Schlafzimmer und ließ uns alleine. Die junge Frau und angehende Mutter setzte sich auf den Bettrand und ließ den Tränen ihren Lauf. Gerne wüsste ich mehr über ihr weiteres Schicksal, doch meiner Aufgabe sind auch Grenzen gesetzt.

Diese drei Beispiele machen deutlich, dass es tatsächlich Ehemänner gibt, die sich auf gut Bayerisch einen »Dreck« um die Ängste und Gefühle ihrer Frauen kümmern. Aus der Erfahrung weiß ich, dass manche Männer offenbar eine ausgesprochene Robustheit haben, so wie der Baggerführer W. E. In meinem Beisein lachte er seine Frau aus und bezeichnete ihre Beschwerden auf Grund großer Schlafschwierigkeiten als Einbildung. Dass die Frau damit drohte, »auf und davon zu gehen«, ließ ihn unberührt. An dieser Stelle appelliere ich deshalb an alle Männer, die »Hilferufe« ihrer Frauen ernster zu nehmen. Die meisten Frauen haben ein untrügliches Gespür dafür, ob ihre Umgebung durch Reizzonen oder Störfelder beeinträchtigt wird. Ja, das so genannte »schwache Geschlecht« ist sensibler und empfindsamer. Von zehn Aufträgen für Haus- und Schlafplatzuntersuchungen erfolgen mindestens sieben von Frauen.

9. Tiere reagieren über Reizzonen unterschiedlich

Mir selbst ist kein Mensch bekannt, der sich auf Dauer über einer Wasserader, Verwerfung oder im Reizzonenbereich von Netzgittern wohl fühlt. Hier abgesehen von kurzen Aufenthalten an »aufladenden« Plätzen. Bei den Tieren verhält es sich offenbar anders. Unter ihnen scheint es so genannte Strahlensucher und Strahlenflüchter zu geben. Also Tiere, die sich über Reizzonen wohl fühlen und solche, die davor flüchten. Dieses Wissen hatten sich schon unsere Vorfahren zunutze gemacht. So war es Brauch, dass ein Bauherr Ameisen auf seinem Bauplatz aussetzte, um seine weitere Entscheidung von deren Verhalten abhängig zu machen. Begannen die Ameisen sich auf dem Bauplatz anzusiedeln, so wurde auf die Bebauung an dieser Stelle verzichtet. Verließen sie jedoch den Platz, dann war das ein sicheres Zeichen dafür, dass der Platz frei von Erdstrahlen war.

Ameisenhaufen waren es auch, die mich vor Jahren veranlassten, Dr. I. L. von der geplanten Bebauung eines Grundstückes abzuraten. Zudem hatte Dr. L. vorgesehen, das Kinderzimmer genau über einer offenen Wasserquelle zu planen. Herr L.

befolgte meine Empfehlungen bei der weiteren Planung und Bauausführung. Die Erkenntnis, dass Ameisen so genannte Strahlensucher sind, wird auch von Ameisenschutzvereinen bei der oftmals notwendigen Umsetzung der Völker berücksichtigt. Um das Volk nicht auseinander zu reißen, suchen Radiästheten schon vorab einen Standort mit Reizzonenkreuzungen.

Ein anderer Brauch zur Beurteilung des Bauplatzes war, Rinder oder Schafe auf dem Baugrund weiden zu lassen. Dort, wo sich die Tiere zur Ruhe legten, war mit Bestimmtheit auch ein guter Schlafplatz für Menschen. Heute ist bekannt, dass mit Ausnahme der Katze fast alle Haustiere Strahlungskonzentrationen möglichst meiden. Diese Tatsache wird insbesondere durch vielfältige Erfahrungen von Tierbesitzern bestätigt. Natürlich legen sich Katzen auch gerne auf die warme Ofenbank, in das Bett oder auf den Schoß. Deswegen gleich auf vorhandene Erdstrahlen zu schließen, wäre falsch. Zu den ausgesprochenen Strahlensuchern gehören vor allem auch verschiedene Insektenarten. So befinden sich z. B. Wespen- oder Hornissenwaben und Bodennester fast ausnahmslos in besagtem Reizzonenbereich. Als ich selbst 1981 mein derzeitiges Wohnhaus erwarb, war es eine meiner ersten Aufgaben, die Wespenwaben aus dem Dachboden zu entfernen. Diese befanden sich genau in der vertikalen Strahlung der quer durch das Haus verlaufenden Wasserader.

Mit der anschließenden Wärmeisolierung des Daches habe ich zugleich das Wespenproblem im Wohnhaus gelöst. Offenbar gefällt es diesen Tieren auf meinem Grundstück, denn exakt über einer weiteren Wasserader, die in den Brunnen mündet, bauen die Wespen ihre Waben in den Dachstuhl der Garage. Ferner befand sich heuer ein Wespennest unmittelbar an der Grundstücksgrenze über der Wasserader und ein weiteres im Komposthaufen. Im letzten Fall bevorzugten die Tiere offenbar den Nord-Süd-Streifen des Benker-Gitters nebst der Flächenstrahlung. Ein anschauliches Bild zeigen auch die oft unübersehbaren Mückensäulen und Ameisenwege über Reizzonenstreifen. Ich gebe zu, dass meine Tierliebe nicht so weit reicht, dass ich sämtliche Wespen und Ameisen auf dem Grundstück dulde. Und doch habe ich meine Freude daran, festzustellen, dass es sich um echte Strahlensucher handelt. Sie bestätigen zudem die vielen Mutungen von Rutengängern, für die mein Garten ein ausgezeichnetes Übungsgelände darstellt.

Reizzonen dienen den besagten Insekten zur Orientierung und Stimulierung, was gerade bei den Imkern längst erkannt und bei der Aufstellung von Bienenhäusern berücksichtigt wird. Dem Vernehmen nach sind Bienenvölker auf Reizzonen fleißiger als andere und erhöhen damit den Honigertrag. Laut Literatur erkranken Imker weniger an Krebs, weil sie öfter von Bienen gestochen werden. Umfangreiche Forschungen bestätigen zudem, dass z. B. Bienen auf elektromagnetische Felder von Freileitungen je nach Intensität mit Aktivität bis hin zur Selbstvernichtung reagieren. Auch hier bestätigt sich meine Beurteilung, dass die Erdstrahlung für Lebewesen als Reizung und künstliche elektrische Energie als Störung empfunden wird. Nachfolgend eine kleine Auflistung von Tieren, die Reizzonen suchen.

Strahlensucher

- *Katzen:* Einzige bekannte Haustiere, die Reizzonen suchen. Möglichst sogar Kreuzungen von Wasseradern, Verwerfungen oder Netzgitterstreifen. Wo die Katze gerne liegt, sollte der Mensch nicht schlafen.
- *Bienen:* Diese sind besonders fleißig, wenn sich ihre Stöcke auf Reizzonen befinden. Wo Bienen gedeihen, ist kein guter

Schlafplatz für den Menschen. Das Bienengift wird in der Medizin gegen verschiedene Krankheiten angewandt.

- *Wespen, Hummeln, Hornissen:* Ihre Waben oder Nester sind grundsätzlich im Bereich von Reizzonen zu finden. Normalerweise sind die Tiere friedlich und richten keinen Schaden an. Sofern sie bei ihrer Brut gestört werden, werden sie angriffslustig und aggressiv. Als Nützlinge sollten sie nur bei Gefährdung versetzt oder bekämpft werden.

- *Ameisen:* Sie suchen möglichst starke Reizzonen. Die Ameisenstraßen orientieren sich an tektonischen Strukturen. Die Ameisenhaufen befinden sich erfahrungsgemäß zudem auf einer Reizzone des Benker-Gitters. Das Volk selbst soll sich im Sommer im aufladenden Teil (+) und im Winter im abladenden Teil (–) aufhalten.

- *Forstschädlinge:* Dazu zählen z. B. Fichtenbock, Pappelbock, Laubholzprachtkäfer, Aspenbock, Maikäfer-Engerling, Prachtkäfer, Zangen-, Scheiben-, Hausbock, Rüssler und Würger, Blattroller und nicht zuletzt Bast-, Borken- und Splintkäfer. Sie alle bevorzugen gestörte Standorte wie z. B. Klüfte und Verwerfungen.

- *Heuschrecken:* Dem Vernehmen nach findet auf gestörten Standorten eine Massenvermehrung dieser Tiere statt.

- *Mücken:* Die tanzenden Mückensäulen findet man allgemein in Feuchtgebieten und insbesondere an Standorten mit einer veränderten Bodenstrahlung. Nach den Säulen lassen sich sogar Karten mit dem Verlauf von Reizzonen zeichnen.

- *Sonstige Strahlensucher:* Zugvögel während ihres Fluges, Wild beim Wechsel, Fledermäuse können Reizzonen orten, und selbst Schlangen und Frösche scheinen sich nach der Tektonik zu orientieren.

Laut meiner Erfahrung zählen auch Spinnen zu den Strahlensuchern. Dazu folgende Begebenheit: In meinem Haus verläuft der Nord-Süd-Streifen des Benker-Gitters in der Längsrichtung durch das Gebäude. Genau diesen Weg nehmen Jahr für Jahr einige Spinnen. Nein, sie gehen nicht um das Haus herum, sondern versuchen durch die Haus-, Dielen- und Wohnzimmertüre über einen kleinen Wintergarten ins Freie zu gelangen. Stellen Sie sich vor, Sie haben es sich im Wohnzimmer bequem gemacht. Ihre Aufmerksamkeit gilt dem laufenden TV-Film, vielleicht einem Thriller. Plötzlich bewegt sich in Ihrem Blickfeld eine langbeinige, fette, große Spinne. Es ist jedesmal das gleiche Erschrecken. Die Spinnen könnten doch ebenso gut in die Küche, in das Bad, Schlaf- oder Fremdenzimmer gehen. Es gibt also nur eine Erklärung, warum sie den geraden Weg durch das Haus vorziehen: Sie orientieren sich am Reizstreifen. Dass dieser, wie geschildert, schnurstracks durch meine Wohnung führt, kümmert diese Tiere nicht. Bemerkenswert ist auch, dass ihr Weg immer von Norden nach Süden führt.

Im Gegensatz zu den Strahlensuchern in der Tierwelt gibt es auch eine Menge Tiere, die Reizzonen meiden.

Strahlenflüchter

- *Kühe:* Der Erfahrung nach reagieren sie über Reizzonen mit einem schlechten Milchertrag, Euterentzündungen, großem Futterbedarf, hoher Empfänglichkeit für Infektionskrankheiten. Diese Reaktionen treffen fast ausschließlich auf Kühe im Stall zu.
- *Pferde:* Bei diesen sind häufiges Scharren, Verwerfen, Rheumatismus, Dämpfigkeit und ebenso eine starke Empfänglichkeit für Infektionskrankheiten zu beobachten. In diesem Zu-

sammenhang möchte ich Sie auch an die Geschichte vom Tod der zwei Pferde auf dem Reiterhof erinnern. Sie finden sie im Kapitel II/2 unter dem Stichwort »Tod von Reitpferden über einer Wasserader«.

- *Hühner:* Sie reagieren über Reizzonen häufig mit Augenentzündungen, sind unruhig, haben eine Abneigung gegen den Hühnerstall, legen ihre Eier im Freien und neigen sehr stark zu Infektionskrankheiten. Wohlgemerkt, hier handelt es sich um frei laufende Hühner.

- *Schweine:* Zu den Reaktionen zählen schlechtes Gedeihen, Gewichtsabnahme, Fortpflanzungsstörungen, Jungenfraß bei Sauen, hohe Ferkelsterblichkeit und häufige Infektionskrankheiten. Landwirte und Schweinezüchter kennen die Folgen aus Erfahrung.

- *Hunde:* Erfahrungsgemäß reagieren Hunde mit schlechtem Appetit, Abmagerung, Haarverlust, Kraftlosigkeit, Schwächung der Hüftgelenke, Arthrose, Infektionen. Mehr zum Verhalten von Hunden über Reizzonen weiter unten.

- *Vögel (allgemein):* Bei diesen sind bekannt: Nahrungsverweigerung, Unbeweglichkeit, Federnlassen, Infektionsanfälligkeit. Wenn Sie derartige oder andere Krankheiten bei Ihrem Wellensittich oder Kanarienvogel feststellen, dann stellen Sie den Käfig an einen anderen Platz.

- *Schwalben:* Diese bauen ihr Nest grundsätzlich nicht über Reizzonen. Ein altes Sprichwort sagt: Wo Schwalben nisten, schlägt der Blitz nicht ein. Diese Weisheit bezieht sich z. B. aber nicht auf den ganzen Stall, den Schwalben mit Vorliebe als Nistplatz wählen.

- *Tauben:* Sie haben ein ganz besonderes Gespür für Strahlungen und Wellen. Denken Sie dabei auch an Brieftauben. Noch bevor bei Erdbeben die Richterskala ausschlägt, haben

Tauben die Situation erfasst und verhalten sich höchst unruhig.

- *Störche:* Da diese Vögel kaum eine große Auswahl an Nistplätzen haben, kann es durchaus vorkommen, dass sich das von Menschen gebaute Nest über Reizzonen befindet. In diesem Fall muss ebenso mit negativen Folgen gerechnet werden.
- *Hoch- und Rehwild:* Das Haarwild verweilt nie längere Zeit über Reizzonen und meidet sie als Schlafplätze, bei Wildhasen als Sasse bezeichnet. Anders dagegen beim Wildwechsel, bei uns als »Rehsteige« bezeichnet. Diese entsprechen in der Regel dem Verlauf von Reizzonen.
- *Schnecken:* Forschungen haben ergeben, dass diese Tiere am empfindlichsten auf Strahlungen und Wellen reagieren. Daraufhin machte ich selbst die Probe und legte einige Schnecken in die Reizzone einer Wasserader. Von wegen Schneckentempo! Schneller als von ihnen gewohnt, verließen sie die Hauptzone.
- *Weitere Strahlenflüchter:* Meerschweinchen, Ratten, Siebenschläfer, Marder, Luchse, Kaninchen, Biber, Lemminge, Wiesel, Nerze.

Resümee: Außer den als Strahlensucher genannten Tieren würde kaum ein anderes Tier seinen Schlafplatz über Reizzonen wählen. Hunde scheinen dafür ein ganz besonderes Gespür (Instinkt) zu haben. Dazu drei Beispiele aus meiner Praxis:

Hund folgte nur widerwillig Befehl

Das Bett eines Bekannten stand der Länge nach nur zum Teil in der Reizzone einer Wasserader. Als nächtlicher Schlafplatz für seinen Schäferhund sollte eine Decke neben dem Bett dienen. Nur auf Befehl seines Herrn nahm der Hund auf dieser Stelle

Platz. Frühmorgens jedoch lag der Hund immer am Fußende des Bettes. Er hatte von sich aus den guten Platz gewählt. Sein Instinkt dafür war untrüglich.

Alte Hundehütte war »für die Katz«

Früher hatten Bauernhäuser häufig neben dem Hauseingang einen gemauerten Unterschlupf für den Wachhund. In einem solchen alten Haus hatte ich einmal festgestellt, dass dieser genau über einer Wasserader lag. Als ich den Hausherrn darauf aufmerksam machte, war ihm klar, warum der Hund nie in diesem Raum schlief. Folglich durfte sich dieser im Haus einen Schlafplatz suchen.

Batzi als Spürhund von Reizzonen

Unser Hund Batzi, ein Dackelmischling, den ich im Alter von sechs Wochen aus dem Tierheim geholt hatte, ist heute 13 Jahre alt. Ich behaupte, dass dieser noch keine drei Stunden auf einer Reizzone geschlafen hat. Da mir alle Zonen in Haus und Garten gut bekannt sind, weiß ich das mit Sicherheit. Das trifft ebenso auf den geschilderten Nord-Süd-Streifen des Benker-Gitters zu, den unser Hund grundsätzlich als Liegeplatz meidet.

10. Pflanzen als Anzeiger verschiedener Reizzonen

Nicht nur Menschen und Tiere reagieren auf Reizzonen, sondern auch Pflanzen. Von dieser Tatsache kann ich mich seit knapp 20 Jahren täglich aufs Neue überzeugen. Seit dieser Zeit habe ich nämlich bereits die dritte Generation an Obstbäumen gepflanzt. Anders ausgedrückt, die ersten Bäume wurden schon zweimal durch neue ersetzt. Wenn ich weiterhin meinen Ordnungssinn beibehalte, d. h. bei der Pflanzung immer den gleichen Abstand und die Ausrichtung vorziehe, dann werde ich wohl nie Freude an meinen Bäumen haben. Ich wollte einfach nicht wahrhaben, dass Bäume und Pflanzen bei vermeintlich gleichen Bedingungen unterschiedlich wachsen.

Stellen Sie sich einmal vor, Sie pflanzen zwei junge Apfelbäume im Abstand von vier Metern in Ihren Garten. Beide Bäume sind äußerlich gleich und haben dieselben Bedingungen bezüglich Boden, Klima, Licht, Luft und Wasser. Schon nach zwei bis drei Jahren können Sie dennoch starke Veränderungen im Wachstum der zwei Bäume erkennen. Während der eine Baum kerzengerade wächst und vielleicht auch schon erste Früchte trägt, zeigt der andere Wachstumsstörungen, Missbildungen und hat statt Fruchtholz nur Geiltriebe. Was ist die Ursache für dieses unterschiedliche Verhalten? Richtig, Erdstrahlen und ihre Wirkung auf Pflanzen, in diesem Fall auf Obstbäume!

Nach der zweiten Ersatzpflanzung und dem radiästhetischen Wissen von heute wandte ich mich an den Besitzer einer großen Baumschule. Auf meine Frage, ob er seine Kunden über die richtige Standortwahl von Obstbäumen hinsichtlich Erdstrahlen informiert, gab er mir zu verstehen, dass er diesen lieber den kaputten Baum ersetze, als ihnen die Situation zu erklären. Ihm selbst war jedenfalls bekannt, dass Erdstrahlen in der Regel eine negative Wirkung auf Obstbäume haben. Komisch, Gott und die Welt wissen darüber Bescheid, nur viele Gartenbesitzer haben davon keinen blassen Schimmer. Ich werde versuchen, Ihnen den Sachverhalt zu erklären und hoffe, dass Sie nicht den gleichen Fehler machen wie ich.

Zunächst ist es so, dass der von Ihnen gepflanzte Baum sprichwörtlich an einen Standort gebunden ist. Denken Sie an den Hund im Zwinger, die Muttersau im Stahlbügel, das Huhn in der Legebatterie, den Wellensittich im Käfig oder den Goldfisch im Aquarium! Alle fünf haben mit dem Obstbaum etwas gemeinsam. Sie befinden sich auf Gedeih oder Verderb auf dem vom Menschen gewählten Platz. Dadurch reagieren die Bäume auf Reizzonen gegebenenfalls mit verschiedenen Krankheiten oder Erscheinungen wie z. B.: Zwieselung, Geilwuchs, Drehwuchs, gebogenen Stämmen, extremer Wachstumsrichtung, schlechtem Gedeihen, Schütte, Krüppelwuchs, Kümmern, Kränkeln, Eingehen, Dürre, Erfrieren, Frostrissen, Gummi-Harzfluss, Rindenverlust, Rindenbemoosung, Fäulnis, verfrühtem Blattabfall, kleinen Früchten, Wucherung und nicht zuletzt mit Krebs. Derartige Reaktionen sind meist in Obstplantagen und -gärten zu beobachten. Dabei gilt der Apfelbaum als besonders anfällig. Hier liegt ohne Zweifel eine Fehlsteuerung des Wachstumshormons infolge gestörter bzw. veränderter Bodenstrahlung vor.

In meinem eigenen Garten kommen zu den vertikalen Erdstrahlen und der Flächenstrahlung noch eine hohe radioaktive Belastung auf Grund von Granit als Tiefengestein und extreme Vorkommen von Radon hinzu. Tat ich also meinem 10-jährigen Kirschbaum Unrecht, als ich ihn dieses Jahr zu Brennholz machte. Immerhin, ich hatte ihn vorgewarnt. Er war erstmalig voller Blüten und die Zierde im Garten. Da man mit Pflanzen reden sollte, hatte ich gedroht: »Wenn du heuer wie die Jahre zuvor keine Früchte bringst, sehe ich mich leider gezwungen, aus dir Brennholz zu machen!« Er konnte wohl nicht, worauf ich meine Warnung in die Tat umsetzte. Sollten auch Sie kein Glück mit Obstbäumen haben, dann wechseln Sie zunächst von Kernobst auf Steinobst. Wenn auch das nicht »fruchtet«, dann können wie bei mir Erdstrahlen die Ursache für die Wachs-

Der Krumm- und Geilwuchs sowie Pilze am Stamm deuten auf eine Wasserader hin.

tumsstörung der Bäume sein. Wie Sie selbst einen guten Schlafplatz brauchen, benötigt Ihr Baum eben einen guten Wachstumsplatz. Nun zu jenen Pflanzen, die über Reizzonen offenbar gut oder schlecht gedeihen.

Strahlensucher und Strahlenflüchter

– *Bäume:* Während Mammutbaum, Eiche, Weide, Kastanie, Ahorn, Lärche, Fichte sowie mehrheitlich die Tanne zu den Strahlensuchern zählen, gelten Birke, Liguster, Buche, Ulme, Rotbuche, Linde, Nussbaum, Platane, Kiefer sowie mehrheitlich Esche und Erle als Strahlenflüchter.
Obstbäume sind grundsätzlich gegen Erdstrahlen empfindlicher als Waldbäume. Vor allem Apfel, Pflaume, Aprikose, Pfirsich sowie Birne, Kirsche und Marille.

Links: Baum mit rechtsdrehenden Schwingungen steht im Elektrofeld (+) des Benker-Gitters.
Rechts: Baum mit linksdrehenden Schwingungen steht im Magnetfeld (–) des Benker-Gitters.

– *Sträucher:* Hier sind es Holunder, Haselnuss, Schlehe, Tollkirsche, die über Reizzonen gut gedeihen, während Flieder, Weinreben, Rosen sowie nahezu alle Beerensträucher negativ reagieren.
– *Zimmerpflanzen:* Von den Zimmerpflanzen sind Zimmerlinde, Asparagus und Philodendron nahezu als unempfindlich zu nennen. Dagegen reagieren Gummibaum, Azalee, Rhododendron, Kaktus, Begonie und insbesondere Weihnachtskaktus auf Reizzonen negativ.
– *Freiland-Zierpflanzen:* Während Goldrute, Johanniskraut, Feuerlilie und Wollziest als Strahlensucher bezeichnet werden, gelten Sonnenblume, Nelke, Rose, Primel, Veilchen, Ge-

ranie und Aster als Strahlenflüchter, d. h. sie sind erdstrahlenempfindlicher.

- *Kräuter:* Da es sich dabei meist um wild wachsende Pflanzen handelt, zählen sie auch grundsätzlich zu den Strahlensuchern. Ich nenne: Gänseblümchen, Klee, Löwenzahn, Fingerhut, Herbstzeitlose, Brennnessel, Distel, Farn, Minze, Gundelrebe, Efeu, Johanniskraut und Hirtentäschelkraut. Die Mistel ist nicht nur Schmarotzer, sondern auch Heilpflanze für den Menschen und den von dieser Pflanze befallenen Baum. Gänseblümchen und insbesondere verschiedene Kleesorten sind oftmals Wegweiser für Reizzonen. Dagegen gelten Alpenveilchen als strahlenempfindlich.
- *Getreide:* Ob Korn, Roggen, Gerste, Hafer, Weizen, Mais oder Zuckerrüben, es sind keine Strahlensucher bekannt. Ein Blick von oben auf ein Getreidefeld kann gewisse Strukturen von Reizzonen deutlich machen.
- *Gemüse:* Hinsichtlich Gemüse gibt es die unterschiedlichsten Meinungen. Die meisten Experten sind sich jedoch darüber einig, dass Tomaten, Bohnen und Erbsen als widerstandsfähig bzw. weniger empfindlich gelten. Dagegen reagieren Gurken, Sellerie, Karotten, Spargel, Rhabarber, Kartoffeln neben den verschiedenen Kohlarten über Reizzonen empfindlich.
- *Wasser anzeigende Pflanzen:* Dazu zählen: Schilf und schilfartiges Gras, Bambus, Seerose, Huflattich, Wasserdistel, Binse sowie Sumpfweide und nicht zuletzt Brunnenkresse.

Aus dieser Übersicht erkennen Sie, dass die Natur, besonders Wald und Garten, das beste Laboratorium für die Erforschung des Lebens ist. Sie hilft uns, viele Fragen der Radiästhesie in Bezug zum Lebewesen zu klären.

11. Blitzeinschlag erfolgt meistens über Wasseradern

Ein altes Sprichwort empfiehlt bei Gewitter: »Eiche weiche – Buche suche!« Ein anderes sagt: »Von Eichen sollst du weichen, von den Fichten flüchten, die Weiden meiden, von den Tannen rennen – aber die Linden finden oder die Buchen suchen!« Wer diesen Unsinn befolgt, lebt gefährlich! Wie erwähnt, zählt z. B. die Eiche zu den Strahlensuchern und die Buche zu den Strahlenflüchtern. Sollten Sie jedoch im Wald von einem Gewitter überrascht werden, dann vergessen Sie beide Empfehlungen. Suchen Sie sich vielmehr im freien Gelände eine Erdmulde, und gehen Sie darin in die Hocke. Noch sicherer sind Sie im Auto. Die Karosserie (Faradayscher Käfig) lenkt den Blitz von den Insassen ab.

Blitz sucht Kreuzungspunkt von Wasseradern

Der angebliche Schutz unter der Buche ist also keinen Pfifferling wert. Diese kann nämlich ebenso wie die Eiche auf einer Wasserader bzw. einer Kreuzung zweier Wasseradern stehen, lediglich mit dem Unterschied, dass sie im Gegensatz zur Eiche darauf schlechter wächst oder mit Wachstumsstörungen reagiert. Übrigens war die Eiche bei den alten Germanen dem Donnergott Thor geweiht. Aus dem Fichtelgebirge ist bekannt, dass Kinder bei einem nahenden Gewitter Haselnusszweige an der Haustüre befestigten. Auf diese Weise sollte das Haus vor Blitzeinschlag geschützt sein. Das widerspricht zwar der Kenntnis, dass die Haselnuss auf Wasser gut gedeiht, tat aber dem Aberglauben offenbar keinen Abbruch.

Rutengängern ist bekannt, dass Blitzeinschläge nur über zwei Kraftfeldern mit starkem Höhen- und Stärkeunterschied vor-

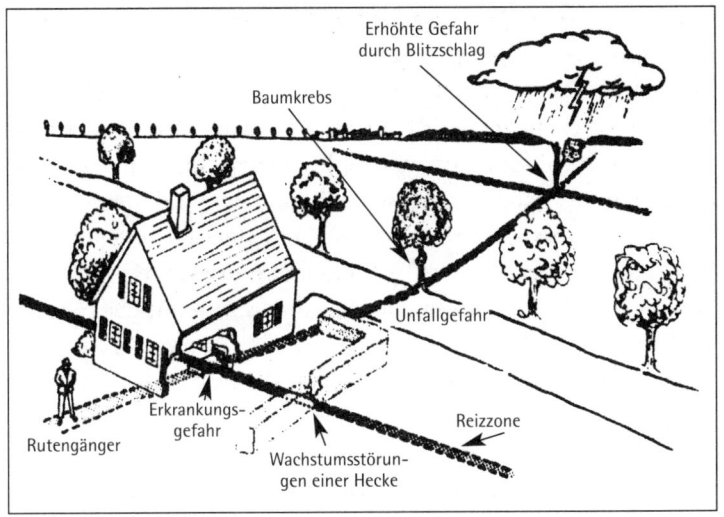

Folgen durch Reizzonen (z. B. Wachstumsstörung, Blitzschlag usw.).

kommen. Hohe Bäume, Gebäude, Schornsteine und Kirchtürme sind in der Regel nur dann blitzgefährdet, wenn sie über zwei sich kreuzenden Wasseradern stehen. Nicht jede Kreuzung ist jedoch eine Blitzeinschlagstelle. Nur dort, wo sich eine starke tief liegende Wasserader mit einer schwachen, flach unter der Erde liegenden Wasserader kreuzt, besteht diese Einschlaggefahr. Als Beispiel nenne ich ein Verhältnis von 25 Meter Tiefe für die eine und drei Meter für die andere unterirdische Wasserführung.

Mutung stimmte mit Blitzeinschlag überein

Im Rahmen meiner Tätigkeit wurde ich vor längerer Zeit von einer Frau aus W. angerufen. Sie war todunglücklich, weil in ihr neues Wohnhaus der Blitz eingeschlagen hatte. Ihre Sorge bestand darin, dass sich das beim nächsten Gewitter über ihrer Ortschaft wiederholt. Da keine unmittelbare Gefahr bestand, nahm ich den Untersuchungstermin erst in zwei Wochen wahr. Bis dahin war der Dachschaden repariert worden, und es gab keine äußeren Anzeichen, wo der Blitz eingeschlagen hatte. Ich fand das so in Ordnung, um ohne jegliche Beeinflussung meine Mutung durchführen zu können. Tatsächlich fand ich rund um das Haus zwei Wasseradern, die sich etwa einen Meter neben dem Kamin kreuzen mussten. Als ich die Frau auf diese Stelle hinwies, konnte sie das Ergebnis meiner Mutung nur bestätigen. Ich beruhigte die Frau, dass die Gefahr eines erneuten Blitzeinschlages sehr gering sei. Nach Rücksprache mit einem Elektromeister riet ich der Frau, einen Blitzableiter installieren zu lassen.

Gasthausbesitzer wurde vom Blitz erschlagen

In einem weiteren Fall aus meinem Erfahrungsschatz beziehe ich mich auf eine Erzählung aus meiner Nachbarschaft. Betrachten Sie es zunächst als Tatsache, dass es weit und breit keinen größeren Kastanienbaum gibt als den in unmittelbarer Nähe meines Grundstücks. Dieser steht nachweislich auf einer Wasserader, die am Grundstück vorbeiführt. Eine zweite läuft quer durch meinen Garten in den Brunnen. Neben dem Kreuzungspunkt hatte dem Vernehmen nach früher eine Kegelbahn gestanden. Als der Besitzer bei einem Gewitter vor das Gebäude getreten war, wurde er vom Blitz getötet. Dieser schlug also weder in den daneben stehenden Baum noch in das Gebäude, sondern traf den Mann auf dem Kreuzungspunkt der zwei Wasseradern.

In der Bundesrepublik kommen übrigens jedes Jahr 15 bis 20 Menschen durch Blitzschlag ums Leben. Wer Glück im Unglück hat, kommt mit Lähmungen, Gehirnschaden oder Verbrennungen davon. Jährlich entladen sich über Deutschland etwa 800 000 Blitze. Sie rasen mit 100 000 km/sec zur Erde und richten Schäden in Milliardenhöhe an. Aus meinem Kollegenkreis ist mir bekannt, dass Brandversicherungen in Zweifelsfällen auch Radiästheten zu Rate ziehen. Klar doch, dass derartige Aufträge völlig inoffizieller Art sind.

12. Mysteriöse Autounfälle infolge von Erdstrahlen?

Sicher kennen auch Sie einige Berichte von Autofahrern oder Unfallopfern über merkwürdige Vorfälle auf der Autobahn. Obwohl ich nicht zu den Betroffenen gehöre, möchte ich dieses Phänomen nicht ausklammern. Die Rede ist meist von bestimmten Straßenabschnitten, auf denen sich unerklärliche Unfälle häufen.

Einer dieser Abschnitte befindet sich den Berichten nach auf der A 3 in Richtung Köln. Vor einem Rastplatz liegt neben einem braunen Kreuz ein Kranz. Die Eltern des tödlich verunglückten A. T. haben ihn als äußeres Zeichen ihrer Trauer, aber auch zur Warnung anderer Autofahrer dort niedergelegt. Dem Vernehmen nach sind an dieser Stelle im Zeitraum von zwei Monaten 16 Unfälle passiert. A. T. kann den Unfallhergang nicht mehr erklären. Doch ein hinter ihm fahrender Zeuge erinnerte sich und schilderte aus seiner Sicht den Vorfall. Demnach war der Verunglückte auf der schnurgeraden Strecke völlig unauffällig gefahren. Plötzlich war das Auto ins Schleudern geraten, von der Straße abgekommen, hatte sich mehrmals überschlagen und fing an zu brennen.

Bei den nachfolgenden polizeilichen Untersuchungen wurden keinerlei technische Mängel festgestellt. Die eigentliche Ursache ist bis heute unbekannt. Ähnliches passierte vor drei Jahren auf der Bundesstraße 109 bei Anklam (Mecklenburg-Vorpommern). Einer von vielen bekannten Fällen auf unseren Straßen. Innerhalb weniger Sekunden verrissen drei Autofahrer das Steuerrad. Folge: Zwei Tote und vier Schwerverletzte. Derartige mysteriöse Unfälle sind also keine Seltenheit. Überlebende sprechen vielfach davon, dass das Lenkrad wie blockiert war, der Wagen wie von Geisterhand zur Seite gezogen wurde oder einfach ausscherte. Auch von unerklärlichem Reifenplatzen oder Instrumentenausfall ist die Rede.

Ein Strahlenforscher, der seit mehreren Jahren unfallträchtige Autobahnabschnitte untersucht hatte, kam zu dem Schluss, dass oftmals Erdstrahlen die Unfallursache sind. Diese Erklärung wurde nach einer groß angelegten Untersuchungsaktion durch zehn Rutengänger bestätigt. Demnach waren an den untersuchten Stellen ungewöhnlich hohe Aufkommen von Erdstrahlen festgestellt worden. Ohne auf die angeblich plötzlichen Defekte des Autos auf Grund von Erdstrahlen eingehen zu wollen, stellt sich die Frage: Wie kommt es zu diesem ungewollten Ausbrechen vieler Autos? Erfolgt das durch den so genannten Sekundenschlaf? Da dieser vielen Menschen nicht unbekannt ist, schließe ich diese Möglichkeit nicht aus. Tatsächlich dauert dieser oftmals nicht länger als den Bruchteil einer Sekunde. Bei Tempo 120 und/oder höher genügt dieser Augenblick, um die Kontrolle über das Fahrzeug zu verlieren.

Eine andere Ursache kann natürlich auch eine plötzlich auftretende Reizzone sein. Ich denke dabei an eine besonders starke unterirdische Wasserführung. Erinnern Sie sich dabei an die radiästhetischen Mutungen vom Flugzeug aus? Das Stichwort heißt »Zweiter Weltkrieg«; siehe Kapitel II/1 »Geschichte des Rutengehens: Ein Überblick«. Ich selbst habe z. B. auch schon von einem Boot im Neunburger Stadtpark aus unterirdische Wasserläufe gemutet. Dass es ebenso vom Auto aus geht, ist keine Frage. Und nun folgende Überlegung: Sie fahren auf der Autobahn. Es gibt nichts, was Ihre ganz besondere Aufmerksamkeit und Konzentration erfordert. Ruhig und entspannt halten Sie das Lenkrad. Vielleicht sind Sie mit den Gedanken schon daheim oder an einem anderen Zielort. Ohne dass es Ihnen bewusst ist, werden Sie seit dem Fahrtantritt mit ziemlich starken niederfrequenten Streufeldern infolge des Zündvorgangs im Motor bestrahlt. Von der elektrostatischen Aufladung der Luft im Auto ganz zu schweigen. Ahnungslos überfahren Sie die Reizzone einer starken Wasserader. Ihr Organismus wird urplötzlich mit einer zusätzlichen Reizung des Nervensystems konfrontiert. Es ist, als ob Sie einen »elektrischen Schlag« bekommen. Wer möchte in dieser Situation ausschließen, dass es dabei nicht zu einer unkontrollierten Reaktion kommt? Aus radiästhetischer Sicht ist es also durchaus möglich, dass eine extrem starke Reizzone einen Unfall auslösen kann. Doch wie auch immer, seltsam ist auf alle Fälle, dass viele dieser unerklärlichen Unfälle meist auf geraden Strecken passieren. Also dort, wo Sie sich in der Regel bequem zurücklehnen und entspannen können. Ich bezweifle jedoch, dass Erdstrahlen die Lenkung oder Bremse im Auto blockieren, einen Reifen platzen lassen oder die elektrische Anlage lahm legen.

IV. Die Wissenschaft vom kostbaren Nass

1. Hydrogeologie: Erfahrungen bei der Brunnenmutung

Unter Hydrogeologie versteht man die Wissenschaft bzw. Lehre von den Erscheinungen des Wassers in der Erdkruste, d. h. des Wassers, das sich unterirdisch innerhalb durchlässiger Schichten (Wasserträgern) bewegt und bis zu undurchlässigen Schichten (Wasserstauern) absinkt. Darf ich Sie in diesem Zusammenhang an mein in Kapitel III/1 unter dem Stichwort »Wasserader« vorgestelltes Experiment mit den Gläsern erinnern? Wasser ist also auf Grund seiner besonderen chemischen und physikalischen Eigenschaften ein sehr unruhiges Element. Ständig ist es auf Wanderschaft, nie kommt es zur Ruhe. Es bedeckt drei Viertel der Erdoberfläche. Wie kommt aber das Wasser in den Untergrund, und wie verhält es sich dort? Ich möchte diese Fragen so einfach wie möglich beantworten. Die Hauptmasse des auf der Erde vorhandenen Wassers befindet sich in den Weltmeeren. Infolge Verdunstung gelangen große Wassermengen in die Atmosphäre, bilden Wolken und fallen in Form von Regen, Schnee oder Nebel wieder auf die Erde. So beträgt z. B. die Niederschlagsmenge in Bayern 70 Mrd. m³/Jahr oder rund 6000 m³ je Einwohner. Die weitere Bewegung des Wassers ist sehr vielfältig. Sie vollzieht sich in Abhängigkeit von der Beschaffenheit der Erdoberfläche und dem Aufbau des Untergrundes. Handelt es sich beispielsweise um wenig poröse Böden mit Gefälle, dann wird ein beträchtlicher Teil des Wassers, dem Gefälle folgend, in Bäche, Flüsse und Ströme und Meere fließen. Von dort beginnt der erwähnte Kreislauf von neuem. Das von Niederschlägen herrührende Wasser (Grundwasser) sowie das Sickerwasser nennt man vadoses Wasser. Dieses Adjektiv kommt aus dem Lateinischen *(vadosus)* und heißt »seicht«.

Bekanntlich haben es Rutengänger und Geobiologen mit dem versickernden Wasser bzw. Sickerwasser zu tun, das sich innerhalb der Erdschichten bewegt und unter Druck steht. Dieses Wasser dringt zunächst in die oberen Bodenschichten ein und versucht infolge der physikalischen Schwerkraft seinen Weg nach unten beizubehalten. Dabei wird es vielfach gehemmt oder behindert. Wie bei meinen Experimenten erwähnt, hängt die Geschwindigkeit, mit der das Wasser versickert, vom Porenvolumen und dem Widerstand der Bodenschichten ab, die das Wasser durchwandert. Dieses Porenvolumen ist die Summe aller Hohlräume, die der Boden innerhalb einer Raumeinheit aufweist. Um die weitere Beschreibung nicht »ausufern« zu lassen, gilt in Kurzform Folgendes:

Die Wasseraufnahmefähigkeit des Wasserträgers (z. B. Sand, Kies) ist umso größer, je feinkörniger das Material ist; in diesem Falle also Sand. Bei diesem Material erfolgt also der Versickerungsvorgang langsam. Dagegen ist die Fließgeschwindigkeit des Wassers umso größer, je grobkörniger das Material ist; hier also Kies. Es ist also eine Frage des Bodenmaterials, wie viel Wasser es speichert und wie schnell es bis auf den Wasserstauer absinkt. Dieser kann z. B. aus Lehm, Ton oder festem Gestein bestehen. Auf dem Wasserstauer sammelt sich das Wasser bis zu einer bestimmten Höhe an. Sofern es sich um ein Grundwasserbecken handelt, verharrt es so lange, bis sich dieses gefüllt hat, um dann seitlich auf der wasserundurchlässigen Schicht abzufließen oder auf neuen Wasserträgern in noch tiefere Schichten abzusinken. Je nach Tiefe kann dieser Vorgang unter Umständen 100 Jahre und mehr dauern.

Das Grundwasser ist allgemein in ständiger Bewegung und presst sich unter natürlichem Druck durch die Wasserträger hindurch. Dieser Vorgang der Wegbahnung darf nicht verwechselt werden mit dem oberirdischer Wasserläufe. Vielmehr sickert es langsam durch poröses Bodenmaterial, verläuft hin und wieder in einer Bodenspalte und tritt dann und wann auch mal als Quelle in Erscheinung. Der Rutengänger sucht aber nicht die Quelle, sondern in der Regel entweder ein Grundwasserbecken oder einen unterirdischen Wasserlauf, den ich in diesem Buch einfachheitshalber immer als Wasserader bezeichnete, korrekt und dem Duden gemäß. Es versteht sich von selbst, dass tieferes Grundwasser sauberer ist als weniger tiefes. Ein weiteres Kriterium ist die zu mutende Menge, sprich die Schüttung. Um die Sache nicht unnötig zu komplizieren, verzichte ich auf die Erläuterung der Begriffe links- und rechtsdrehendes Wasser. Nur so viel: Letzterem wird eine heilende Wirkung nachgesagt.

2. Bohrlochmutung: Tiefe und Schüttung

Bei der Suche des Bohrpunktes für einen Brunnen (Schacht-, Rohr- oder Schlagbrunnen) gehen Sie wie folgt vor: Muten Sie zunächst wie bereits erklärt die beiden Hauptzonen einer starken Wasserader. Nehmen wir an, dass diese einen Abstand von zweieinhalb Metern haben. Die Schwerpunktzone muss nicht unbedingt genau in der Mitte der beiden Hauptzonen liegen. In der Regel ist sie nämlich von der Schwer- oder Fliehkraft des Wassers abhängig. Sie kennen diese Situation von einem oberirdischen Bach oder Fluss. Bei einer Linkskurve ist das rechte, bei einer Rechtskurve das linke Ufer »ausgeschwemmt«. Haben Sie es mit einer gerade laufenden Wasserader zu tun, dann liegt die Schwerpunktzone meist genau in der Mitte. Um sich davon zu überzeugen, stellen Sie sich mit dem Gesicht entgegen der Fließrichtung auf eine der beiden Hauptzonen. Konzentrieren Sie sich mental auf die Schwerpunktzone der Wasserader, und gehen Sie seitwärts von einem zum anderen »Ufer«. Etwa in der Mitte werden sich die beiden Winkelruten überkreuzen. Diesen Punkt markieren Sie und machen das Gleiche von der anderen Seite. Markieren Sie auch diesen Punkt des Ausschlages, der nicht unbedingt mit dem ersten übereinstimmen muss. In der Mitte der beiden Schwerpunkte wäre in diesem Fall der optimale Bohrpunkt. Noch besser wäre es, einen Bohrpunkt über zwei sich kreuzenden Wasseradern zu muten. Dazu ein Fall aus meiner Praxis: mein allererster Brunnen vor über 12 Jahren.

Benker-Streifen mit Wasserader verwechselt

Herr H. W. bat mich, landläufig ausgedrückt, um eine »Brunnensuche«. Sein Haus stand umgeben von Waldbäumen in einem großen gepflegten Garten. Mein Auftraggeber bat mich, ihm zu folgen, um mir die Stelle zu zeigen, wo er gerne den Brunnen hätte. Noch heute muss ich über diesen Wunsch lächeln. Daraufhin erklärte ich ihm, dass die Abteufung (Bohrung, Grabung) nur über der Wasserader erfolgen könne. Dagegen könne er die spätere »Entnahmestelle« überall installieren. Mit einem »Okay« zeigte er sich erleichtert. Dem Grundstück schloss sich in Richtung Norden ein leichter Hang mit einem großen Niederschlagsgebiet an. Dieser Umstand kam mir sehr gelegen. Ich nahm an einer Hausecke »Stellung« und durchschritt von Osten nach Westen den Garten. In der Nähe der von Herrn W.

Der Brunnen als Wasserspender für allgemeine Wässer hilft Trinkwasser einzusparen.

gewünschten Stelle mutete ich tatsächlich eine Wasserader. Als Tiefe ortete ich maximal drei Meter. Obwohl ich vorher noch nie Derartiges gemacht hatte, war ich mir sicher. Den Ausschlag dazu gab ein Nadelbäumchen (Kiefer) am Waldrand, das ohne erkennbaren Grund rote Nadeln hatte. Herr W. markierte meinen Bohrpunkt und überraschte mich mit dem Hinweis, dass mein Bohrpunkt von dem eines anderen, erfahrenen Rutengängers um einige Meter abweiche. In dieser Situation heißt es, entweder sich zu behaupten oder beizugeben. Als Neuling wählte ich die dritte Möglichkeit, den Kompromiss. Die Wasseradern meines »Kollegen« liefen im Abstand der Hausmauern von Osten nach Westen und meine von Norden nach Süden. Nichts einfacher als das, also verlängerten wir beide Bohrpunkte und einigten uns auf einen »Kreuzungspunkt«. Mit einem Schulterschlag war meine Aufgabe bezahlt und erledigt.

Wenige Monate später bemerkte ich, dass die Familie W. mit Gästen ein Gartenfest feierte. Höchste Zeit, dachte ich und beschloss, mich von der Existenz des Brunnens zu überzeugen. Herr W. kam freudestrahlend auf mich zu und sprach mir vor allen Leuten ein dickes Lob aus. Er führte mich an den Kreuzungspunkt und erklärte mir, dass er bereits in zweieinhalb Metern auf Wasser gestoßen und auf Grund der Menge im Loch beinahe ertrunken sei. Mich interessierte jedoch mehr die Richtung und wer nun Recht gehabt hatte. Seine Antwort: »Du hattest Recht, das Wasser kam vom Nordhang runter«, erfüllte mich mit Stolz. Bezüglich der Fehlmutungen meines »Kollegen« hatte ich einen Verdacht, der sich bei einer Nachuntersuchung bestätigte.

Das Wohnhaus war knapp 10 Meter breit, und mein Vorgänger hatte genau an den Außenmauern je eine »Wasserader« gemutet. Ahnen Sie etwas? Wie gesagt, die Längsseiten des Hauses verliefen von Osten nach Westen. Schnurgerade in dieser Richtung hatte der »Kollege« Wasseradern gemutet, die gar keine waren. Richtig, es handelte sich um die Ost-West-Streifen des Benker-Gitters. Ältere, unwissende Rutengänger bezeichnen diese Streifen auch als »Trockenadern«, was ganz einfach falsch ist. Es war keine Schadenfreude, wenn ich mich über meine als richtig erwiesene Mutung freute. Dieses Beispiel zeigt, dass man nicht nur aus eigenen, sondern auch aus den Fehlern anderer lernen kann. Doch zurück zu unserem Bohrpunkt.

Tiefenbestimmung

Natürlich wollen Sie und vor allem Ihr Auftraggeber die Tiefe der Wasserader wissen. Immerhin sind damit enorme Kosten verbunden. Überhaupt erscheint mir die Tiefenbestimmung das schwierigste Unternehmen der ganzen Sache zu sein. Ich kann Ihnen nur empfehlen, zu üben und nochmals zu üben. Lernen

Sie zunächst das Muten einer bestimmten Tiefe bei sichtbarem Wasser, z. B. auf einer Brücke. Es muss nicht gleich die Donau-, Rhein- oder Mainbrücke sein. Stellen Sie sich also mit der Wünschelrute auf die Brücke und muten Sie die Tiefe bis zum Wasserspiegel. Bei Brunnenmutungen ist es auch vorteilhaft, bis auf den Grund, d. h. den Wasserstauer, zu muten. Bei großen Tiefen können Sie die Zählung der Meter abkürzen, indem Sie z. B. fragen: »Liegt die Wasseroberfläche tiefer als 10 Meter?« Sollte das der Fall sein, werden sich die Ruten überkreuzen, also bejahen. Natürlich geht das auch mit jeder anderen Tiefenvorgabe. Sie wissen doch, nur auf eine eindeutige Frage erfolgt eine klare Antwort! Zur Nachkontrolle nehmen Sie z. B. ein 20-Meter-Maßband oder eine Schnur, woran Sie einen Stein oder ein Pendel befestigen, und messen die genaue Tiefe. Zuvor sollten Sie sich darüber klar sein, ob Ihre Maßangabe bei der Mutung ab Höhe der Hände oder der Schuhe erfolgt. Ich schlage Ihnen die Schuhe, also den festen Boden, vor. Diese Festlegung ist wichtig, weil bei einer »Brunnenmutung« oftmals 50 Zentimeter und weniger von Entscheidung sind.

Wenn Sie bei der Tiefenbestimmung über sichtbarem Wasser fit sind, erkundigen Sie sich in der Nachbarschaft nach einem Brunnen. Um sich zu »eichen«, können Sie beim ersten Versuch durchaus nach der Tiefe fragen. Gehen Sie mit der Rute vor oder auf dem Brunnen in Position und lassen Sie sich die Angabe durch die Mutung bestätigen. Beim zweiten und weiteren Brunnen sind Sie nun selbst gefordert. Bedenken Sie, in der Ruhe liegt die Kraft! Stellen Sie sich neben den Brunnen und konzentrieren Sie sich auf die Tiefe bis zum Wasserspiegel, wie Sie es auf der Brücke gelernt haben. Später können Sie immer noch die Tiefe des Brunnens, sprich nach dem Brunnengrund (Wasserstauer), muten. – Sie sind entspannt und labil, Ihre beiden Arme sind angewinkelt, und die Wünschelrute (z. B. Winkelruten) zeigt parallel und leicht geneigt nach vorne. Ihre Frage nach der Höhe des Wasserspiegels wartet auf Antwort. Mit jedem Meter, den Sie zählen, steigen Sie gedanklich je eine »Sprosse einer Leiter« in den Brunnenschacht. Im Geiste sehen Sie die Wasseroberfläche, und mit jedem Schritt kommen Sie dieser näher. Beginnen Sie jetzt, und zählen Sie langsam. Eins, zwei, *drei,* Sie spüren die Bewegung der Ruten, die sich langsam überkreuzen, und Sie bekommen, ob Sie es glauben oder nicht, »nasse Füße«, bevor Sie die Zahl vier aussprechen können. Die Tiefe von der Erdoberfläche bis zum gemuteten Wasserspiegel im Brunnen wäre demnach knapp vier Meter. Wie schon erwähnt, können Sie die Antwort auch mit Vorgaben abfragen. Wichtig ist, dass es funktioniert. Ebenso sollten Sie bis an den Brunnengrund muten, was für die spätere Praxis das Wichtigste ist.

Statt die Metertiefe abzuzählen, können Sie auch die so genannte Bischofsmethode wählen. Dazu stellen Sie sich auf die vorher beschriebene Schwerpunktzone und konzentrieren sich auf die Tiefenbestimmung. Von dieser Stelle aus gehen Sie nun in die verschiedensten Richtungen, bis sich Ihre Ruten überkreuzen. Markieren Sie diese Punkte, die am Ende einen regelrechten Kreis bilden. Damit haben Sie zugleich eine Kontrollmöglichkeit für die vorhergegangenen Ausschläge. Der Radius dieses Kreises bedeutet nach der Bischofsregel zugleich die Tiefe der Wasserader. Eine weitere Methode zur Tiefenbestimmung ist die Mutung der bereits erwähnten Ankündigungszone über einer Wasserader. Diese Zone liegt außerhalb der Hauptzone. Die Entfernung der Ankündigungszone bis zur Schwerpunktzone ist in diesem Falle zugleich die Tiefe. Sie sehen also, es gibt verschiedene Methoden, um ans Ziel zu kommen. Welche für Sie die richtige ist, sollten Sie selbst herausfinden.

Sobald Sie die Tiefenbestimmungen bei bestehenden Brunnenanlagen erfolgreich geschafft haben, gehen Sie ins freie Gelände, und probieren Sie Ihre erworbene Kunst über Wasseradern. Sie wissen doch, Übung macht den Meister. Doch halt, da fehlt doch noch etwas! Richtig, mit welcher Schüttung (Wassermenge) kann Ihr Auftraggeber überhaupt rechnen? Es ist ja wohl ein erheblicher Unterschied, ob wir einen Hausbrunnen oder einen Brunnen für eine Eisdiele oder einen anderen Großverbraucher muten.

Schüttung

Um die Menge der Schüttung zu muten, benutzen Sie am besten die Zählmethode, z. B. Liter pro Sekunde. Wie bei der Maßangabe für Meter müssen Sie auch bei einer Literangabe eine feste Vorstellung haben. Wenn es sich um eine schwache Wasserader handelt, werden Sie allerdings mit dieser Zählweise Pech haben. Die Ruten müssten sich hier bereits bei eins überkreuzen. Um dennoch zum Erfolg zu kommen, können Sie die ganze Sache auf folgenden Nenner bringen, wie das ein Kollege von mir macht. Gesetzt den Fall, Ihr Auftraggeber benötigt eine Wassermenge von fünf Litern pro Sekunde. Der spätere Brunnen sollte aus Kostengründen nicht tiefer als 15 Meter abgeteuft werden, und das Wasser sollte zudem eine relativ gute Qualität haben. Dieser Mann ist ganz schön anspruchsvoll, werden Sie sagen. Es wäre ein sehr zeitaufwändiges Unternehmen, in diesem Falle die drei Kriterien der Reihe nach zu erfüllen. Deshalb fassen Sie diese wie folgt auf eine Fragestellung zusammen: »Ich suche bis in 15 Meter Tiefe eine Wasserführung mit fünf Liter pro Sekunde gutem Wasser!« Diese Vorgaben »speichern« Sie in Ihrem Gedächtnis ab und marschieren los. Damit ich es nicht vergesse: Achten Sie bei Ihrer Tätigkeit auch auf Naturmerkmale wie Zeigerpflanzen oder das Verhalten von Tieren. Sie können Ihnen eine große Hilfe sein! Ich erinnere kurz an Kapitel III/9 und 10.

3. Erfolgreiche Wassermutung für »Kneippanlage«

Wie Sie schon gelesen haben, bin ich Mitglied einer großen Organisation für Geobiologie. Zudem war ich lange Jahre Leiter einer der größten Bezirksgruppen dieses Verbandes. Mein Aufgabenbereich beinhaltete u. a., Vorträge, Schnupperkurse, Weiterbildungsmaßnahmen und Exkursionen zu organisieren und durchzuführen. Über die schönste und interessanteste dieser Veranstaltungen möchte ich Ihnen jetzt berichten.

Meine Heimatstadt hatte vor, im Freizeitzentrum eine Kneippanlage, oder besser gesagt, ein »Wassertretbecken mit Armbadeanlage« zu errichten. Die Kosten der Anlage waren damals auf rund 35 000 Mark geschätzt worden. Das Wasser dazu sollte aus der zentralen Trinkwasserversorgung entnommen werden. Warum eigentlich ein hygienisch einwandfreies Trinkwasser? Nein, mir persönlich war das kostbare Nass zum »Füßewaschen« für Fremde und Einheimische zu schade. Ebenso hatte ich als Kommunalpolitiker dafür kein Verständnis. Deshalb schlug ich der Verwaltung vor, gemeinsam mit Kollegen am Standort der geplanten Anlage einen Bohrpunkt für eine Brunnenabteufung zu muten. Bürgermeister Josef Manlik, von Freunden kurz »Sepp« genannt, ließ sich davon überzeugen und stimmte meinem Vorschlag zu. Weiter erklärte er sich bereit, die Bohrkosten für diese »Fortbildungsmaßnahme« zu übernehmen und versprach allen Teilnehmern auf meine Bitte hin eine kleine Belohnung. Dass diese sich als äußerst großzügig erwies, werden Sie weiter unten noch lesen.

Insgesamt 25 Rutengänger aus Bayern waren meiner Einladung gefolgt. Vor dem Unternehmen »Bohrpunkt Kneippanlage« wurden die Teilnehmer tags zuvor von mir in ihre Aufgabe eingewiesen. Dazu gehörten neben einer Geländebegehung ein Kurzvortrag über die Geobiologie, die Einweisung in den Schulungsablauf, wichtige Hinweise zur Hydrogeologie und damit auch die Vorstellung der Geologischen Karte und der Bodenkarte für den Untersuchungsbereich. Wann immer Sie selbst mit einer ähnlichen Aufgabe betraut werden, sollten Sie sich diese Unterlagen von Ihrem Landesamt besorgen. Für den Fall, dass meine Gruppe nicht fündig würde, hatte ich der Verwaltung eine Alternativlösung unterbreitet. Diese sah vor, nahe der Schwarzach einen Brunnenschacht zu installieren und von diesem aus die Kneippanlage mit Flusswasser zu versorgen. Dieser Vorschlag wanderte im verschlossenen Umschlag in den Safe der Bauabteilung.

Am Schulungstag selbst wurden die Teilnehmer auf fünf verschiedene Stationen verteilt. Um jegliche gegenseitige Beeinflussung zu vermeiden, befand sich pro Station immer nur eine Person. Merken Sie sich: Die Selbst- oder Fremdbeeinflussung ist der größte Feind des Rutengängers! Jeder Teilnehmer musste seine Mutungsergebnisse nach dem optimalen Bohrpunkt schriftlich festhalten. Um 15 Uhr war die »Stunde der Wahrheit« angesagt. Bis dahin war kein Mangel an Schaulustigen. Diese waren durch einen ganzseitigen Pressebericht der Mittelbayerischen Zeitung (MZ) auf den Plan gerufen worden, mit der Schlagzeile »Rutengänger gehen auf die Suche nach klarem Wasser«. In solchen Situationen muss der Rutengänger sein Umfeld einfach ignorieren.

»Meister des 4. Strahles« sah Misserfolg voraus

Infolge der Pressemeldung war auch ein nicht geladener Gast aus München zugegen. Es handelte sich um den »Meister des 4. Strahles«. Wenn Sie mich nun fragen, was das bedeutet, dann muss ich leider passen. Ich weiß nur, dass es sich beim Vertreter dieser »Gruppe« um einen auf dem Gebiet des Rutengehens, der Geobiologie, Psychologie, Heilkunst u. v. a. m. agilen Mann handelte. Fairerweise möchte ich hinzufügen, dass er sein aus München ferngemutetes Untersuchungsergebnis erst kurz vor Mutungsschluss an den Bürgermeister, die Presse und die Teilnehmer weitergereicht hatte. Wenngleich mit viel Mühe erstellt, konnte mich die Arbeit des »Meisters« nicht verunsichern, ganz einfach deshalb, weil ich ihn kannte und das vierseitige Schreiben größtenteils eine Lage beschrieb, die auf Neunburg vorm Wald gar nicht zutraf. Damit Sie sich selbst ein Bild von »Merto« (»Meister des 4. Strahles«) machen können, zitiere ich ein paar Passagen aus diesem Schreiben:

»Die Fahrt nach Neunburg vorm Wald erfolgt über die Autobahn; auf dem Weg nach N. befindet sich eine Kirche mit Zwiebelturm auf Röckchen; die Kirchenuhr zeigt eine falsche Zeit; im Untersuchungsgebiet sind alle Bäume krank, sichtbar besonders an den Obstbäumen und Früchten; zwischen dem vorgesehenen Bohrplatz und anschließendem Gelände befindet sich ein schadhafter Zaun. Der Bohrplatz selbst ist nicht geeignet und wird wegen folgender Fakten nicht empfohlen: Die geplante Bohrung liegt auf einer energetisch gestörten, geophysikalischen/elektromagnetischen Kreuzung; es wird sehr starke Anzeigen geben; das Grundwasser ist nur durch eine dünne Kalkschicht von ca. 40 Zentimetern in eineinhalb Meter Tiefe vor Oberflächenverschmutzung geschützt, und das bereits sehr stark belastete Oberflächenwasser würde durchschlagen und das Grundwasser belasten.« Empfohlen wurde daher: Vom vorgesehenen Bohrplatz acht Meter südlich und 4 Grad östlich zu bohren. Die Lage sei abschüssig, und zwischen dem geplanten und dem vom »Meister« vorgeschlagenen Bohrpunkt befindet sich eine Lehmwand, welche als Trennwand/-schicht fungiert.

Der »Meister« fuhr fort: »Der Ausschlag ist sehr stark, da sich der vorgeschlagene Bohrpunkt auf einem geomantischen Nebenchakra eines Hauptchakras befindet.« Die weiteren Ausführungen befassten sich mit Empfehlungen zum Bohren, Wasser, der Brunnenfassung, der Baum- und Kristallspende. Schließlich empfahl der »Meister«: »Zur generellen Entgiftung des belasteten Bodens im Umkreis des Brunnens soll frühzeitig Hornklee ausgesät werden. Dieser sei nach dem Auswachsen zu mähen, separat zu verbrennen und die Asche als Sondermüll zu deponieren.«

Jetzt aber genug der Weisheiten! Ja, derartige Dinge gehören auch zu den Erfahrungen eines Rutengängers. Ich gebe zu, dass es in der Radiästhesie oftmals nicht einfach ist, einen Realisten vom Illusionisten zu unterscheiden. Im gegebenen Falle hatte sich der »Meister« jedenfalls geirrt. Abgesehen von falschen Angaben bezüglich der Anfahrt nach N. gab es im Untersuchungsgebiet nicht mehr kranke Bäume als allgemein. Es gab auch keine Obstbäume und ebenso keinen schadhaften Zaun. Ebenso wenig stimmten seine Angaben zum Bohrplatz selbst, und seine weiteren Ausführungen entbehrten jeder Grundlage. Doch zurück zur Rutengängeraktion.

Mutung von 16 Teilnehmern erwies sich als richtig

Bei der Auswertung aller Ergebnisse stellte sich heraus, dass 16 Teilnehmer einschließlich ich selbst auf der Station II in einem Bereich von rund fünf Quadratmetern fündig geworden

Neben Mutungen an Land wurden auch solche auf dem »Oberen See« durchgeführt.

sind. Die Ergebnisse der anderen Teilnehmer lagen zum Teil sehr weiträumig entfernt. Laut Mutungsbefunde handelte es sich um eine Wasseraderkreuzung in einer Tiefe von sechs bis acht Metern. Diese Differenz war zwar erheblich, doch nach Lage der Situation nicht ungewöhnlich. Der anwesende »Mertomeister« hatte sich entgegen seiner ursprünglichen Fernmutung rund 35 Meter südlich davon für einen geeigneten Bohrpunkt entschieden. Pünktlich zum vorgegebenen Termin kam die Bohrmaschine aus der 80 Kilometer entfernten Stadt Straubing. Es versteht sich fast von selbst, dass der Besitzer ebenfalls Rutengänger war. Ihm wurde die letzte Entscheidung hinsichtlich des endgültigen Bohrpunktes innerhalb des am häufigsten gemuteten Standortes überlassen. Dieser lag exakt über der Sommerstockbahn, was für den Bürgermeister jedoch kein Hindernis darstellte.

Links: Mit der Aufstellung des Bohrgerätes im Stadtpark begann die »Stunde der Wahrheit«.
Rechts: Die Bohrung an dem am meisten gemuteten Standort brachte Wasser in Hülle und Fülle.

Kurzerhand wurde ein Loch in die Teerdecke nebst Unterbau aus Schotter geschlagen und der Schneckenbohrer angesetzt. Allen Teilnehmern stellte sich dieselbe Frage: Fündig oder nicht fündig? Ich war mir bewusst, dass ich bei einem Misserfolg alleine die »Prügel« beziehen würde, denn meine Kollegen nebst dem beteiligten Bundesvorsitzenden waren von außerhalb gekommen. Sie wissen doch: Der Erfolg hat viele Väter, der Misserfolg nur einen! Hatte ich der Stadt zu viel versprochen? Immerhin waren frühere Bohrungen in der Schwarzach selbst bei einer Tiefe von 13 Metern ergebnislos verlaufen. Aus Kostengründen hatte ich der Stadt eine maximale Bohrtiefe von zehn Metern vorgeschlagen. Konnten wir uns alle getäuscht haben? Ich verdrängte diesen Gedanken. Meine Darstellung vom vorhergehenden Tag hinsichtlich der Bodenbeschaffenheit erwies sich als nahezu richtig. Der Bohrer fraß sich durch den Humus, aumoorigen Boden, Hanglehm und Fließerde. Für diese Art Böden erwies sich der Schneckenbohrer als ideal. In rund fünf Meter Tiefe begannen die ersten Schwierigkeiten. Dunkelgrauer Ton, mittelkörniger Sand und Grobkies behinderten die Bohrung. Von Wasser noch immer keine Spur. Immer wieder musste das Bohrgestänge herausgezogen werden, weil sich der Kies in der Schnecke verklemmte. Zudem bestand die Gefahr, dass das Bohrloch in sich zusammenfiel. Um dieser vorzubeugen, wurde in das Bohrloch ein Plastikrohr versenkt und innerhalb diesem die Abteufung fortgesetzt. Nach weiteren Bemühungen kam endlich feuchtnasser Sand, ein gutes Zeichen, dass wir dem Ziel nahe waren. Tatsächlich, in der vorausgesagten Tiefe hatten wir dieses erreicht. Die Antwort auf die Frage nach der exakten Tiefe überlasse ich den Fernmutern und Kursteilnehmern in Neunburg vorm Wald.

4. Silbertaler und Urkunde für erfolgreiche Mutung

Allen Beteiligten war die Erleichterung anzusehen. Die ersten Pumpversuche zeigten, dass weitaus mehr Wasser als notwendig gefördert werden konnte. Die Presseschlagzeile auf dieses Ergebnis hin lautete: »Rutengänger wurden fündig. Im Park sprudelt klares, kühles Nass in Hülle und Fülle.« Tatsächlich, während der nächsten Tage brachte der Wasserdruck das Bohrloch fast zum Überlaufen. Für meine Kollegen und mich selbst wahrlich ein schöner Erfolg. Bürgermeister Sepp Manlik hatte

Wort gehalten und jedem Teilnehmer nebst einem Dankschreiben einen wertvollen Silbertaler überreicht. Die allgemeine Freude über das gelungene Vorhaben dauerte leider nicht lange. Statt der ursprünglich geschätzten Summe von 35 000 Mark sollte das Objekt gemäß Architektenvorlage nunmehr über 100 000 Mark kosten, was für meine Heimatstadt einige Nummern zu groß war. Fazit für die Stadt: außer Spesen nichts gewesen! Anstelle der geplanten Kneippanlage befand sich lange Jahre ein Muster-Kräutergarten auf dem Gelände.

Da sich aber meine Heimatstadt und Umgebung hervorragend für radiästhetische Kurse eignen, empfahl ich der Verwaltung, im Stadtpark einen entsprechenden Lehrpfad zu errichten. Die Antwort des 1. Bürgermeisters vom 17. 12. 1999 erfüllte mich mit großer Freude. Dazu ein Auszug: »Sehr geehrter Herr Dietl, Ihr Vorschlag, im Neunburger Stadtpark einen Lehrpfad für Radiästhesie und Geobiologie zu errichten, ist im Stadtrat äußerst positiv aufgenommen worden. Wir sind daher gerne bereit, die dafür benötigten Finanzmittel zur Verfügung zu stellen und die erforderlichen Einrichtungen bereitzustellen. Auch Ihr Angebot, im Stadtpark regelmäßige Schulungen durchzuführen, nehmen wir im Hinblick auf Ihr umfangreiches Fachwissen gerne an und sagen auch hierzu unsere größtmögliche Unterstützung zu.« Näheres zu diesem Lehrpfad und den ersten erfolgreichen Einführungskursen erfahren Sie im Kapitel V/1 »Städtischer Lehrpfad für Wünschelrutengänger«.

Die oben beschriebene Brunnen-Mutungsaktion zeigt deutlich, dass eine gut vorbereitete Teamarbeit allemal besser ist als ein Alleingang. Von derartigen Aktionen »profitiert« nämlich nicht nur der Einzelne, sondern die ganze Gruppe und schließlich auch das Ansehen der Radiästhesie in der Öffentlichkeit. Am Rande bemerkt: Wenige Wochen nach der »Bohrlochaktion«

Wasser marsch – und ein Prosit auf eine weitere erfolgreiche Gemeinschaftsaktion.

erhielt ich von einem Kollegen aus Franken ein Schreiben. Darin teilte er mir mit, dass zwei seiner Heimatzeitungen über seine erfolgreiche Beteiligung als Rutengänger in Neunburg vorm Wald berichtet hätten, natürlich mit Foto von ihm, Dankschreiben und Silbertaler. Auf Grund dieser Berichte habe er bereits einige Aufträge für die Mutung von Bohrpunkten erhalten. Dass der »Fränkische Tag« gleich von »Heilwasser« berichtete und Alois H. aus Gaiganz als alleinigen Entdecker nannte, lag sicherlich nicht in der Absicht dieser Frohnatur. Übrigens ein Rutengänger, wie man ihn selten trifft. Für Kollegen, die im Rahmen von Ausbildungsmaßnahmen mit ihm im selben Hotel übernachteten, war die Nacht um fünf Uhr zu Ende. Lauthals und ohne Erbarmen begann dieser im Bett zu singen. Für diesen rundlichen und schlitzohrigen Senior des Rutengehens offenbar die beste Einstimmung auf seine Tätigkeit.

5. Experten muten Brunnen bis in 600 Metern Tiefe

Obwohl ich zwischenzeitlich hin und wieder Mutungen von Bohrpunkten übernahm, ist meine eigentliche Schwerpunktarbeit die radiästhetische und messtechnische Bauplatz-, Haus- und Schlafplatzuntersuchung. Es gibt aber auch Kollegen, die sich auf »Brunnenmutungen« spezialisiert haben. Manche dieser von ihnen gemuteten Brunnen wurden sogar auf den Namen des Rutengängers getauft. So z. B. der »Dietmar-Brunnen« meines Kollegen Dietmar Bitz. Seit über 15 Jahren ist er Leiter der »Fachschaft Deutscher Rutengänger«, und niemand vermag ihm diese Position in fachlicher Hinsicht streitig zu machen. Nach eigenen Worten hat er irgendwann einmal aufgehört, »seine« Brunnen zu zählen. Die meisten davon hatten eine Tiefe von maximal 10 Metern. Zu den tiefsten (ca. 100 Meter) zählte er je einen Tiefbrunnen für ein Autohaus in Mainz-Gonsenheim und einen bekannten Hersteller eines Mineral- und Heilwassers.

Gleichermaßen erfolgreich ist mein langjähriger Freund und Kollege Manfred Benker. Auf Grund seiner ungewöhnlich großen radiästhetischen Fähigkeit verspricht er bei Bohrpunktmutungen eine Erfolgsgarantie von 80 Prozent. Der Fachmann weiß, dass diese sehr hoch ist. Zur absoluten Spitze unter den Rutengängern scheint Dipl.-Ing. H. Sch. zu zählen. Schon bei den erwähnten Münchner Experimenten war er als Spitzenproband aufgefallen. Dem Vernehmen nach war er für die deutsche Entwicklungshilfe bei der Wassersuche in zahlreichen Trockenzonen der Welt erfolgreich. Während einer Ausmessung eines von ihm gemuteten Bohrpunktes wurde Herr Sch. in einer wüstenähnlichen Gegend aus heiterem Himmel vom Blitz getroffen. Trotz schwerer Gesundheitsschäden hat er laut Professor Betz seine rutengängerische Fähigkeit nicht verloren. Herr Sch. soll mehrere Bohrpunkte bis zu einer Tiefe von 600 Metern erfolgreich prognostiziert haben. Damit schließt sich der Kreis zwischen der Geschichte des Rutengehens einerseits und den gegenwärtigen kleinen wie großen Erfolgen beim Umgang mit der Wünschelrute. Dazu noch eine Empfehlung für Ihre Brunnen- bzw. Bohrlochmutung: Nach der Schneeschmelze im Frühjahr finden Sie zwar das meiste Wasser, was jedoch nicht unbedingt beständig ist. Dagegen ist in der Regel jene Schüttung von Dauer, die im Herbst gemutet wird. Dazu abschließend eines der schönsten Gedichte über den Brunnen:

> *Der alte Brunnen spendet leise*
> *sein Wasser täglich gleicherweise.*
> *Wie segensreich ist doch sein Leben,*
> *Immer nur geben, immer nur geben.*
>
> *Mein Leben soll dem Brunnen gleichen:*
> *Ich lab', um ander'n darzureichen;*
> *doch geben, geben alle Tage:*
> *Sag' Brunnen, wird dir's nicht zur Plage?*
>
> *Da sagt er mir als Jochgeselle:*
> *Ich bin ja Brunnen nur, nicht Quelle,*
> *mir fließt's nur zu, ich geb's nur weiter,*
> *Drum klingt mein Plätschern froh und heiter.*
>
> *Nun leb' ich nach der Brunnenweise,*
> *zieh' stille meine Lebenskreise,*
> *Was mir von Christo fließt im Leben,*
> *das will ich fröhlich weitergeben.*

6. Klosterfrau war als Rutengängerin gut geeignet

Nichts passt auf dieses wunderbare Gedicht besser als eine Erinnerung an Schwester Viane am Klosterbrunnen, der ich dieses Buch gewidmet habe. Nachdem ich bei der »Rückwärtsverfolgung« der Wasserader im Klostergelände auf den Brunnen gestoßen war, hatte mich die Ordensfrau gebeten, ihr die Handhabung der Wünschelrute zu erklären. Sie wollte ganz einfach einmal einen Versuch damit machen. Ich war überzeugt, dass dieser Versuch gelingen würde und freute mich selbst darauf.

Als »Übungsplatz« wählten wir einen freien Platz im Klostergarten nahe der Turnhalle. Nachdem ich eine Wasserader vom Stadtteil Ufertal her kommend gemutet hatte, legte ich auf die beiden Hauptzonen je einen blauen Meterstab. Ich wollte den Erfolg und gab deshalb diese kleine Unterstützung mit den Meterstäben. Sie zeigten zwar optisch die Breite der Wasserader, was jedoch kein Ersatz ist für das Strahlen- und Rutengefühl. Eine kurze Anleitung genügte, und Schwester Viane schritt mehr andächtig als bedächtig auf die markierten Reizzonen zu. Sie wollte sich selbst und mir beweisen, dass sie die Gabe der Fühligkeit besitzt. Meine Augen und Gedanken waren auf die Ruten gerichtet und – es klappte. Wir freuten uns beide über ihre Fühligkeit und die erfolgreichen Versuche mit oder ohne Markierung an verschiedenen Standorten. Der spontane Mutungserfolg dieser Frau bestätigte auch meine Ansicht, dass sozial eingestellte Menschen von Haus aus sensitiv sind.

Schwester Viane war bis heute der einzige Mensch, dem ich mein eigenes Rutengeheimnis anvertraute. Hier liegt auch die Antwort, warum ich grundsätzlich mit Winkelruten mute. Sie sind die Einzigen, die sich überkreuzen. Denken Sie bitte dabei an den tieferen Sinn dieser Worte. Sicher haben auch Sie schon Fußballer gesehen, die vor dem Einlaufen auf das Spielfeld ein Kreuz machen. Ich mache das mit den beiden Ruten immer kurz vor einer Mutung. Und noch eines erklärte ich der Ordensfrau. Immer dann, wenn ich mit dem Auto zu einem Auftraggeber unterwegs bin, berühre ich den am Rückspiegel hängenden Rosenkranz, genauer das Kreuz. Ja, Sie lesen richtig, ich bitte damit den Schöpfer, dass er mir die Kraft geben möge, meine bevorstehende Aufgabe zu meistern. Und ob Sie es glauben oder nicht, jedesmal überkommt mich ein Gefühl der inneren Entspannung und Sicherheit. Mit dieser absolut ehrlichen Erklärung spürte ich, dass ich das Vertrauen von Schwester Viane endgültig gewonnen hatte. Ich habe sie zwar aus den Augen verloren, aber nicht aus meiner Erinnerung. Ohne Zweifel würde sie heute zu den besten Rutengängerinnen zählen, die ich mir denken kann, nicht nur von der Begabung her, sondern vor allem auch wegen ihrer aufopfernden Tätigkeit und Berufung als Klosterfrau.

Immerhin gibt es auch genügend geschichtliche Beweise für die enge Verbundenheit zwischen Kirche und Rutengehen. Kein Wunder also, wenn viele Mönche, Nonnen und Priester, kurz »Diener des Herrn«, im Umgang mit Wünschelrute oder Pendel bestens vertraut sind. So z. B. auch ein Pfarrer aus meinem Heimatlandkreis, dessen Haushälterin mir nach seinem Tod die persönlichen rutengängerischen Arbeiten anbot. Diese gingen jedoch mehr in Richtung Geologie, d. h. galten der Untersuchung von Steinen und Mineralien. Ich dagegen befasse mich schwerpunktmäßig mit dem Leben auf der Erde, so mit den Wechselwirkungen von Erdstrahlen auf Mensch, Tier und Pflanze sowie von physikalisch bedingten Störfeldern, denen wir Menschen zunehmend ausgesetzt sind.

V. Lehrpfad für Wünschelrutengänger

1. Städtischer Lehrpfad für Wünschelrutengänger

Wie schon erwähnt, hatte der Neunburger Stadtrat meinem Vorschlag zur Errichtung eines Lehrpfades erwartungsgemäß zugestimmt. Nunmehr lag es an mir, den Gedanken in die Tat umzusetzen. Ich wollte einen Lehrpfad, der sich von ähnlichen Einrichtungen durch eine praxisnahe Umgebung sowie Vielfalt von Reizzonen und Störfeldern unterschied. Nach umfangreichen messtechnischen und geophysikalischen Untersuchungen geeigneter Stationen, deren geodätischer Vermessung bis hin zur Plangestaltung, Illustration und Beschreibung wurde der Lehrpfad am 6. Mai 2000 der Öffentlichkeit vorgestellt. Nur Insider ahnen, welche Arbeit in der kurzen Zeit geleistet wurde. Presse, Rundfunk und Fernsehen berichteten regional und überregional über dieses Ereignis. Ebenso vertreten war auch die TÜV-Akademie Unternehmensgruppe Süd, die das Thema »Geologisch bedingte Risikofaktoren« in ihrem Aus- und Fortbildungsprogramm hat.

Sie werden sich nun fragen, was das Besondere an diesem Lehrpfad ist. Die Antwort darauf gibt die große Informationstafel am Eingang des Stadtparks. Demnach beinhaltet der Lehrpfad zehn Übungs- und Teststationen zur Mutung natürlich bedingter Reizzonen und künstlich erzeugter Störfelder sowie zwei Stationen zur »Schatzsuche«. Einzelheiten dazu lesen Sie weiter unten.

2. Übungsstationen zur persönlichen »Eichung«

Für Neulinge auf dem Gebiet des Rutengehens haben sich ganz besonders die Übungsstationen bewährt. Auf diesen sind die vorhandenen Reizzonen genau beschrieben und markiert. Somit ergibt sich hier die Möglichkeit der persönlichen »Eichung«. Erinnern Sie sich noch an meine ersten erfolgreichen Gehversuche mit der Wünschelrute über der Baugrube mit Blick auf das Erdkabel, wovon ich Ihnen im Kapitel I/1 erzählte? Dieser Blickkontakt ist besonders für Anfänger sehr hilfreich. Auf einer dieser Übungsstationen haben die Teilnehmer z. B. die Möglichkeit, die Breite, den Richtungsverlauf und die Tiefe einer so genannten Wasserader und einer wasserführenden Erdspalte zu muten. Das daraus gewonnene Gespür für Strahlungen erleichtert somit die Arbeit auf den anschließenden Teststationen. Der Erfolg im Umgang mit der Wünschelrute war somit nahezu vorprogrammiert, was sich bereits bei der Eröffnung des Lehrpfades zeigte. Ebenso wichtig war natürlich eine fachmännische Einweisung. Kein Wunder also, dass sich 1. Bürgermeister Wolfgang Bayerl nebst den Mitgliedern des Stadtrates als »Naturtalente« entpuppten.

3. Erfolgreiche Einführungskurse für Anfänger

Die Resonanz auf die Einladung der Stadt »Neu in Bayern – Ihr besonderes Erlebnis – Urlaub mit der Wünschelrute« war sehr gut. Der zweitägige Einführungskurs in die praktische Handhabung der Rute beinhaltete die Themen: Geschichte der Radiästhesie, Arten und Ursachen von Strahlungen, Mutungs- und Messmethoden, Strahlenfühligkeit und Wahrnehmungssinn, biologische Wirksamkeit von Reizzonen, Untersuchungen in Theorie und Praxis sowie die Frage: Lassen sich Erdstrahlen abschirmen? Tags darauf folgte nach einer kurzen Einweisung in die richtige Handhabung der Wünschelrute die Lehrpfadbegehung. Als Kursleiter war es mir wichtig, dass alle 15 Teilnehmer den Erfolg am eigenen Körper spürten. Anfängliche Schwierigkeiten und Unsicherheiten nahmen von Station zu Station ab. Die Stationen beinhalteten die Suche nach Wasseradern, Verwerfungen, Netzgittern, Erdkabeln, Wasserleitungen und Kanalisation einschließlich Brunnenmutung. Auf einem Areal von 12 mal 10 Metern sollte schließlich »der gute Schlafplatz« gemutet werden. Ein Versuch, der natürlich nicht auf Anhieb funktionieren kann. Ebenso auf der Station »Schatzsuche«.

Schon einige Tage vorher hatte ich dazu auf einer Strecke von 20 Metern einen starken Magneten vergraben, der gemutet werden sollte. Für den besten Teilnehmer hatte ich einen 250 Gramm schweren Silberbarren als Belohnung in Aussicht gestellt. Denken Sie an die Suche nach versteckten Gegenständen! Vorteil bei dieser Suche war, dass der Magnet eine extrem hohe Eigenstrahlung (Magnetfeld) besitzt. Ich war auf das Ergebnis gespannt. Selbst ein plötzlich eintretender Platzregen hielt die Teilnehmer nicht davon ab, den »Schatz« zu finden. Nur ich alleine wusste, dass der Gegenstand exakt bei 15,20 Meter unter der Erde steckte. Das Ergebnis überraschte und brachte mich etwas in Verlegenheit. Ausgerechnet die Fachfrau der Neunburger Touristik-Information mutete auf den Zentimeter genau den Standort des Magneten, und mein Sohn war bei diesem Superergebnis um 30 Zentimeter am nächsten. Aus Gründen der Fairness verzichteten beide auf den Silberbarren. Ob-

Kursteilnehmer muten den Wasserzulauf und die Tiefe des neu errichteten Brunnens.

wohl alles mit rechten Dingen zugegangen war, war ich über diese Entscheidung froh. Den »Silberbarren« erhielt somit der drittbeste Teilnehmer dieser Aktion, ein Herr von auswärts.

Dass es sich bei dieser Mutungsgenauigkeit um keinen Zufall handelte, zeigte der zweite Kurs. Ich hatte den Magneten exakt bei 13,0 Meter vergraben. Hier mit der Absicht, Abergläubische von dieser Zahl abzuhalten. Und dennoch, ein Teilnehmer mutete exakt die 13-Meter-Marke und zwei weitere lagen nur 40 Zentimeter daneben. Ähnlich verhielt es sich beim dritten Kurs. Ich hatte den Magneten genau bei 11,0 Meter vergraben. Eine Schnapszahl? Meine Tochter, die ich für die Betreuung einer blinden Teilnehmerin eingeteilt hatte, mutete außer Konkurrenz 10,90 Meter. Den Silberschatz erhielt dann ein Uhrmachermeister, der den Barren bei 11,70 Meter gemutet hatte. Übrigens, die Sieger bei der Schatzsuche aus den ersten drei Kursen hatten vorher noch nie eine Wünschelrute in der Hand gehabt. Allen Teilnehmern war nur bekannt, dass es sich um einen großen Hufeisenmagneten handelte, der etwa 15 Zentimeter unter der Grasnarbe vergraben war. Sie können davon ausgehen, dass alles vermieden wurde, was den Standort des Magneten verraten hätte. Immerhin zahle ich die Silberbarren aus eigener Tasche. Für mich wäre es also vorteilhafter, wenn die Teilnehmer alle fehlmuten würden. Ich freute mich dennoch mit jedem, dem ich den verdienten Preis überreichen durfte. Schließlich war es auch eine Bestätigung für meine erfolgreichen radiästhetischen Kurse. Ja, ich bin stolz darauf, dass bisher alle Kursteilnehmer die Einführung mit Bravour bestanden haben. So auch die oben erwähnte blinde Teilnehmerin aus Süddeutschland. Sie meinen, das gibt es nicht? O doch, wie Sie gleich lesen werden.

4. Blinde Frau zeigt radiästhetisches Talent

Die Frau hatte mich angerufen, weil sie über den BR vom Radiästhesie-Lehrpfad in Neunburg vorm Wald gehört hatte. Von Beruf ist sie Behindertenbeauftragte einer großen Stadt und im Umgang mit Menschen und ihren Problemen bestens vertraut. Ihre Frage, ob auch sie das Rutengehen erlernen könne, beantwortete ich mit einem klaren Ja. Obwohl ich unter den vielen mir bekannten Rutengängern keinen Blinden kenne, war ich sicher, dass die Frau die erforderliche Sensitivität besäße, um veränderte Bodenstrahlungen über Reizzonen zu fühlen, entweder mit Hilfe der Wünschelrute oder direkt mit der Hand. Warum auch nicht? Immerhin gibt es eine Menge Menschen mit Augenlicht, die »den Wald vor lauter Bäumen nicht sehen«. Dagegen haben Blinde ein ganz besonderes Gespür gegenüber Veränderungen in ihrem Umfeld. Ich versprach der Frau, mein Bestmögliches zu ihrem Erfolg beizutragen.

Ich holte sie am Bahnhof in Schwandorf ab. Schon auf der Fahrt dorthin hatte ich mir ein Bild von ihr gemacht. Ich hatte mich nicht getäuscht. Sie war schlank, und für ihr Alter von 62 Jahren wirkte sie wie eine Fünfzigjährige. Erst als der überwiegende Teil der Fahrgäste den Bahnsteig verlassen hatte, bemerkte ich sie. Vom ersten Augenblick an fanden wir uns sympathisch. Nein, dieser Ausdruck ist falsch, denn wie sie mir später erklärte, bestanden ihre »Augen« aus dunklen Glaskugeln. Ich war traurig und glücklich zugleich, dieser Frau für zwei Tage eine Hilfe zu sein. Bei der theoretischen Einführung gehörte sie zu den aktivsten Fragestellern. Sie konnte fast nicht glauben, dass Pflanzen und Tiere über Reizzonen unterschiedlich reagieren. Ihre Zweifel waren Ausdruck der ewigen Dunkelheit. Sie wusste nur, dass man auf manchen Schlafplätzen gut und auf anderen schlecht schlafen könne. Es lag folglich an mir, ihr die möglichen Ursachen dafür zu erklären.

Tags darauf folgte am Lehrpfad die praktische Einweisung zur Handhabung der Wünschelrute. Es war nicht gerade einfach, ihr zu erklären, dass die Winkelruten in geneigter Haltung parallel nach vorne weisen sollten. Nachdem es mit beiden Ruten nicht klappte, empfahl ich ihr eine extra angefertigte Einhandrute mit drehbarem Holzgriff. Mittels Daumenauflage konnte sie nun fühlen, in welche Richtung sich die Rute drehte. Auf ihren Blindenstock konnte die Frau verzichten, da sie während der vier Stunden Praxis von meiner Tochter geführt wurde. Alle Kursteilnehmer hatten Verständnis dafür, dass ich mich meinem Schützling besonders widmen musste. Die beiderseitige Mühe und vor allem ihr eigener Ehrgeiz brachten bereits bei der ersten Übungsstation den Erfolg. Die Frau war überglücklich, sprang in die Luft und umarmte mich. Ihr kurzer Kuss auf meine Wange zeigte ihre große Freude über ihre neue Begabung.

Auch bei der Begehung der anschließenden Stationen zeigte sie gute Reaktionen. Ja selbst bei der »Schatzsuche« lag ihr Ergebnis exakt im Mittel aller Mutungsergebnisse. Ihre erfolgreiche Kursteilnahme war jedoch viel höher zu bewerten! Ich möchte somit auch Behinderten Mut machen, ihren Körper und Geist auf Veränderungen in ihrem Umfeld antworten zu lassen.

Dazu ein Hinweis an die Gegner des Rutengehens. Ihre Kritik, »dass die Erwartungshaltung den Rutenausschlag steuert«, ist logischerweise sogar richtig. Schließlich muss ein Messgerät ja auch erst eingeschaltet werden, bevor es ein Ergebnis liefert. In diesem Zusammenhang erinnere ich an Goethe, der meinte, dass der Mensch an sich selbst, sofern er sich seiner gesunden Sinne bediene, der größte und genaueste physikalische Apparat sei. Die Verwendung der Wünschelrute dient demnach dem Rutengänger als primitives, aber höchst wirksames sekundäres Hilfsmittel zur Verstärkung und Veranschaulichung eines primär physiologisch bedingten Signals. Einzige Voraussetzung für die Aufnahmefähigkeit einer veränderten Bodenstrahlung (z. B. auf Grund einer so genannten Wasserader) ist ein hohes Maß an Sensibilität bzw. Sensitivität, die man beim Tier als Instinkt bezeichnet. Bedingung für die Aufnahme und »Anzeige« ist jedoch auch Konzentration, mentale Einstellung und Erfahrung. Diese Eigenschaften können durchaus gezielt erworben werden.

5. Stadt wird »Mekka für Wünschelrutengänger«

Das bei der Neunburger Touristik-Information erhältliche Faltblatt über den Radiästhesie-Lehrpfad verspricht also nicht zu viel. Interessenten können sich im staatlich anerkannten Erholungsort vom Stress des Alltags erholen und das Angenehme mit dem Nützlichen (Rutengehen und Schatzsuche) verbinden. Zudem gibt es in meiner Heimatstadt eine Reihe von Naturdenkmälern, die auf eine radiästhetische Erforschung warten. Schließlich finden für Kursteilnehmer im Rahmen der Weiterbildung oder auf ausdrücklichen Wunsch Fachreferate zu einer Reihe gesundheitlicher Risikofaktoren statt. Als Kursleiter und Rutengänger mit »Bodenhaftung« werde ich alles tun, um die Teilnehmer, ob Laien, Fortgeschrittene oder Könner, in realistischer Form mit dem Rutengehen vertraut zu machen. Nein, mit Esoterik habe ich nichts am Hut.

Meiner Schätzung nach gibt es in der Bundesrepublik rund 20 000 organisierte und unorganisierte Rutengänger und Pendler. Ihnen allen bietet sich ab dem Jahre 2001 die Möglichkeit, ihr Können im Rahmen eines jährlich geplanten Turniers in meiner Heimatstadt unter Beweis zu stellen. Dieses Vorhaben deckt sich auch mit dem Wunsch der beiden Bürgermeister und des Stadtrates, dass Neunburg vorm Wald zum »Mekka für Wünschelrutengänger« werde. Das Turnier beinhaltet neben der Beantwortung einiger Fragen zur Radiästhesie die Mutung veränderter Bodenstrahlungen infolge natürlicher Reizzonen und künstlich erzeugter Störfelder sowie die Suche nach einem vergrabenen Schatz.

Mit etwas Erfahrung auf den Gebieten Geobiologie und Rutengehen sowie Glück bei der Schatzsuche können vielleicht auch Sie als Sieger eine dieser Veranstaltungen verlassen. Jedenfalls besitzen Sie als Leser dieses Buches das erforderliche Wissen. Darüber hinaus können Sie eine Menge Leute kennen lernen, mit denen Sie etwas gemeinsam haben, nämlich mit der Wünschelrute ihr Unterbewusstsein anzuzapfen und dieses in Form von Rutenausschlägen zum »Sprechen« zu bringen. Ich wünsche Ihnen dazu schon im Voraus alles Gute.

VI. Elektrosmog und andere Krankmacher

1. Bedrohung durch Störfelder und Sendekeulen

Wie schon erwähnt, befasst sich ein Rutengänger und Geobiologischer Berater nicht nur mit Erdstrahlen, sondern auch mit physikalisch bedingten Störfeldern. Dabei rückt der so genannte Elektrosmog immer mehr in das Bewusstsein der Menschen. Es handelt sich dabei um den Sammelbegriff für die Umweltverunreinigung durch elektromagnetische Felder und Wellen.

Während Reizzonen, d. h. Erdstrahlen, mehr oder weniger starke Reize auf den Organismus ausüben, können Störfelder, d. h. künstlich erzeugte Felder und Strahlungen, im Organismus ein Chaos verursachen. Schlimmer noch, die bisher umfassendste Studie der US-Weltraumbehörde EPA kam zu dem Schluss, dass Menschen, die elektromagnetischen Feldern (EMF) aus Stromleitungen oder Haushaltsgeräten ausgesetzt sind, mit höherer Wahrscheinlichkeit an Krebs oder degenerativen Hirnleiden erkranken als diesbezüglich unbelastete Personen. Elektromagnetische Felder sind demnach ein durchaus ernst zu nehmender möglicher Risikofaktor für Krebs.

Schon 1987 informierte eine große deutsche Tageszeitung ihre Leser über eine Studie des New Yorker Gesundheitsamtes und schrieb: »Oberirdisch verlegte Stromleitungen erhöhen die Krebsgefahr durch unsichtbare Magnet-Strahlen. Kinder, die in ihrer Nähe wohnen, erkranken doppelt so häufig an Leukämie

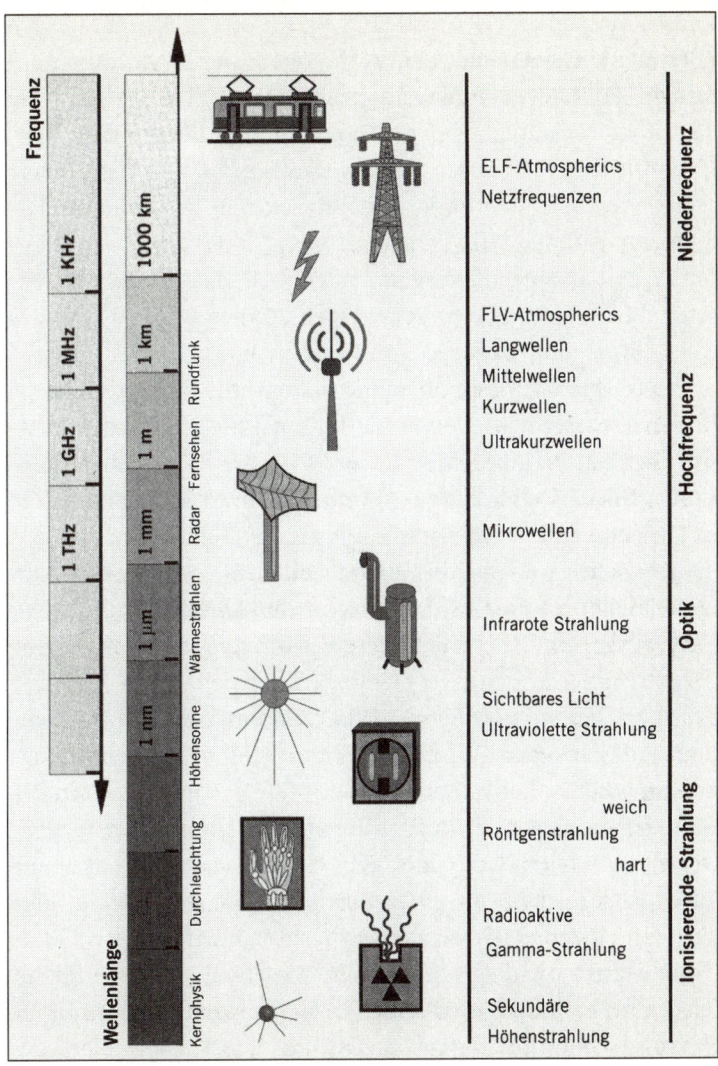

Das Spektrum der elektromagnetischen Felder von $16^2/_3$ Hz bis Unendlich auf einen Blick.

und Gehirntumoren.« Auf Grund dieser Meldung initiierte ich über meine Heimatstadt eine Anfrage an die OBAG, sprich das hiesige Energieversorgungsunternehmen (EVU). Dieses teilte der Stadt u. a. Folgendes mit: »Wissenschaftler vermuten als Hauptursache für ein Ausbrechen dieser Krankheit (Krebs) verschiedene Umwelteinflüsse bzw. ein extrem gesundheitsschädigendes Verhalten der Personen, wie z. B. das Rauchen. Neuere Forschungsergebnisse zeigen aber auch, dass gewisse Krebsarten durch Viren übertragen werden können.« Ferner wies das EVU darauf hin, dass auf Grund unzähliger Kurzzeituntersuchungen kein Nachweis über eine Gefährdung durch technische Felder festgestellt werden konnte. Haben Sie eine andere Antwort erwartet? Ungeachtet dessen, dass die EVUs generell gesundheitliche Gefährdungen durch EMF bestreiten, räumte ein EVU-Fachmann in einer mir vorliegenden Schrift ein, dass das magnetische Wechselfeld überall eindringen und durchaus neue, nicht bekannte Effekte hervorrufen kann.

Wenn sich die EVUs und andere Verursacher von Elektrosmog generell auf Kurzzeituntersuchungen berufen, dann finde ich das ganz einfach skandalös. Daran ändert auch die Tatsache nichts, dass ein der EVU nahe stehender Gutachter in einer TV-Sendung ein isoliertes Kabel mit 20 000 Volt in den Magen geführt hatte, um damit dessen angebliche Unschädlichkeit beweisen zu wollen. Nein, hier geht es um die Dauerberieselung durch Elektrosmog. Sicher stimmen Sie mit mir überein, dass z. B. ein einzelner Messerstich, sofern er nicht lebenswichtige Organe trifft, nicht so schädlich ist wie ständige kleine Stiche. Ich kann natürlich auch einen anderen Vergleich anführen. Demnach kann ein Hammerschlag auf den Kopf weniger gefahrvoll sein als dauernde kleine Kopfschläge. Und noch eine Frage: Was glauben Sie, an welchen Personen die genannten

Die Hausbewohner brauchen sich über einen Mangel an Elektrosmog nicht zu beklagen.

Kurzzeituntersuchungen durchgeführt werden? Etwa an Kindern, schwangeren Frauen oder kranken, alten, schwachen oder besonders sensiblen Menschen? Nein, auch hier sind wir uns einig, nämlich an erwachsenen und gesunden Menschen. Hier natürlich nicht über viele Jahre hinweg, sondern kurzzeitig, d. h. Stunden und Tage. Zudem darf davon ausgegangen werden, dass die Werte an wachen Personen (Probanden) ermittelt werden. Dass die dadurch gewonnenen Erkenntnisse (Grenzwerte) gleichermaßen für alle Menschen gelten, ist der eigentliche Skandal. Es ist nämlich hinreichend bekannt, dass die Sensibilität (Empfindlichkeit) des menschlichen Nervensystems zwischen aktiver Arbeitsphase und passiver Regenerationsphase (Ruhe- bzw. Schlafphase) ganz erhebliche Unterschiede aufweist. Zusammengenommen beweist das, dass die Grenzwerte für EMF keine allgemeine Gültigkeit haben können und somit völlig untauglich sind.

Faktum ist: Zahlreiche Forschungen unabhängiger Behörden und Wissenschaftler sind zu dem Ergebnis gekommen, dass Elektrosmog Krebs verursachen kann. Aus wissenschaftlichen Studien und aus eigener Erfahrung sind mir eine Reihe von Symptomen bekannt, die eindeutig auf elektrische Felder und Wellen zurückzuführen sind: So zählen zu den typischen Beschwerden »elektrosensibler« Personen u. a.:

- Schlafstörungen
- ständige Müdigkeit
- Abgeschlagenheit
- Kopfschmerzen
- nervöse Zustände
- innere Unruhe
- Blutdruckschwankungen
- Sehstörungen und Augenbrennen
- Antriebsarmut
- Gelenkschmerzen
- Verspannungen
- Schwindelanfälle
- Konzentrations- und Gedächtnisstörungen
- Ohrgeräusche (Tinnitus)
- EKG-Veränderungen
- Herzklopfen und Herzrhythmusstörungen

Derartige Beschwerden können mit Depression und Suizidgefahr enden. Besonders dann, wenn Ursache und Zusammenhänge nicht bekannt sind. Die Beobachtungen zeigen auch, dass ein gesunder Mensch nicht urplötzlich elektrosensibel wird.

Vielmehr scheint es sich um eine Risikogruppe mit bereits angeschlagener Gesundheit zu handeln.

Nachfolgend erhalten Sie in Kurzform wichtige Informationen über physikalische Risikofaktoren. Vorweg möchte ich festhalten, dass das natürliche Erdfeld (Gleichfeld) für den Menschen einen wichtigen Ordnungsfaktor darstellt, der zur Stimulierung und Steuerung des Stoffwechselprozesses notwendig ist. Störungen dieses nahezu homogenen Gleichfeldes, so haben medizinische Forschungen ergeben, führen zu Erkrankungen. Physikalische, d. h. technisch bedingte Störfelder üben eine indirekte wie direkte Wirkung auf den menschlichen Organismus aus. Wie bereits erwähnt, spielen bei der Frage der gesundheitlichen Schädigung folgende Faktoren eine entscheidende Rolle:

- die Art der Strahlung bzw. Störung und deren Intensität (Stärke),
- die Verweil- oder Belastungsdauer im Bereich des Störfeldes,
- die Konstitution des/der davon Betroffenen.

Ohne auf die physikalischen Gesetze der technisch erzeugten Felder und Wellen näher einzugehen, betrachten Sie die weitere Beschreibung als real. Demnach haben wir es in unserem Umfeld mit folgenden Energieformen zu tun:

Elektrisches Wechselfeld (Niederfrequenz)

Dieses wird als »Streufeld« vom Lichtnetz der Hausinstallation und den technischen, unter Spannung stehenden Geräten im Haushalt und Büro erzeugt. Zu erwähnen sind hier auch abstrahlende externe Einrichtungen wie Umspannwerke, Hochspannungsleitungen, Trafostationen und nicht zuletzt der Dachständer oder das Erdkabel. Niederfrequente elektrische Wechselfelder entstehen also, wenn in der elektrischen Installation

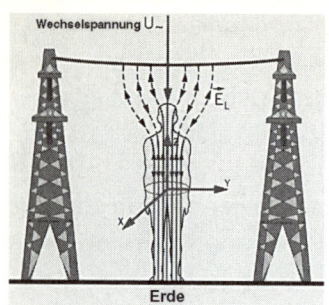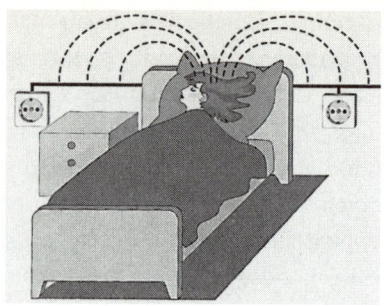

Im Freien und im Bett: Das elektrische Feld legt sich am kapazitiv angekoppelten Körper an.

Spannung anliegt (auch wenn kein Strom fließt). Folglich also in Ihrem Verteilerkasten, den verkabelten Wänden, Decken, Steckdosen, bis hin zur Nachttischlampe, dem Radiowecker oder anderen elektrischen Verbrauchern. Die Felder dieser internen wie externen Einrichtungen und Installationen beschränken sich nicht auf das unmittelbare Umfeld, sondern breiten sich aus. Auch wenn wir mit der elektrischen Spannung innerhalb der Stromleitung nicht in Kontakt kommen, erzeugt das elektrische Wechselfeld Reizströme. Es bildet Biosignale durch Herabsetzung der Reizschwelle und ruft Nervosität und Erregung hervor.

Magnetisches Wechselfeld (Niederfrequenz)

Dieses entsteht, wenn in den vorgenannten Einrichtungen und Installationen Strom fließt. Also in Verteilern, belasteten Kabeln, Leitungen, Geräten, kurz immer dann, wenn ein Verbraucher, wie z. B. Nachttischlampe, Rasierapparat, Fön, Radio oder Küchenmaschine, eingeschaltet wird. Das magnetische Wechselfeld induziert im menschlichen Körper regelrechte Wirbelstürme. Bei Tierversuchen wurden folgende Reaktionen festge-

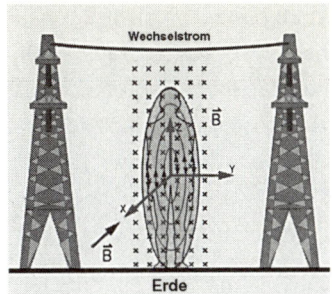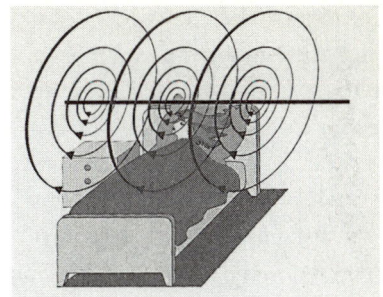

Bei Stromfluss (auch im Schlafzimmer) induziert das magnetische Feld Wirbelströme.

stellt: Reizungen, Wärme, Herzrhythmusstörungen durch »Fehlentladung« der Nerven, Eiweißgerinnung im Blut und Auge sowie Missbildungen. Auf mögliche Reaktionen bei Menschen habe ich bereits hingewiesen. Nicht alle nehmen den Elektrosmog gleichermaßen wahr. Dagegen reagieren viele Menschen heftig auf ein gestresstes Schlafumfeld. Sie schlafen schlecht ein, werden oft wach, klagen über Schmerzen, Ängste, Herzjagen und andere oben genannte Symptome. Ihr Körper schickt individuelle Warnsignale, die sie leider nur wenig beachten. Statt der Ursache auf den Grund zu gehen, führt der Weg zum Arzt oder in die Apotheke. Hier frei nach dem Motto: »Für was bin ich denn krankenversichert?« Dazu zwei Fälle aus meiner Praxis, die stellvertretend für viele andere gelten.

Tante eines Arztes stand unter Spannung

Ich war gebeten worden, den Schlafplatz von Frau M. M. zu untersuchen. Die ältere Frau schlief jahrzehntelang neben ihrem Mann im gemeinsamen Schlafzimmer. Nachdem er verstorben war, wollte sie unter keinen Umständen mehr in diesem Zimmer schlafen. In ihr hatte sich eine tiefe Abneigung gegen ihr eigenes Bett entwickelt. Folglich zog sie es vor, in der Küche zu schlafen, was die Familienangehörigen einfach nicht länger dulden wollten. Bei der radiästhetischen Untersuchung außer Haus mutete ich eine Wasserader, die im Kopfbereich der einzeln stehenden Betten verlief. Der Hauseigentümer räumte ein, dass die Wasserader beim Hausbau zwar ersichtlich gewesen, jedoch ignoriert worden sei. Gemessen an dem, was ich im Schlafzimmer vorfand, spielte diese jedoch eine untergeordnete Rolle. Auf beiden Nachttischen standen ein Radiowecker, zwischen den Betten ein Radiator, in beiden Betten befand sich eine Heizdecke, und selbstverständlich gab es auch zwei Nachttischlampen. Sie meinen, das sei doch ganz normal? Dann lesen Sie bitte weiter! Die Stromkabel der sieben Verbraucher verliefen in eine Richtung, nämlich zum Bett von Frau M. Unter diesem hatte sich ein regelrechter Kabelsalat gebildet. Da Not bekanntlich erfinderisch macht und nur eine Steckdose im Bettbereich vorhanden war, wurde die Steckerleiste zur Problemlösung. Und wo meinen Sie, befand sich diese? Sie werden es nicht glauben, unter dem Kopfteil des Bettes der leidgeprüften Frau. Ihr zwischenzeitlich eingetroffener Neffe, von Beruf Arzt, meinte dazu kopfschüttelnd: »Aber Tante, was hast du dir dabei gedacht?« Es wäre besser gewesen, er hätte schon viel früher einen Blick in das Schlafzimmer der armen Frau geworfen, statt sie mit Pillen zu versorgen. Ihr Leiden war nur noch von kurzer Dauer.

Da sämtliche Geräte am Stromnetz angeschlossen waren, hatten sich extrem hohe elektrische Felder im Raum gebildet. Solche Felder werden vom Menschen regelrecht angezogen. In seinem Körper fließen folglich, wie schon betont, Reizströme. Um deren Größe festzustellen, wird in der Bau- und Geobiologie vorwiegend die Körperspannung gemessen, d. h. die Summe der vom elektrisch isoliert im Bett liegenden Menschen aufgenommenen elektrischen Wechselfelder seiner Umgebung, deshalb steht er an allen Körperstellen »unter Spannung«. Diese Messung wird als kapazitive Körperankopplung bezeichnet. Die Erfahrung zeigt, dass mit der Höhe der »Körperspannung« die gesundheitlichen Probleme zunehmen und mit der Beseitigung verschwinden. Um weitere Aufschlüsse über die vorhandenen elektrischen Felder zu erhalten, werden grundsätzlich auch Feldstärkemessungen im Raum durchgeführt.

Kommen wir zur oben geschilderten Situation zurück: Sobald auch nur ein einziges der sieben genannten Geräte eingeschaltet wird, sprich Strom verbraucht, haben Sie es zusätzlich mit einem magnetischen Wechselfeld zu tun. Dieses erzeugt im Körper des im Bett liegenden Menschen wahre Wirbelstürme, und ganz besonders dann, wenn es sich um die eingeschaltete Heizdecke handelt. Doch egal, ob ein- oder ausgeschaltet, entweder Sie liegen im magnetischen oder im elektrischen Wechselfeld. Also Heizdecke raus aus dem Bett und vom Netz (Steckdose) trennen! Der nächste Fall möchte Sie zugleich vor dem leichtsinnigen Gebrauch von Heizdecken warnen.

Chaos im Schlafzimmer einer Bio-Familie

Die Familie A. B. besitzt ein sehr schönes Holzhaus und ein sicheres Einkommen. Eigentlich sollte sie glücklich sein, doch weit gefehlt. Wenigstens war sie es nicht bis zu dem Zeitpunkt, bis ich ihr Haus untersuchte. Die Familie litt unter starken Schlafstörungen und anderen Symptomen, die auf Elektrosmog hindeuteten. Der Arzt hatte der Familie eine Schlafplatzuntersuchung durch meinen Beratungsdienst empfohlen. Sämtliche Möbel bestanden aus naturbelassenem Vollholz, was die Naturverbundenheit dieser Menschen zeigte. Außerdem bestanden ihre Mahlzeiten fast ausschließlich aus Müsli und Grünzeug. Ja, ich glaube, es handelte sich um Vegetarier, was ich mit Respekt betonen will. Ihr Haus war nahezu frei von Reizzonen. Anders dagegen sah es bei den Störfeldern aus. Die kapazitive Körperankopplung in den Betten der Eltern und der zwei Kinder zeigte im Schnitt eine Körperspannung von 9252 Millivolt (mV), was bedeutete, dass jedes Familienmitglied während der Nacht im Schnitt mit über neun Volt unter »Spannung« stand. Die Ursache dafür lag unter den Betttüchern. Jedes der Betten war nämlich mit einer Heizdecke ausgestattet. Bei eingeschaltetem Zustand ergaben diese im Durchschnitt eine magnetische Flussdichte von 2725 Nanotesla (nT)*. Zudem schlief die Familie auf Federkernmatratzen mit einer durchschnittlichen Feldstörung von über 16 000 Nanotesla (nT). Auf diese Art Störung komme ich gleich zurück.

Dass der bei dieser Familie ermittelte Wert sehr extrem war, sehen Sie aus dem Durchschnittswert meiner letzten 100 Messungen. Dabei ergab die kapazitive Körperankopplung im Schnitt 1720 Millivolt (mV). Laut Baubiologischen Richtwertempfehlungen handelt es sich bei dieser Größenordnung um eine extreme Anomalie. Immerhin beginnt die Nervenreizung laut RWE bereits bei 15 Millivolt (mV). In Anlehnung an diese Tatsache lautet der Richtwert 20 mV. Demnach war der von mir ermittelte Durchschnittswert 86-mal höher und bei Familie B. um 463-mal. Die bislang höchsten Körperspannungswerte ermittelte ich im April 1996 bei einer Familie in einem Neubau. Sie betrugen bei der Ehefrau 20 050 mV, beim Ehemann 27 500 mV und bei der Tochter 23 000 mV. Bis zu meiner Unter-

---

* Tesla, das, Einheitenzeichen T, die abgeleitete SI-Einheit der magnetischen Flussdichte = Induktion; n, Vorsatzzeichen, Nano (lat. *nanus* = Zwerg), Vorsatz vor Maßeinheiten.

suchung waren alle drei Familienmitglieder regelrechte Nerven-
bündel. Diese Werte stehen außerhalb der oben erwähnten Untersuchungsreihe. Übrigens, die empfohlenen 20 mV habe ich in
den letzten 100 Fällen nur zweimal gemessen.

Schließlich noch der Durchschnittswert der magnetischen
Wechselfelder in den letzten 100 Betten deutscher Haushalte.
Dieser betrug 33 Nanotesla (nT). Aus baubiologischer Sicht be-
deutet das eine schwache Anomalie. Aus meiner eigenen Er-
fahrung weiß ich, dass derart niedrige Werte unbedeutend sind.
Dagegen wird es bei über 100 nT langsam kritisch. In acht von
100 Fällen lagen sie darüber. Die bei der Familie B. ermittelten
Werte stehen außerhalb der Untersuchungsreihe.

Zu Ihrer Information: Während ich in diesem Augenblick bei
eingeschaltetem Computer an diesem Buch schreibe, liegen an
meinem Körper nur 245 mV an. Im Vergleich zu den oben erwähnten Untersuchungen mit durchschnittlich 1720 mV also
ein Wert, von dem viele Menschen nur träumen können. Wie
Sie selbst eine Menge Risikofaktoren vermeiden können, erfahren Sie im Kapitel VIII »Beratung: Tipps und Empfehlungen«.

Magnetisches Gleichfeld (Magnetostatik/Erdmagnetfeld)

Würden Sie gerne auf einem großen Grill oder dem in Bau-
märkten erhältlichen Durchwurfgitter schlafen? Sicherlich werden Sie auf diese Frage sofort mit Nein antworten. Und dennoch, viele Betten sind noch immer mit metallischen Sprung-
gittern oder Lattenrosten mit Stahlrahmen ausgestattet. Ganz
zu schweigen von Federkernmatratzen. Letztere haben für mich
nur den Vorteil, dass sie gut elastisch sind und sich weniger
durchliegen als Matratzen aus Naturmaterialien. Meines Erachtens überwiegen jedoch die Nachteile! Um diese verständlich zu
machen, ein klein wenig Erdkunde und Physik.

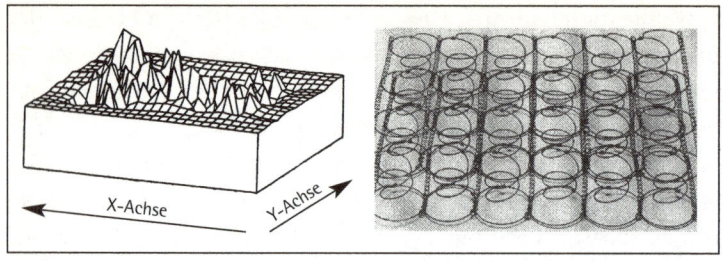

Die Computergrafik zeigt das Messergebnis mit Federkernmatratze: eine extrem hohe Feldstörung.

Wie allgemein bekannt ist, geht vom Erdinnern eine »Richtkraft« aus, die wir einfachheitshalber als Erdmagnetfeld bezeichnen. Zudem wissen wir, dass es auf unserem Planeten einen Südpol und einen Nordpol gibt. Wie bei einem großen Magneten bilden sich zwischen den beiden Polen Magnetfelder, die bis in die Ionosphäre reichen können. Schließlich ist bekannt, dass das Erdmagnetfeld nicht nur bestimmbar, sondern auch messbar ist. Während wir mit dem Kompass die Richtung Nord–Süd feststellen, kann mit einem Messgerät die Intensität des Magnetfeldes gemessen werden. Diese beträgt in Abhängigkeit vom jeweiligen Standort, also z. B. auf unserem Breitengrad, ca. 50 000 Nanotesla (nT). Bei diesem Wert handelt es sich um die magnetische Flussdichte bzw. Induktion, die durch verschiedene natürliche Ursachen (z. B. Sonnenwind) gewissen Schwankungen unterliegt. Und nun wieder marsch zurück ins Bett.

Aus zahlreichen Untersuchungen ist bekannt, dass Änderungen (Störungen, Verzerrungen) des Erdmagnetfeldes höchst bedeutsame biologische Reaktionen auslösen können. Demzufolge besteht also ein Zusammenhang zwischen den Schwankungen von Magnetfeld und Stoffwechselprozess. Publikationen amerikanischer Studien ist zu entnehmen, dass Schwankungen der Intensität des Erdmagnetfeldes »zu signifikant höheren Raten von Krebskrankheiten führen«. Dass biologische Systeme auf Veränderungen des Erdmagnetfeldes reagieren, haben schließlich alle Forschungsarbeiten gemein. Diese gemeinsame Erkenntnis basiert auf Kenntnis der Tatsache, dass das Erdmagnetfeld bereits seit Jahrmillionen existiert und sich biologische Systeme im Laufe der Evolution artspezifisch angepasst haben. Wird dieses Feld in seiner natürlichen Intensität und Struktur nachhaltig gestört, so stellt ein derartiges Milieu einen Zustand dar, der erwartungsgemäß auf den gesamten Stoffwechselprozess einen negativen Einfluss hat.

Fester Bestandteil einer Schlafplatzuntersuchung durch den Rutengänger oder Geobiologischen Berater ist daher die Überprüfung der Schlafstelle auf Intensität und Homogenität des Erdmagnetfeldes. Ob das nun mit der Kompassschiene oder einem speziellen Messgerät erfolgt, bleibt dem Untersuchenden überlassen. Ich persönlich ziehe ein Messgerät (Geo-Magnetometer) dem Kompass vor. Nur wenn die Feldintensität im Freien, im Haus und im Schlafraum bzw. auf dem Bett flächendeckend gleich hoch ist, kann von einer optimalen Schlafstelle gesprochen werden.

Feldänderungen (Verzerrungen) werden vor allem verursacht durch ferromagnetische Metalle »rund um das Bett«, so z.B. durch das Metallgestell, den Sprungfederrahmen, die Federkernmatratze oder durch Metallteile am Bett sowie Deckenträger oder Stützen aus Stahl, Heizkörper oder nicht zuletzt durch Baustahl in der Geschossdecke. Oftmals bewirken mehrere dieser Materialien gleichzeitig eine Störung des Magnetfeldes am Schlafplatz. Da Stahlgewebe (Baustahl) in der Geschossdecke so gut wie immer anderen Decken (z.B. Holzdecken) vorgezogen werden, sollte zumindest das Bett metallfrei sein. Metall verzerrt nämlich nicht nur das Erdmagnetfeld, sondern hat auch die Eigenschaft, elektrische Wechselfelder (siehe oben) anzukoppeln; außerdem können metallische Gegenstände oder Federkonstruktionen eine hervorragende Antennenwirkung haben, was angesichts der ständig zunehmenden Dichte technischer Sendeanlagen einen sehr bedenklichen Zustand darstellt. Zu Ihrer Information: Bei den letzten 100 von mir erfolgten Messungen über Betten in deutschen Haushalten lag der Durchschnittswert der Erdmagnetfeldstörung (abweichend vom Normalwert) bei 14 630 Nanotesla (nT). Aus geo- und baubiologischer Sicht bedeuten diese Werte ebenfalls eine extreme Anomalie. Unter den 100 Betten befand sich keines, das den Richtwert von 200 nT erreichte. Die bislang höchste Erdmagnetfeldstörung stellte ich 1991 in einem Bett mit 60 000 nT fest: Auf seiner Federkernmatratze, die der Ehemann neu erworben hatte, hatte sich dieser wie auf einem Grill gefühlt.

Summen und Brummen im neuen Messingbett

Dass Metall tatsächlich eine Antennenwirkung hat, möchte ich Ihnen an folgendem Fall schildern. Nach Abschluss der Schlafplatzuntersuchung bei Familie F. F. hatte ich diese nachdrücklich darauf hingewiesen, die Federkernmatratze durch Naturmaterialien zu ersetzen. Die Feldstörung hatte im Bett der Ehefrau 9000 Nanotesla (nT) und beim Ehemann 16 000 nT betragen. Bei einer Nachkontrolle stellte ich fest, dass sie meinen Rat befolgt hatten. Beide bestätigten, dass sei seitdem eindeutig besser schlafen könnten. Das Ehepaar hatte jedoch nicht nur die Matratzen, sondern auch gleich das Bettgestell ausgetauscht, und zwar gegen eines aus hochpoliertem Messingrohr, wie Sie es aus Filmen kennen. Optisch schön, aber biologisch nicht empfehlenswert. Offenbar hatte das Ehepaar meinen Untersuchungsbericht nebst Tipps und Ratschlägen nicht genau gelesen. Erneut erinnerte ich an die Möglichkeit der Antennenwirkung verschiedener Materialien. Dabei erwähnte ich die Möglichkeit, aus dem Kochtopf, der Dachrinne oder dem Metallbett ein Rauschen oder gar Musik empfangen zu können. Frau F. blickte mich überrascht an und erklärte, dass sie seit der Neuanschaffung des Bettes nachts ein ständiges Summen und Brummen vernehme, das vorher nicht da gewesen war. Na also, dachte ich und sah meine Warnung erneut als gerechtfertigt an und mich bestätigt. Einige Zeit später rief mich Frau F. an und erklärte mir, dass die Geräusche seit der Anschaffung eines neuen Vollholzbettes verschwunden seien. Warum eigentlich nicht gleich so?

Elektrisches Gleichfeld (Elektrostatik)

Sicher haben auch Sie schon des Öfteren einen kleinen »elektrischen Schlag« bekommen, wenn Sie das eiserne Treppengeländer, den Wasserhahn oder die Autotüre beim Aussteigen berührten. Das Gleiche kann Ihnen aber auch passieren, wenn Sie jemandem die Hand oder gar ein Küsschen geben. Wie auch immer, diese »Elektrifizierung« ist zwar nicht gefährlich, jedoch höchst unangenehm.

Es handelt sich hier um die elektrostatische Entladung nach einer gleichnamigen Aufladung, die durch Reibung und Trennung ungleicher Stoffe entsteht. Dabei findet ein Elektronentransfer von einem Stoff zum anderen statt. Bei diesem Vorgang können am Menschen, an der Kleidung und anderen Materialien Ladungen von weit über 10 000 Volt entstehen, was in Abhängigkeit des leitfähigen Materials geschieht.

Die vielfältigen Kunststoffe in unseren Wohn- und Arbeits-

Schmusetiere aus Synthetik und anderen Kunststoffen laden sich elektrostatisch auf.

räumen stellen somit als elektrisch nicht leitende Materialien ein bedeutsames Gefährdungsmaterial für den Menschen dar. Gesundheitlich gefährdet sind vor allem Kleinkinder, die durch ihr Rutschen (Reibung) auf Kunststoffböden und/oder mittels Plastikspielzeug teilweise sehr hohe elektrostatische Aufladungen verursachen. Gefährdet sind aber auch Menschen mit labilem Kreislauf und Patienten mit Herzschrittmachern. Letztere sollten wissen, dass es bereits bei einer statischen Aufladung von 3000 Volt zu Entladungsfunken kommen kann. Im betrieblichen Bereich kann das zu Explosionen bei Gas- und Staubgemischen führen. Wissenschaftler, die sich mit den Gefahren statischer Aufladungen befassten, sind zum Ergebnis gekommen, dass sich bei einer relativen Raumluftfeuchte von unter 65 Prozent r.F. beim Gehen auf Kunststoffböden und beim Kontakt mit

Kunststoff-Möbelbezügen Ladungen bis zu 20 000 Volt bilden können. Bei diesem Wert ist es nicht ausgeschlossen, dass das elektrostatische Feld einige Millimeter in die menschliche Haut eindringen und damit direkt in den Zellstoffwechsel reichen kann.

Als Folgewirkung elektrostatischer Belastung sind am menschlichen Organismus bekannt: Nervosität, Müdigkeit, Herzbeschwerden, vegetative Störungen einschließlich Hautkrebs. Auch wenn die durch Reibung entstandenen Entladungsströme mit undefinierter Stromdichte im Körper durch Berührung geerdeter Gegenstände sehr kurze Zeit wirken, ist es ratsam, statische Aufladungen aus Sicherheitsgründen zu vermeiden. Hier nicht nur wegen der Feuer- und Explosionsgefahr und der Störung von empfindlichen Geräten, sondern wegen möglicher unkontrollierter Fehlhandlungen und drohender Gesundheitsschäden. Die gesundheitlichen Schäden werden von Experten wie folgt eingestuft: Reizschwelle, fühlbare Entladung, kräftige Entladung, schwerer Schock, koronare Schäden und Lebensgefahr. Schon Anfang der 1970er-Jahre wurde vermutet, dass zwischen der elektrostatischen Aufladung der Haut und der Krebsentstehung ein Zusammenhang besteht. Schließlich kann es durch häufige »Schläge« auch zu Fehlhandlungen und Unfällen kommen. Die statische Aufladung des Menschen ist auch abhängig von der Art und Beschaffenheit der Schuhe und Bekleidung, den Kontaktflächen bzw. dem Baumaterial des Fußbodens, der Wände und Möbel einschließlich der elektrischen Einrichtungen u. a. m.

Aus meiner Tätigkeit könnte ich Ihnen über unzählige Fälle berichten, wo ich die elektrostatische Aufladung als extreme Anomalie beurteilte. Aus Platzgründen berichte ich Ihnen nur über drei typische Erfahrungen.

Synthetik eignet sich nicht zum Schmusen

Auf Anraten des Arztes untersuchte ich die Schlafplätze der Familie R. L. in Erlangen. Da zu meiner Tätigkeit auch die Messung der Elektrostatik gehört, bat ich die Familie um die Plüschtiere der beiden Kinder. Ich bin hinsichtlich der Menge zwar einiges gewohnt, doch die Frau schleppte gleich drei große, bis oben hin mit diesen Tieren gefüllte Wäschekörbe an. Als ich sie daraufhin um einen Stuhl bat, fragte sie mich, ob ich den auch untersuchen wolle. Nein, meinte ich, den bräuchte ich auf Grund der Untersuchungsmenge zum Hinsetzen. Von den vielen Plüschtieren blieben lediglich zwei übrig, die ich einem Kind bedenkenlos zum Spielen geben würde. Diese hatten eine Materialoberflächenspannung von rund plus 100 Volt. Dagegen hatten die meisten der Staubfänger und Formaldehydträger bis minus 10 000 Volt und mehr. Zu Ihrem Verständnis: Naturprodukte zeigen in der Regel Pluswerte, während Synthetik, Plastik und dergleichen mehr Minuswerte aufweisen. Während sich die statische Aufladung bei Naturprodukten in der Regel innerhalb einer Minute abbaut, kann es bei Synthetik eine Stunde und länger dauern. Und noch ein Hinweis: Je stärker die Elektrostatik am Material, desto größer auch die Luftelektrizität im Umfeld. Mit einem Satz: Plüschtiere aus Synthetik bzw. Kunsthaaren eignen sich nicht zum Schmusen.

Frau war Synthetik lieber als der Ehemann

Bei einer Schlafplatzuntersuchung bei Familie D. K. meinte ich mit einem Blick auf den optisch schönen Store am Schlafzimmerfenster, dass sich dieser schon durch bloßes Betrachten elektrostatisch auflade. Natürlich war diese Beurteilung übertrieben. Ich wollte damit nur meiner Ablehnung von Synthetik Nachdruck verleihen. Noch heute sehe ich die ablehnende Haltung von Frau K. und höre sie mit voller Bestimmtheit sagen: »Herr Dietl, wir machen alles, was Sie uns im Rahmen Ihrer Untersuchung empfehlen, aber der Store bleibt dran, lieber gebe ich meinen Mann her.« Der Store hatte tatsächlich eine Materialoberflächenspannung von minus 9000 Volt. Die dadurch erzeugte Luftelektrizität war über den beiden Betten noch erhöht. Um sich elektrostatisch aufzuladen, braucht der Store nicht unbedingt berührt bzw. auf- oder zugezogen zu werden. Das offene Fenster und die leichte Bewegung durch den Wind schaffen diesen Effekt auch. Ich gebe zu, dass auch in unserem Schlafzimmer lange Zeit ein Store mit hohem Synthetikanteil das Fenster schmückte. Vor zwei Jahren haben wir ihn durch Baumwolle ersetzt. Warum dadurch auch die Luft im Raum besser wurde, erfahren Sie weiter unten unter »Elektrostatik verursacht miese Luft im Raum«.

Kunststoff-Tretauto mit rasanter Aufladung

Bei Familie H. G. ging es vordergründig um den Schlafplatz des kleinen Sohnes. Wie von den Eltern richtig befürchtet, war dieser tatsächlich durch die Kreuzung des Benker-Gitters belastet. Besonders auffallend war jedoch, dass das Kinderzimmer mit Plastikspielzeug überladen war. Wenn der Vater schon einen Porsche vor der Haustüre stehen hatte, so musste es für den Sohn zumindest ein Tretauto aus Kunststoff sein. Von der Plastikrutsche im Kinderzimmer und anderen aufladbaren Materialien ganz zu schweigen. Einmal mit dem Tretauto durch das Kinderzimmer oder einmal Rutschbahn genügen, um den Raum mit extrem hoher Luftelektrizität lange Zeit aufzuladen. Eine natürliche Entladung des Kindes war auf Grund der Plastikschuhe nicht möglich. Folglich schleppte der Junge die Aufladung mit sich herum, bis er vielleicht irgendwo einen »elektrischen Schlag« bekam. Ein kritischer Blick in das Kinderzimmer hätte genügt, um unnötige Belastungen vom kleinen Stammhalter fernzuhalten.

Zur Elektrostatik eine kleine Geschichte, die sich nach einem meiner Vorträge zutrug. Nach dem Referat hatte ich den Gästen angeboten, ihre Kleidung auf Oberflächenspannung (Materialladung) zu untersuchen. Als Messgerät diente mir ein Elektrofeldmeter in Kombination mit einem Multimeter. Dabei stellte ich fest, dass die Damenwelt offensichtlich eine besondere Vorliebe für Polyamid, Polyester, Polyacryl und verschiedene Mischgewebe mit Kunststoffanteilen hatte. Auch hier waren 10 000 Volt und mehr keine Seltenheit. Zumindest hatte ich erreicht, die Frauen anhand der extrem hohen Messwerte nachdenklich zu stimmen.

Stein im Rock sollte vor Elektrostatik schützen

Eine der Frauen gab mir vor der Messung ihrer Oberkleidung zu verstehen, dass sich ihre Kleidung nicht aufladen könne. Auf meine Frage, warum sie so sicher sei, antwortete sie, dass ich mich selbst davon überzeugen könne. Die Selbstsicherheit dieser Frau in allen Ehren, aber das Ergebnis ließ sie leicht erröten. Ihr Rock unterschied sich nicht im Geringsten von anderen Kleidungsstücken aus Kunststoffgeweben. Enttäuscht griff die Frau in die Rocktasche und hielt mir dann einen schillernden Stein entgegen. Angeblich war dieser laut den Empfehlungen der hl. Hildegard von Bingen gegen Strahlungen gedacht. Nichts gegen diese große Frau des Mittelalters und der Naturheilkunde, aber ich bezweifle, dass sie jemals einen Stein zum Schutz vor Elektrostatik empfahl. Unter den rund 25 Personen, die ihre Kleidung auf Materialladung untersuchen ließen, war lediglich ein älterer Herr aus dem Nachbarlandkreis, der von Kopf bis Fuß in reines Naturmaterial gekleidet war. Er hatte als Einziger richtig erkannt, dass die Bekleidung als zweite Haut aus Naturmaterial und nicht aus Kunststoffen bestehen sollte.

Elektrostatik verursacht miese Luft im Raum

Wie oben gesagt, bringen elektrostatische Ladungen, die unmittelbar auch mit der relativen Luftfeuchtigkeit zu tun haben, zusätzliche raumklimatische Veränderungen. Sie haben nämlich einen sehr starken Einfluss auf den Luftionenausgleich, wodurch das Raumklima kaputt gemacht wird. Je stärker die künstlich erzeugte Luftelektrizität im Raum ist, desto höher ist die Ungleichgewichtigkeit der positiven und negativen Luftionen. Es handelt sich dabei um elektrisch geladene Teilchen der Luft. Sie sind es, die ein gesundes Raumklima ausmachen. Jede Reduzierung bedeutet schlechtere Luft, die wir einatmen und durch die Haut aufnehmen. Schlechte Luftverhältnisse verringern folglich unsere Widerstandskräfte, erzeugen Kopfschmerzen, Migräne, Schwindel, Nervosität und Angst, begünstigen Allergien und Asthma und verursachen Herzbeschwerden sowie pH-Wert-Änderungen. Zudem vermindern sie den Sauerstoffaustausch in der Lunge und beeinflussen bestimmte Hormontätigkeiten und damit auch Nerven-, Drüsen- und Zellabläufe. Mit einem Wort: ein Teufelskreis!

In Räumen ohne Elektrostatik ist mit einer Luftionenanzahl von etwa 600 bis 1500 Ionen pro Kubikzentimeter Luft zu rechnen. Dabei ist das Verhältnis zwischen plus- und minusgeladenen Ionen etwa gleich. Sobald Sie die Baumwollgardine, den Baumwollteppich und die Raufasertapete durch Materialien aus Polyester, Synthetik bzw. Vinyl ersetzen, reduzieren Sie die Ionenanzahl auf 100 und weniger. Daraus ergibt sich, dass es andersherum vorteilhafter ist. Also raus aus dem Haus mit den Kunststoffen! Wenn Sie das Ionenklima zudem noch pflegen und verbessern wollen, dann zünden Sie Kerzen an, heizen Sie den offenen Kamin, und befeuchten Sie die Luft mit feinem Sprühnebel. Damit haben Sie das, was Ihnen ein teures Luftionen produzierendes Gerät verspricht. Vergessen Sie aber bei der Anschaffung eines Elektrogerätes nicht die elektromagnetischen Felder!

Elektromagnetische Wellen (Hochfrequenz)

Je höher die Frequenz, umso mehr »verschmelzen« die elektrischen und magnetischen Felder zu elektromagnetischen Wellen. Während wir es im Haushalt in der Regel mit niederfrequenten elektrischen und magnetischen Feldern (50 Schwingungen pro Sekunde ist gleich 50 Hertz) zu tun haben, gehören elektromagnetische Wellen zur Hochfrequenz (HF). Diese beginnt ab 30 Tausend Hertz (Hz), ist gleich 30 Kilohertz (kHz), und endet bei 30 Millionen Schwingungen pro Sekunde, ist gleich 30 Megahertz (MHz). Noch höhere Wellen liegen im Bereich von Gigahertz (GHz) und sind als Mikrowellen bekannt. Schließlich folgen die Wellen des sichtbaren Lichtes und der UV- und Röntgenstrahlung. Dies in aller Kürze zu den Frequenzen.

Elektromagnetische Wellen sind bekannt als Basis der Nachrichtentechnik bzw. als Radio- und Fernsehwellen, als UKW-, Kurz-, Lang-, Mittel- und Mikrowellen sowie als Radar und Funk. Die elektromagnetische Welle ist folglich »Energietransport« in Ausbreitungsrichtung durch den Raum. Je höher die Frequenz der Welle, umso größer ist auch ihre Energie und damit die unmittelbare Gefahr für biologische Systeme. Über 10 000 Rundfunk- und Fernsehsender, 7000 Mobilfunk- und 16 000 Richtfunksender sowie 5200 Satellitensender sorgen dafür, dass auch der kleinste Winkel innerhalb der Bundesrepublik mit künstlicher elektromagnetischer Energie bestrahlt wird. Zu diesen Verursachern von Elektrosmog kommen noch einige 100 000 private Sender und Funkdienste sowie unzählige Autotelefone und Funkanlagen von Amateuren hinzu. Für die mehr als flächendeckende Versorgung hochfrequenter Wellen sorgen schließlich noch die Radartechnik im Straßen- und Schiffsverkehr, der Flugsicherungsdienst und die Weltraumforschung sowie nicht zuletzt die Wetterbeobachtung und das Militär. Mit bis zu 300 000 Kilometern in der Sekunde sucht der hochfrequente Wellensalat sein Ziel. Die Verursacher scheint es wenig zu kümmern, dass diese Energie nicht nur technische Empfänger, sondern auch biologische Systeme erreicht. Sie berufen sich auf die Einhaltung von Grenzwerten, die meines Erachtens nicht ökologischer, sondern ökonomischer Natur sind. Würden sich diese Werte an biologischen Systemen (Mensch, Tier und Pflanze) orientieren, dann müssten die Sender allesamt abgeschaltet werden. Nach Meinung unabhängiger Wissenschaftler sind die bundesdeutschen Grenzwerte der Mikrowellen 1000fach zu hoch.

Es gibt wohl keinen Ort in der Bundesrepublik, der nicht von der »Sendekeule« eines oder mehrerer Sender (meist Mobilfunk) erfasst ist. So auch meine Heimatstadt. Ich nehme jedoch für mich in Anspruch, dass ich mich dagegen gewehrt habe. Zwei dicke Ordner in meinem Büro zeugen von meinen Aktivitäten. Darunter auch eine von mir erstellte Zusammenfassung zur Problematik Mobilfunk, Elektrosmog – Elektrostress. Diese wurde nicht nur der Öffentlichkeit bekannt gemacht, sondern auch mehreren Bürgerinitiativen gegen den Mobilfunk zur Verfügung gestellt. Es würde zu weit führen, Ihnen in diesem Buch die vielen stichhaltigen Argumente gegen den Mobilfunk auf-

Trotz Beweisnot auf Strahlenunschädlichkeit: Sendekeulen gefährden biologische Systeme.

zulisten. Deshalb beschränke ich mich nur auf drei Aussagen, die keineswegs von Gegnern desselben stammen: Gesundheitsamt Schwandorf (wie schon erwähnt): »Es wird (...) angenommen, dass Mikrowellen- und Hochfrequenzstrahlung nicht direkt krebserregend wirkt.« Niederlassungsleiter der Mannesmann Mobilfunk GmbH Bayern: »Es wäre extrem unseriös, beim derzeitigen Stand der Forschung zu sagen, eine Gefährdung sei völlig ausgeschlossen.« DeTe Mobil, Niederlassung Nürnberg: »Ich kann nicht sagen, dass sie (Anm.: Mobilfunk-Sendeanlage) nicht gefährlich ist.« Diese Gefährlichkeit ist darin zu sehen, dass elektromagnetische Wellen nicht nur das biologische Gewebe erwärmen, sprich eine thermische Wirkung haben, sondern auch eine athermische. Diese kann bewirken, dass Gehirnströme und damit auch die Kommunikation der Gehirnzellen nachhaltig gestört werden. Zum Mobilfunk zwei Erlebnisse aus meiner Praxis.

Antenne vom Kuhstall auf Soldatenunterkunft

In der Nähe von Neunburg vorm Wald hatte die Mannesmann Mobilfunk GmbH auf einem Kuhstall eine Versuchsantenne für ihren Mobilfunk installiert. Dem Besitzer war angeblich gesagt worden, dass die Gefährdung nicht größer sei als die Gefährdung durch die Glühbirne in der Wohnung. Er hatte folglich nur Angst, dass der Blitz in die Antenne schlagen könnte und die Computeranlage der Melkanlage im Kuhstall beschädigte. Daraufhin sah ich mich verpflichtet, die Anwohner auf die Gefahren durch hochfrequente Wellen hinzuweisen. Anders gesagt, ich machte die Leute gegen den Mobilfunk mobil. Nach einer von mir initiierten öffentlichen Anhörung der Betreibergesellschaft und dem wachsenden Widerstand gegen die Sendeanlage wurde diese wieder abmontiert. Heute strahlt die Antenne vom Dach einer Mannschaftsunterkunft in der Pfalzgraf-Johann-Kaserne. Ungehindert und rund um die Uhr bewacht, überschattet ihre Sendekeule die Pfalzgrafenstadt. Ein persönliches Gespräch mit dem Standortältesten, der an Weisungen seines Dienstherrn gebunden ist, brachte leider keinen Erfolg.

Dass sich kurze Zeit später auch noch der Mobilfunkbetreiber E-plus in meiner Heimatstadt ansiedelte, konnte ich alleine nicht verhindern. Schon morgen kann die Firma »Hinz & Kunz« einen weiteren Sendemast aufstellen, und außer mir verstecken sich alle anderen politisch Verantwortlichen hinter der BAPT-Bescheinigung des Smog-Betreibers. Ausgestellt wird dieser »Freibrief« vom Bundesamt für Post und Telekommunikation.

Dazu eine Kritik des amerikanischen Biophysikers Allen Frey: »Wenn dieser Wellen- und Strahlensalat sichtbar wäre, dann hätte ein Beobachter aus dem Weltall die Erde im Jahre 1900 noch ganz dunkel gesehen; heute aber würde sie aufleuchten wie die Sonne.«

Sendekeule bedroht den Bayerischen Wald

Im Rahmen meiner Tätigkeit wurde ich zu Frau A. M. in den Bayerischen Wald gerufen. Ohne auf die einzelnen Risikofaktoren im Schlafraum einzugehen, stellte ich u. a. auch eine äußerst ungewöhnlich hohe Hochfrequenzstrahlung im Schlafzimmer fest. Die Antennenspannung schwankte ständig zwischen 100 bis 350 Millivolt und teilweise auch noch höher. Die Feldstärke und Strahlungsdichte dürften in diesem Falle verhältnismäßig hoch gewesen sein. Diese Werte gelten aus baubiologischer Sicht als extreme Anomalie. Ich konnte mir diesen Umstand nicht erklären, da ich Derartiges noch nicht festgestellt hatte. Ein Elektro- und Baubiologe empfahl mir daraufhin, die mit Aluminium kaschierte Wärmedämmung in den Dachschrägen zu erden. Diese Maßnahme nützte nichts. Nach weiteren Messungen stellte ich fest, dass sich diese Wellen nicht nur auf das Haus beschränkten. Nein, auch im Haus des von mir hinzugezogenen Elektromeisters waren die Werte gleich hoch. Und selbst mehrere Messungen außerhalb der Ortschaft zeigten diese hohen Messwerte. Hier musste ich einfach passen. Gegen die Sendestrahlen vom Hohen Bogen, um nichts anderes kann es sich hier handeln, komme ich nicht an.

In der Fachliteratur und in Gutachten verschiedener Wissenschaftler wird auf folgende Risiken bei Mobilfunk hingewiesen: Zellveränderungen bei Mensch und Tier (Krebs), Missbildung von Embryonen im Mutterleib, Schwächung des Immunsystems,

Kopfschmerzen und Unwohlsein, Schäden an der Erbsubstanz, Verlust der Libido (Impotenz), Temperaturanstieg im Körper um 1,0 Grad Celsius und Grauer Star. Die damals hochschwangere Frau M. erlitt übrigens eine Fehlgeburt. Gemeinsam mit ihrem Mann will sie aus dem Elternhaus ausziehen und ein eigenes Wohnhaus bauen. Das Baugrundstück, das ich zwischenzeitlich untersucht habe, liegt leider im Bereich der Sendekeule.

Haben Sie sich schon einmal den Waldbestand im Nahbereich großer Sendeanlagen angesehen? Sehr schnell werden Sie feststellen, dass der Text vom grünen Tannenbaum umgeschrieben werden muss in: »O Tannenbaum, o Tannenbaum, wohin sind deine Blätter?« Experten wie z. B. Dr.-Ing. W. Volkrodt machen dafür in erster Linie die hochfrequenten Wellen der Sendeanlagen und nicht die Saure-Regen-Theorie verantwortlich. Die berechtigte Warnung der Naturschützer heißt: »Erst stirbt der Baum und dann der Mensch.« Die Frage ist, wollen wir so lange warten?

Schließlich möchte ich noch eine hochfrequente Welle erwähnen, die Mikrowelle. Wie schon erwähnt, liegen diese Wellen im Frequenzbereich von 300 MHz und 300 GHz. Während unser 50-Hz-Strom im Haus eine Welle von 6000 Kilometern hat, beträgt diese im Mikrowellenbereich bis zu einem Millimeter. Als hochfrequente Wellen sind sie verwandt mit den Radiowellen, den sichtbaren Licht- und den Röntgenstrahlen. Während Licht- und Infrarotstrahlen beim Menschen durch obere Hautschichten absorbiert werden, können Mikrowellen in die Haut bzw. in den Körper eindringen und dabei elektrische und thermische Effekte in seinem Inneren verursachen. Bekanntester Wellenverursacher im Haushalt ist der Mikrowellenherd mit einer typischen Frequenz von rund 2,45 GHz.

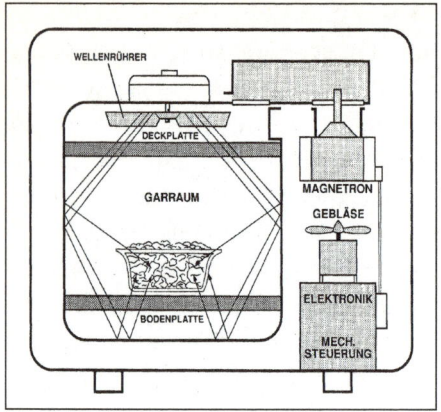

Vorsicht: Die »Schnelle Welle« ist ein Gefahrenherd für hochfrequente Leckstrahlung.

Viele Hausfrauen schätzen die »Schnelle Welle« als idealen Helfer in der Küche. Dass mit Mikrowelle Lebensmittel rasch erwärmt, Gefriergut in kurzer Zeit aufgetaut und viele Speisen schnell gegart werden können, ist einer besonderen Eigenschaft dieser Welle zu verdanken. Dabei werden durch eigenen ständigen Polaritätswechsel der Plus- und Minuspol der Wasser-, Fett- und Zuckermoleküle regelrecht in Schwung gebracht, und das mit einer Geschwindigkeit von zirka 2 500 000 000 Schwingungen pro Sekunde. Infolge dieser schnellen Bewegung entsteht eine hohe Reibungswärme, wodurch das Lebensmittel im Gerät durchgehend und nahezu gleichermaßen erhitzt wird. Im Gegensatz dazu erfolgt dies bei der Erhitzung auf dem Elektroherd von außen nach innen.

Gefährdung bei Mikrowelle im Preis inbegriffen

Normalerweise geht vom Mikrowellenherd keine Gefahr aus. Die hochfrequenten Wellen werden nämlich vom Metall »abgeschirmt« und wie von einem Spiegel reflektiert. Hersteller dieser Geräte müssen garantieren, dass so gut wie keine Wellen aus dem Metallkasten entweichen können. Dennoch ist ein »Restrisiko« nicht ausgeschlossen, wie bei einer Untersuchung von 62 gewerblichen Mikrowellengeräten in Münchener Hotels und Gaststätten durch das BGA festgestellt wurde. Dabei hatten sieben Geräte »erhebliche Mängel«, bei fünf lag die Leckstrahlung über dem Grenzwert, und bei zwei Geräten ließ sich die Tür einen Spalt breit öffnen, ohne dass die Strahlung abgeschaltet wurde. Ähnliche Fälle wurden in einem Münchener Krankenhaus festgestellt. Dort lag die Leckstrahlung bei vier von 28 Geräten über dem Grenzwert. Laut der Internationalen Gesellschaft für Elektrosmog-Forschung weist jedes dritte Gerät eine Leckstrahlung auf, die selbst in zwei Metern Abstand Störungen der Gehirnfunktion zur Folge haben kann. In dieser Entfernung ist die austretende Strahlung noch so stark, dass auch das Erbgut verändert und genetische Missbildungen verursacht werden können.

Mikrowellenherd erwies sich als Schrottware

Bei meinen eigenen Untersuchungen frage ich stets nach dem Mikrowellenherd in der Küche. So z. B. fragte ich auch Familie A. K. Das Gerät stand auf dem Arbeitstisch. Mein erster Griff erfolgt immer an die Tür des Gerätes. Türen sind zwar grundsätzlich gegen Leckraten von innen nach außen abgeschirmt, doch bestätigen Ausnahmen die Regel. Jedenfalls ließ sich diese bei aus- und eingeschaltetem Gerät so weit öffnen, dass ein Kugelschreiber in dem Spalt spielend Platz hatte. Nun, Plastik mag die Mikrowelle ebenso nicht wie Glas, Keramik, Porzellan oder Pappe. Die Leckrate mit meinem Finger zu testen, dafür war und ist er mir zu kostbar. Überprüfen Sie also Ihr Gerät, prüfen Sie, ob die Türe fest schließt, ohne auch nur den geringsten Spielraum zu haben. Bedenken Sie, auch der kleinste Spalt zwischen

Rahmen und Türe bedeutet ein Leck und damit ein Entweichen hochfrequenter Strahlung.

Es ist unbeschreiblich leichtsinnig, mit einem defekten Gerät, wie oben erwähnt, zu arbeiten. Während meiner Tätigkeit machte ich die Erfahrung, dass fest eingebaute Mikrowellenherde sicherer sind als frei stehende. Letztere werden zu viel bewegt und angestoßen, was auf Kosten der Sicherheit geht. Stellen Sie sich eine schwangere Frau in der Küche vor. Die »Schnelle Welle« ist eingeschaltet, und die Frau arbeitet vor dem Leckgerät. Oder ein kleines Kind, neugierig wie es ist, beobachtet die sich drehende Bodenplatte mit dem Gargut. Ebenso gefährdet sind auch Personen mit einem Herzschrittmacher. Nein, ein defektes Gerät gehört als Sperrgut entsorgt.

Verdirbt die »Schnelle Welle« den Geschmack?

Ich werde oft gefragt, ob die im Mikrowellenherd aufgetaute oder erhitzte Nahrung schlechter ist als die auf dem Elektroherd zubereitete. Ich verweise dann auf eine »weltweit erste Studie« des Biochemikers Prof. Bernhard H. Blanc, ETH Lausanne, und des Biologen Dr. Hans U. Hertel, Wattenwill in der Schweiz. Danach haben sich nach einer Mahlzeit aus dem Mikrowellenherd bei den Probanden die Blutwerte »signifikant und dramatisch« verändert. Und weiter heißt es: »Die gemessenen Auswirkungen der Mikrowelle über die Nahrung auf den Menschen zeigten, im Gegensatz zur nichtbestrahlten Nahrung, Veränderungen im Blut, die auf den Beginn eines pathogenen (krank machenden) Prozesses hinweisen, und wie sie auch bei der Auslösung eines Krebsgeschehens vorliegen.«

Insgesamt eine vernichtende Beurteilung! Es ist also nicht nur eine Frage des Geschmacks, sich für oder gegen die Mikrowelle zu entscheiden.

Nachdem ich unserer diesjährigen Urlaubsbekanntschaft Herrn und Frau H. aus Linz den von mir verfassten Ratgeber über »Reizzonen & Störfelder« als kleines Dankeschön für ihre Freundlichkeit zugesandt hatte, erhielt ich folgende Zeilen: »Lieber Herr Dietl, mit Ihrer Zusammenfassung über die Mikrowelle haben Sie uns die Entscheidung (Kauf oder Verzicht eines Mikrowellenherdes) abgenommen, wofür wir Ihnen sehr danken!«

2. Gefahren durch radioaktive Strahlung und Radon

Radioaktive Strahlung (Ionisierende Strahlung)

Als weiterer Risikofaktor für unsere Gesundheit gilt die Radioaktivität, d. h. die durch Radioaktivität hervorgerufene Strahlung, egal, ob es sich um die natürliche oder künstliche handelt. Wie bei den vorhergehenden Themen habe ich nicht die Absicht, Ihre Aufmerksamkeit mit Fachbegriffen oder Daten mehr als erforderlich zu strapazieren. Nein, ich möchte Sie ganz einfach über Fakten informieren. Grundsätzlich ist Radioaktivität zunächst ein natürliches Phänomen, und auch hier ist es die Erde, die eine besonders starke radioaktive Strahlung aussendet. Ionisierende Strahlung geht aber auch vom Kosmos aus, von der Luft, vom Wasser, von Lebensmitteln, medizinischen Diagnosegeräten sowie von der Industrie, diversen Baustoffen, Gesteinen und Geräten.

Risiko bei Radioaktivität fängt bei Null an

Biologische Risiken durch Radioaktivität entstehen ergo durch Summation über einen längeren Zeitraum. Wissenschaftler auf der ganzen Welt sind sich einig, dass es in puncto Radioaktivität keine ungefährliche Minimaldosis gibt. Somit fängt das Risiko bei Null an, d. h., jede erhöhte radioaktive Dosis, auch die kleinste, könnte das entscheidende zellschädigende Zünglein an der Waage sein. Deshalb sollte jede – auch die geringste – künstliche wie natürliche Strahlungserhöhung vermieden bzw. reduziert werden. Radioaktive Strahlung kann in relativ hoher Form aus künstlichen Baustoffen wie Chemiegips, Hochofenschlacke, Kunststeinen sowie Kacheln, Fliesen und Glasuren ausgesendet werden. Auch Granit, Basalt und Schiefer sind Strahler.

Es ist Gott sei Dank nicht alltäglich, dass Bauherren eine größere Auswahl von Fliesen bei mir abladen und um Untersuchung bitten. Und doch gibt es nach wie vor Befürchtungen, dass die eine oder andere ausländische Fliese stärker strahlt als die andere. Hier handelt es sich grundsätzlich um alte Vorurteile. Erinnern Sie sich noch an die Zeiten, wo es hieß, dass der Fiat schon im Katalog roste? Zugegeben, dass die italienischen Fliesen vor Jahrzehnten uranhaltiger waren als andere, doch diese Zeit ist vorbei. Insgesamt gesehen habe ich an 100 Fliesen verschiedener Herkunft folgende Werte gemessen: Bei 40 Stück keine, bei 50 Stück eine schwache und an 10 Stück eine starke Anomalie. Sie werden vielleicht lachen, doch zu den letzten zählten auch die Kacheln unseres eigenen Wohnzimmertisches. Ich sagte »zählten«, denn der Tisch wurde schnellstens durch einen Vollholztisch ersetzt.

Im Vergleich zur natürlichen Umgebungsstrahlung lagen die Messwerte aller von mir untersuchten Fliesen um 0 bis 96 Prozent höher. Noch stärker strahlt jedoch der Granit als Tiefengestein in meiner Heimat. Hier lag der Messwert am Material um 155 Prozent höher als der so genannte Nullwert mit seinen

Schwankungen. Diese Tatsache wurde Ende 1999 durch das Umweltinstitut München bestätigt. Demnach ist im Fichtelgebirge und im Bayerischen Wald die natürliche Strahlung im Schnitt um 40 Prozent höher als im Flachland. Unter Berufung auf Daten des Bundesamtes für Strahlenschutz teilte das Institut ferner mit, dass in diesen Regionen besonders viele Menschen an Lungenkrebs sterben würden. Das Umweltinstitut hat für diese Krankheit ein um 16 Prozent erhöhtes Risiko errechnet. Dass Baumaterial mit radioaktiver Strahlung gemieden werden sollte, dafür stehen Beispiele aus meiner Tätigkeit.

Zement zeigte keine erhöhte Radioaktivität

Frau A. O. litt an starker Neurodermitis. In ihrem Schlafzimmer lief nachts ständig ein riesiger Ventilator, um ihr Kühlung zu verschaffen. Nach Abschluss meiner Untersuchung kam sie zu dem Entschluss, das ihr von den Eltern vermachte Grundstück schneller zu bebauen als ursprünglich geplant. Klar doch, dass ich dieses auf Reizzonen untersuchte! Kurz bevor die Ziegel für den Hausbau geliefert wurden, bat mich Frau O. um eine Entscheidungshilfe bei der Zementauswahl. In der Garage hatte die Frau je eine große Schale mit einem allgemein bekannten deutschen Zementprodukt und eine Schale mit einem tschechischen Produkt abgestellt. Nach umfangreichen Vorkehrungen hinsichtlich eines geeigneten Standortes für die Messung untersuchte ich die beiden Zementsorten. Es wäre ungerecht, zu behaupten, dass der eine oder andere höher kontaminiert war bzw. stärker strahlte.

Trotz großer Preisunterschiede entschied sich die Frau schließlich für das bekanntere Produkt. Nach meiner Information berücksichtigte sie zudem die meisten meiner Empfehlungen hinsichtlich Hausbau und Einrichtung.

Bauherrn von Granit in der Wohnung abgeraten

Ein Bauunternehmer hatte mich angerufen, um meine Meinung über Granit im Wohnzimmer zu hören. Sein Auftraggeber wolle statt der Wohnzimmertüre zwei Säulen aus grob gekörntem Granit gesetzt haben, ebenso wolle er Fensterbänke aus geschliffenem Granit. Um den Bauherrn von seinem Vorhaben abzubringen, überzeugte ich ihn vor Ort davon, dass geschlagener Granit auf Grund der extrem hohen radioaktiven Strahlung für Wohnbereiche ungeeignet sei. Im Gegensatz dazu seien fein geschliffene Granitplatten als Fensterbänke gerade noch zu tolerieren. Der Mann nutzte die Gelegenheit und ließ sein gesamtes Baumaterial (Ziegel) bis hin zur Dachdämmung messen. Hier gab es nichts, was über die natürliche Strahlung hinausging.

Verdacht auf »Tschernobylholz« unbegründet

Herr H. D. hatte ein schlüsselfertiges, konventionell gebautes Einfamilienhaus gekauft. Erst nach dem Einzug war er nach eigenen Aussagen über eine Menge Mängel und schlampige Arbeiten gestolpert. Auf Grund von Hörensagen hegte er zudem den Verdacht, dass das Holz des Dachstuhls aus Tschernobyl oder von sonstwo aus einem der Ostblockländer mit erhöhter radioaktiver Belastung stammen könne. Ich konnte die Bemühungen des Mannes verstehen, Minuspunkte für eine eventuelle Rückgabe des Hauses zu sammeln. Jeder Rutengänger wäre in einem solchen Fall der Gefahr der Suggestion, sprich der seelischen und damit auch mentalen Beeinflussung, ausgeliefert. Zudem würde er sich selbst und die Radiästhesie der Lächerlichkeit preisgeben. Aus diesem Grunde sind hier nicht Mutungen, sondern Messungen gefragt. In allen Lagen und Höhen führte ich diese an verschiedenen Stellen im Dachboden durch. Nirgendwo zeigte der Geigerzähler mit Flächenzählrohr eine

Abweichung von der natürlichen Strahlung. Normalerweise wäre ein Kunde darüber glücklich gewesen, nicht jedoch Herr D., dem die Enttäuschung ins Gesicht geschrieben stand.

Schleichende Gefahr aus der Erde: Radon

Eine Sonderform eines natürlichen radioaktiven Stoffes ist das Edelgas Radon. Radon ist so alt wie die Erde selbst und gilt als terrestrisches Zerfallsprodukt von Uran und Thorium. Der Name Radon leitet sich vom lateinischen *radius* = Strahl ab. Da das Gas die Eigenschaft hat, nach oben in die Atmosphäre zu entweichen, kann es sich unter bestimmten Voraussetzungen in hohem Maße in unserer Wohnung anreichern. In Extremfällen muss deshalb mit gesundheitlichen Folgeschäden gerechnet werden. Radon ist nicht brennbar, und es ist farb-, geruch- und geschmacklos. Wer es in hohen Konzentrationen und über einen längeren Zeitraum einatmet, braucht sich über Lungenkrebs nicht zu wundern. Radonkuren werden zwar als »Jungbrunnen« gepriesen, es ist aber nicht ausgeschlossen, dass Sie bei Übertreibung »alt« aussehen.

Wie schon erwähnt, hat Radon seinen »Ursprung« in der Erdkruste. Durch Böden und Gesteine gelangt es zur Erdoberfläche und in die Atmosphäre. Trifft das Gas auf ein Hindernis, wie die Bodenplatte eines Hauses, dann sammelt es sich dort zunächst und strömt durch Schwachstellen in das Haus. Damit meine ich Undichtigkeiten in der Bodenplatte, Mauerrisse, Lichtschächte, Kabel- und Rohrdurchführungen, Abwasservorrichtungen oder Rohrentlüftungen. Folglich treten die höchsten Konzentrationen erst in den Kellerräumen des Hauses auf. Von dort gelangen sie in die höher gelegenen Räume. Während die heutigen Bodenplatten dem Gas kaum eine Eindringmöglichkeit bieten, verhält es sich bei älteren Gebäuden sehr leicht oft anders. Da-

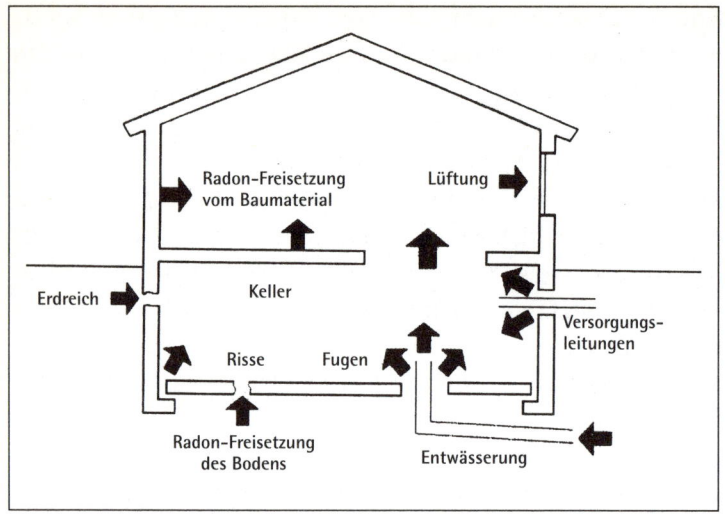

Die Wege, über die das Radon ins Haus gelangt, können sehr vielfältig sein.

mit komme ich auf mein eigenes Haus und Grundstück zu sprechen. Dieses ist offenbar in jeder Hinsicht für Lernprozesse geeignet. Das Wohnhaus (Baujahr 1953) wurde von mir 1981 erworben. Also zu einer Zeit, wo ich weder vom Rutengehen noch von Baubiologie einen blassen Schimmer hatte. Auf Grund der fehlenden Bodenplatte und der Grundmauer aus Granit hatte es keinen Mangel an radioaktiver Strahlung und Radon.

Extrem hoher Radongehalt im eigenen Keller

Als 1990 durch das Bayerische Staatsministerium für Landesentwicklung und Umweltfragen in Neunburg vorm Wald kostenlose Radonmessungen angeboten wurden, hatte ich unser Haus und Grundstück dafür angeboten. Eine bundesweite Messkampagne bezüglich Radon in 600 Häusern hatte einen Mittelwert von 50 Becquerel pro Kubikmeter Luft (Bq/m^3) ergeben.

Nur in einem Prozent der Wohnungen wurden mehr als 600 Bq/m³ gemessen. Um wie viel mehr, darüber hatte nichts im amtlichen Informationsblatt gestanden. Hochgerechnet betrifft dieser hohe Anteil folglich über 250 000 Wohnungen in Deutschland. Laut Untersuchungsbericht wurden in meinem Keller 4329 Bq/m³ und in der Wohnung 222 Bq/m³ gemessen. Nach Einbringung eines Estrichs und verschiedenen Abdichtungsmaßnahmen sowie einem Abzug über einem stillgelegten Kamin konnten diese extrem hohen Werte auf 494 Bq/m³ im Keller und 58 Bq/m³ in der Wohnung reduziert werden. Sie sehen also, dass Radonwerte vermieden bzw. verringert werden können.

Zu diesen Angaben noch ein nachdenklich stimmender Hinweis: In Deutschland liegt der »Grenzwert« für Radon, d. h. die Empfehlung, ab welcher Konzentration Gegenmaßnahmen getroffen werden sollen, bei 250 Bq/m³, in Amerika liegt er bei 150 Bq/m³ und in Schweden lediglich bei 75 Bq/m³. Diese Zahlen zeigen, dass andere Länder nicht nur andere Sitten, sondern auch geringere Grenzwerte haben und damit den Bürgern einen größeren Schutz bieten. Immerhin waren zum damaligen Zeitpunkt laut wissenschaftlichen Berechnungen jährlich etwa 25 000 Lungenkrebstodesfälle auf das Inhalieren des radioaktiven Edelgases zurückzuführen.

Einen weiteren Beleg dafür, dass sich Radon im Erdreich stark anreichert, liefert folgendes Ergebnis. Bei Probemessungen in meinem Garten hatten Geologen der Bonner Universität in zwei Metern Tiefe eine Konzentration von 250 000 Bq/m³ gemessen. Ein Grund mehr, beim Hausbau darauf zu achten, dass das Gebäude von unten her dicht ist. Sofern Sie in Ihrem Keller Undichtigkeiten feststellen, rate ich Ihnen, eine Messung und gegebenenfalls Sanierungsmaßnahmen durchführen zu lassen.

3. Risikofaktoren in den »eigenen vier Wänden«

Raum- und Umweltgifte

Gase (hier chemische Verbindungen) haben zwar nichts mit Feldern und Wellen zu tun, wohl aber mit dem Umfeld. Raum- und Umweltgifte entstehen in der Raumluft durch künstliche Baustoffe, Farben, Lacke, Klebestoffe, Chemikalien, Haushalts-, Lösungs-, Schädlingsbekämpfungs-, Konservierungs- und Desinfektionsmittel einschließlich Bodenbeläge, Spanplatten und Umwelteinflüsse. Laut des Münchener Toxikologen Max Daunderer und anderen Experten ist die Schadstoffkonzentration in den Wohnungen teilweise 10 000fach höher als in der freien Natur. Dabei wird das Formaldehyd als »Umweltgift Nr. 1« bezeichnet. Die Geruchsschwelle dieses farblosen, Krebs erregenden und Frucht schädigenden Gases beginnt erst ab der 10fachen für Innenräume zulässigen Konzentration.

Mit Ausnahme der Haut haben keine anderen Organe des Menschen so engen Kontakt zur Umwelt wie Bronchien, Atemwege und Lunge. Eingeatmete Gifte führen zu einer Blutübersäuerung, sprich Vergiftung, und zeigen ihre Wirkung am Zentralnervensystem. Als Symptome von Formaldehyd-Kontakt gelten: Allergien, Asthma, Atembeschwerden, Augenbrennen und -tränen, Beklemmungen, Depressionen, Durchfall oder Brechdurchfall, Erbrechen, Schwangerschaftsstörungen, Fruchtschädigung, Gedächtnisschwund, Husten, Konzentrationsschwäche, Kopfschmerzen, Nervosität, Reizbarkeit, Schlaflosigkeit, Schmerzen und Brennen in der Brust, Schwindelgefühl, Störung der Sinnesorgane, Stressanfälligkeit, Übelkeit, Verwirrung u. a. m. In diesen Fällen sollten bei Verdacht auf Formaldehyd-Vergiftung Messungen durchgeführt werden.

Es ist ein großer Irrtum, zu glauben, dass ein mit Formaldehyd belastetes Möbel- oder Einrichtungsstück in kurzer Zeit ausgast. Dazu drei Fälle aus meiner Praxis.

Neues Jugendzimmer machte Kind krank

Frau M. L. konnte sich nicht erklären, warum ihre 12-jährige Tochter seit Monaten an Übelkeit, Appetitlosigkeit, Blässe und Kopfschmerzen litt und völlig unkonzentriert war. Bei der Untersuchung fiel mir das neue Jugendzimmer auf, das die Tochter sechs Monate zuvor als »Christkindl« bekommen hatte. Da der Raum bereits gelüftet war, vereinbarte ich einen neuen Termin für die Messung. Diese ergab 0,15 ppm Formaldehydgehalt, und damit lag die Konzentration über dem Grenzwert von 0,1 ppm. Zur Erklärung: 1 ppm ist gleich 1,25 Milligramm pro Kubikmeter Luft. Frau L. wandte sich daraufhin an die Möbelfirma, die jedoch eine Rücknahme der Möbel ohne amtliches Gutachten ablehnte. Auch das Gesundheitsamt konnte in diesem Fall nicht helfen. Da das Gutachten rund 750 Mark gekostet hätte und die Möbel lediglich 600 Mark wert waren, verzichtete die Frau auf einen Streit. Die Tochter bekam die Möbel der verstorbenen Großmutter und schon vier Wochen später war sie von allem Übel befreit.

Im neuen Wohnzimmer stank es fürchterlich

Über 11 Jahre hat es Frau R. S. mit ihren stinkenden Wohnzimmermöbeln ausgehalten, bis sie mich bat, sie zu untersuchen. Bekanntlich lässt sich über den Geschmack streiten, aber schwarze Möbel würde ich ablehnen. Noch dazu, wenn es sich um billig furnierte Spanplatten handelt. Ähnliche Möbel hatte ich einmal in einer Produktionsstätte in einem östlichen Nachbarland gesehen. Wenngleich in Deutschland auch die Grenzwerte für Formaldehyd sehr hoch sind, hätte unser Gewerbe-aufsichtsamt diesen Betrieb sofort geschlossen. Ich wollte es nicht glauben, was mir die Frau erzählte. Doch die Demonstration überzeugte mich. Sobald sie das Wohnzimmer betrat, schossen ihr die Tränen in die Augen. Aus den Schüben der Schränke roch es sehr penetrant. Kein Wunder, dass die Frau unter Nervosität und Kopfschmerzen litt und depressiv war. Die durchgeführte Messung ergab 0,12 ppm Formaldehyd. Für Frau S. nach Jahren der Qualen Grund genug, um die Möbel zu entsorgen.

Schlafzimmer gaste noch nach 18 Jahren aus

Nachdem Frau M. W. genügend Ärzte wegen ihrer chronischen Atemwegserkrankung sowie Kopfschmerzen, ständigen Schnupfens, Katarrhs und Schlafstörungen erfolglos um Hilfe gebeten hatte, wandte sie sich an mich. Mein erster Griff bei Mobiliaren gilt immer den Kanten. Bei Billigmöbeln fehlt in der Regel der Umleimer, d. h., die Spanplatte ist sichtbar. In diesem Fall waren die Kanten jedoch geschlossen. Ausgasungen finden dann über die Fächerbohrungen in den Innenräumen von Möbeln statt. Die Messung ergab eine Formaldehyd-Konzentration von 0,13 ppm. Und das bei einem Mobiliar, das bereits 18 Jahre alt war. Wenngleich das Schlafzimmer mit Plüsch und jeder Menge Bekleidung überladen war, schloss ich auf das Mobiliar als Verursacher. Frau W. entschloss sich zum Kauf eines neuen Schlafzimmers aus Vollholz. In einem späteren Telefonat teilte sie mir mit, dass es ihr seit dieser Zeit besser ginge.

Diese drei Beispiele sollen Ihnen zeigen, dass Formaldehyd in hohen Konzentrationen nicht nur unangenehm riecht, sondern auch schwere Krankheiten hervorrufen kann. Verlassen Sie sich beim Kauf von Möbelstücken nicht unbedingt auf Ihren Geruchssinn. Dieser signalisiert Ihnen in der Regel erst bei 1,0 ppm das Formaldehyd, d. h. über dem 10fachen des Grenzwertes von 0,1 ppm. Um künftige Gesundheitsschäden durch Formaldehyd zu vermeiden, fordern Chemiker vom BUND eine Maximalkonzentration, sprich Senkung auf 0,01 ppm. Ich empfehle Ihnen, wertbeständige Vollholzmöbel den furnierten Möbeln vorzuziehen. Sollte das aus finanziellen Gründen nicht möglich sein, dann bestehen Sie wenigstens auf einer Unbedenklichkeitsbestätigung. Eine gute Orientierungshilfe, ob Ihr Schlafzimmer oder Kinderzimmer mit Formaldehyd belastet ist, bietet eine Art Dosimeter. Er nennt sich Bio Check F und ist in jeder Apotheke erhältlich. Damit können Sie selbst relativ gut Ihre Räume untersuchen und eventuell auf eine fachmännische Untersuchung verzichten.

Mit der Wünschelrute Formaldehyd gemutet

Na so was, werden Sie sagen, das gibt es doch nicht! Offenbar doch, wie folgender Fall zeigt. Eines Tages rief Frau M. H. mich an und fragte, ob man mit der Wünschelrute auch Formaldehyd messen könne. Erinnern Sie sich an den Unterschied zwischen muten und messen? Also gab ich zunächst zur Antwort, dass man mit der Wünschelrute nur etwas mental feststellen, jedoch nicht messen könne. Egal wie, meinte die Frau und erklärte mir, dass ein Rutengänger in ihrer Küche Formaldehyd vorgefunden und von einer Verseuchung gesprochen habe. Da dieser Vorgang am Telefon nicht geklärt werden konnte, untersuchte ich die Küche vor Ort. Hier nicht mit dem oben erwähnten Dosimeter, sondern mit einer Gasspürpumpe und den erforderlichen Prüfröhrchen. Tatsächlich, der Formaldehydgehalt betrug 0,16 ppm, eine Höhe, die mehr als bedenklich war. Wie ich schon bemerkte, was messbar ist, sollte gemessen werden; wo das nicht möglich ist, kann die Radiästhesie sicherlich gute Dienste leisten. Da muten nichts mit raten zu tun hat, muss der »Kollege« zumindest eine »sehr gute Nase« für Formaldehyd gehabt haben. Abschließend bitte ich zu bedenken, dass Formaldehyd nicht das einzige Raumgift ist, das Ihre Wohnung und damit Sie selbst belasten kann. Einige hundert andere Gifte können das auch und vielfach noch stärker.

Raumatmosphäre

Unabhängig von den bisher genannten Risikofaktoren sind unsere Gesundheit, Vitalität und unser Wohlbefinden besonders von reiner guter Luft abhängig. Der Mensch braucht pro Stunde über 50 Kubikmeter frische Luft, 40 bis 60 Prozent Luftfeuchtigkeit, unter 0,05 Prozent Kohlendioxid und über 20 Prozent Sauerstoff. Die Temperatur im Schlafzimmer sollte im Normalfall nicht über 17 Grad Celsius betragen. »Dicke Luft« bedeutet ein zusammengebrochenes Raumklima. Die Luftionisation kippt um, Sauerstoff verabschiedet sich, und Viren und Bakterien halten Einzug. Allergene und Stäube vermehren sich tausendfach. Bezüglich der Luftfeuchtigkeit ein Beispiel aus meiner Arbeit.

Krank durch heiße Luft der Fußbodenheizung

Eine junge Frau mit ihrem neun Monate alten Töchterchen besuchte uns während der Winterzeit. Das Kind röchelte, als ob es keine Luft bekommen würde. Da mir dieser Zustand schon einige Male vorher aufgefallen war, sprach ich die Frau an und empfahl ihr einen Arztbesuch. Vorwurfsvoll schaute sie mich an und sagte, dass sie eben vom Arzt komme und dieser der Kleinen Cortison verschrieben habe. Zudem soll er gesagt haben, dass sich dieses Röcheln spätestens bis zum 16. Lebensjahr von alleine einstellen würde. Habe ich mich vielleicht verhört? Noch am gleichen Tag fuhr ich in die Wohnung der Familie. Wie schon erwähnt, es war Winter, und die Fußbodenheizung lief auf Touren. Die Luft im Wohnzimmer war strohtrocken. In dieser Wohnung benötigte ich lediglich den Hygrometer, um der Ursache auf den Grund zu kommen. Die relative Luftfeuchtigkeit betrug einen Meter über dem Boden 32 Prozent. Kein Wunder, dass die Vollholzmöbel unübersehbare Risse hatten und die Pflanzen im Raum am Verdursten waren.

Und nun stellen Sie sich folgende Situation vor: Die Bodenfliesen strahlen eine unheimliche Wärme in den Raum ab, und das kleine Mädchen im Krabbelalter bewegt sich stundenlang auf dem aufgeheizten Fußboden. Es atmet folglich ständig heiße Luft ein. Als Raum- oder Atemluft ist diese nicht mehr wert als jene aus dem Fön, nämlich Null. In dieser Situation verkleben sämtliche Schleimhäute, und Röcheln ist kurzfristig gesehen nur ein Symptom. In diesem Fall, wie bei vielen anderen Krankheiten und Beschwerden, wäre es angezeigt gewesen, der Ursache auf den Grund zu gehen, statt fragwürdige Medikamente zu verschreiben oder Mutter und Kind auf den Sanktnimmerleinstag zu vertrösten. Am nächsten Tag wurde im Wohnzimmer sofort ein guter Luftbefeuchter angeschlossen, den ich der Familie besorgt hatte. Dieser lief ununterbrochen drei Tage lang, bis die Luft wieder einigermaßen mit Feuchtigkeit gesättigt war. Die Beschwerden des kleinen Mädchens verschwanden zeitgleich. Heute wohnt die Familie im eigenen Haus, einem, in dem man sich wohl fühlt. Die Bebauung war auf der Basis meiner radiästhetischen Bauplatzuntersuchung erfolgt. Im Esszimmer hängt ein Hygrometer, um die Luftfeuchtigkeit im Griff zu haben. Heute ist das kleine Mädchen so quicklebendig wie alle gesunden Kinder.

Schimmel

Infolge neuer, Energie sparender, dicht schließender und zu selten geöffneter Fenster tritt in Wohnungen häufig Wandschimmel auf. Dadurch werden Erkrankungen der Atemwege begünstigt. Wer Schimmelpilze einatmet, kann allergisches Asthma, Kopfschmerzen, Reizhusten, Brechanfälle oder Fieber bekommen. In schweren Fällen kann es auch zu Lungenentzündung, Tuberkulose und Tumoren sowie Störungen der Nierenfunktion, Schädigungen des zentralen Nervensystems und Entzündungen der Herzinnenhäute kommen. So lange sollten Sie jedoch nicht tatenlos zusehen, sondern bei den geringsten Symptomen sofort handeln.

Schimmel in Wohnungen ist ersichtlich durch begrenzte, blauschwarze Flecken an Wänden oder Decken bzw. durch einen weißlichen Überzug auf der Erde in den Blumentöpfen. Wie kommt es überhaupt zur Schimmelbildung? Für die Schimmelbildung ist nicht die relative Luftfeuchte entscheidend, sondern das auf dem Material für das Pilzwachstum frei verfügbare Wasser. Hohe Materialfeuchten werden verursacht durch Neubaufeuchte, Kondensation und Wasserschäden aller Art und nicht zuletzt durch mangelnden Luftaustausch. Infolge falsch verstandener Energieeinsparung ist in vielen Wohnungen der Luftaustausch so stark eingeschränkt, dass sich die Luftfeuchtigkeit an den kühlen Wandflächen niederschlägt.

Als allgemeine Empfehlungen gegen Schimmelbildung gelten: Richtige Anordnung der Fenster und Türen, um Stoßlüftungen zu ermöglichen; Oberflächen so gestalten und planen, dass sie gut zu reinigen sind; konstruktive Vermeidung von Kältebrücken, durch richtiges Möblieren und Anordnen der Heizkörper Feuchtenester verhindern, Differenz zwischen Oberflächentemperatur (z. B. Wand) und Raumlufttemperatur von maximal

5 Grad Celsius nicht überschreiten; Frischluftzufuhr im Wohnbereich gewährleisten. Da die Ursache für Pilzbefall immer im Zusammenhang mit zu viel Feuchtigkeit oder Wasserschäden jeglicher Art besteht, hat deren Vermeidung Priorität.

Hinsichtlich der Sanierung empfehle ich Ihnen die Hinzuziehung eines sachverständigen Baubiologen. Durch unsachgemäße Beseitigung von Schimmelpilzen können die Sporen sehr schnell in andere Räume gelangen und dort eingeatmet werden. Abgesehen von zahlreichen kleineren Schimmelnestern in schlecht durchlüfteten Räumen habe ich erst zweimal eine Schimmelpilzansammlung von mehreren Quadratmetern in Schlafräumen vorgefunden. Kein Wunder, dass sämtliche Familienmitglieder krank waren!

Teppichboden

Ob Synthetik- oder Naturteppichboden, problematisch ist oft genug insbesondere die Rückseite. Um Pentachlorphenol, Formaldehyd, Pestizide oder andere Krebs erregende Stoffe auszuschließen, sollte auf eine diesbezügliche schriftliche Bestätigung (Unbedenklichkeitsbestätigung) beim Kauf der Auslegeware nicht verzichtet werden. Zudem können Sie auch die Datenblätter einzelner Produkte anfordern. Abgesehen davon, dass Wollteppichstoffe schlechthin als »Staubfänger« gelten und Allergien hervorrufen können, besteht vor allem bei Plastikbelägen zusätzlich die Gefahr der elektrostatischen Aufladung. Diese wirkt sich wiederum auf den Luftionenhaushalt und damit auf das gesamte Raumklima aus. Letzteres gilt, wie schon erwähnt, vor allem auch für Plastik- und Kunststoffmöbel.

Nicht immer ist es der Teppichboden, der stinkt. Das schaffen auch Anstriche, Tapeten, Möbel, Textilien, Einrichtungs- oder Gebrauchsgegenstände. Wer demnach glaubt, mit einer einzigen Messung der Ursache auf den Grund zu kommen, liegt leider falsch. Hierzu bedarf es mitunter einer ganzen Reihe langwieriger und teurer Untersuchungen. Am Ende beklagen Sie nicht nur deren Kosten, sondern auch noch den Verlust des schadstoffbehafteten Inventars. Also Augen und Nase auf beim Einrichtungskauf!

Schlafrichtung

Forschungen des Max-Planck-Instituts für Biochemie in München haben ergeben, dass Nord-Süd-Schläfer einen besseren und damit gesünderen Schlaf haben als Ost-West-Schläfer. Analog dazu ist die Schlafrichtung Nord-Süd (Kopf-Füße) auch vorteilhafter als jene zwischen den Himmelsrichtungen. Mit diesem Forschungsergebnis wurde eine alte Rutengängerweisheit bestätigt, wonach das natürliche Erdmagnetfeld einen starken Einfluss auf das biologische System hat. Ein katholischer Pfarrer, dem ich wie jedem anderen meiner Kunden Nord-Süd als Schlafrichtung empfohlen hatte, fühlte sich sofort besser. Dem Vernehmen nach soll er diese Empfehlung sogar an seine Kirchengemeinde weitergegeben haben. Später hatte ich die Ehre, den Bauplatz für das neue Pfarrheim auf Erdstrahlen zu untersuchen. Nachdem ich mit dem Pfarrer den Verlauf der verschiedenen Reizzonen »ausgesteckt« hatte, stellten wir fest, dass sein Bett im künftigen Schlafzimmer auf einem guten Schlafplatz stand. Zu diesem Resultat meinte ich spaßig: »Bei Ihren Verbindungen nach ›Oben‹ wundert mich das überhaupt nicht.«

Bettgeschichten

Ein gutes Bett ist die Voraussetzung für einen erholsamen Schlaf. Gemeint ist damit die »Bettstatt«, d. h. das »hölzerne Gestell« mit den vier Füßen, auf das wir uns zur Ruhe niederlassen. Dagegen verhindert ein Bettkasten die im unmittelbaren Liegebereich unbedingt erforderliche Luftzirkulation; folglich entsteht ein Luft- und Feuchtigkeitsstau. Dass beim Bettaufbau natürliches Material verwendet werden sollte, bedarf keiner besonderen Erwähnung. Erinnern Sie sich noch an die Geschichte mit dem Mann, der Erdstrahlen mit Glasscherben abschirmen wollte? Auf Grund der Naturmatratzen im Bettkasten hatte ich ihm geraten, das Bett durch Holzunterlagen höher zu stellen. Somit wäre eine teilweise Belüftung der Matratzen möglich. Zudem hätte er einen größeren Abstand zum Baustahl (Erdmagnetfeldstörung) in der Geschossdecke erreicht. Offenbar hatte er mich missverstanden, denn beim zweiten Besuch traute ich meinen Augen nicht. Er hatte das nagelneue Ehebett mit dem Fuchsschwanz (Handsäge) rundherum abgesägt und nur an den vier Ecken eine Art Füße belassen. Es wäre besser gewesen, er hätte die Arbeit von einem Schreiner machen lassen. Eigentlich hätte er nur die vier Glasscherben durch fünf Zentimeter hohe Holzklötze zu ersetzen brauchen! Näheres zum Schlafbereich bzw. dem Bett erfahren Sie in einem eigenen Beitrag weiter unten. Bezüglich der Bettbelüftung nun ein Fall, der ebenfalls etwas mit »Abschirmung« von Erdstrahlen zu tun hatte.

Bleiblech im Bett sorgte für extrem dicke Luft

Frau und Herr A. hatten mich beauftragt, ihr Schlafzimmer zu untersuchen. Sie hatten zwar schon einen Rutengänger eingeschaltet, doch ohne Erfolg. Wie außer Haus festgestellt, verlief im Fußbereich des Ehebettes tatsächlich eine Wasserader. Im Schlafzimmer selbst empfing mich ein extrem muffiger Geruch. Der Raum lag auf der Nordseite des Hauses und hatte noch nie einen Sonnenstrahl gesehen. Das alleine konnte aber nicht der Hauptgrund für die schlechte Luft sein. Auch nicht, dass sich an den Kellermauern unter dem Schlafzimmer ganze Nester von Schimmelpilzen und Salpeter gebildet hatten. Nein, die Ursache war im Bett zu finden, und zwar unter der Matratze. Sie werden es nicht glauben, aber dort lagen entsprechend der Bettgröße zwei Millimeter dicke Bleibleche. Diese hatte ihnen mein Vorgänger zur »Abschirmung« von Erdstrahlen empfohlen. Wusste der Mann nicht, dass die Bleche nicht nur eine Dampfsperre, sondern auch eine Sperre für die feinste Bodenstrahlung darstellten, die wir für den Stoffwechselprozess benötigen? Sie können sich vorstellen, dass die Matratzen an der Unterseite patschnass, modrig und verfault waren. Ich würde keine Minute in einem derartigen Bett liegen wollen. Dem Ehepaar war es später offensichtlich direkt peinlich, mir auf der Straße zu begegnen.

In einem anderen Fall hatte eine Familie gleich das ganze Wohnzimmer mit Bleiblech ausgelegt, damit die Erdstrahlen nicht in das darüber liegende Schlafzimmer kommen konnten. Hierzu sage ich nur: »Unsinn hoch drei!«

Wasserbetten

Schon seit Jahrtausenden versucht man Säuglinge durch Schaukeln zu beruhigen. Bei den Hochwohlgeborenen geschah das in Wiegen aus Gold, Silber oder Eisen. Ich hätte Holz vorgezogen, wie es auch beim gemeinen Volk mehrheitlich der Fall war. Im Mittelalter schliefen die Neugeborenen nicht in der Wiege, sondern wie Jesus in der Krippe. Das Schaukeln des Weidenkorbes mit dem Kind Moses auf dem Nil wird als »Symbol des mütterlichen Fruchtwassers« gesehen. Davon abgeleitet, kann man das erste Bett des Menschen durchaus als »Wasserbett« bezeichnen. Warm und sanft wiegend, gibt es dem Embryo das Gefühl der Geborgenheit. Um nicht missverstanden zu werden, letztgenanntes Wasserbett hat nicht das Geringste mit dem industriell gefertigten Wasserbett zu tun. Wie könnte auch ein Plastiksack mit 400 bis 600 Litern elektrisch aufgeheiztem Wasser das Problem des »richtigen Betts« lösen? Immerhin ist bekannt, dass der menschliche Körper Plastikmaterial zunehmend schlechter toleriert, in diesem Fall ungeachtet des Unterbettes zwischen dem Körper und dem Plastiksack.

Unter den vielen Personen, die mich um meine Meinung hinsichtlich der Anschaffung eines Wasserbettes baten, war z. B. Frau I. S., eine frühere Arbeitskollegin. Auf Grund einer starken Allergie war ihr ein Wasserbett empfohlen worden. Im Rahmen einer Schlafplatzuntersuchung nannte ich ihr sechs gute Gründe, vom Wasserbett Abstand zu nehmen:

- Die Kunststoffhülle kann Schadstoffe abgeben,
- sie lädt sich elektrostatisch auf,
- die Durchlüftung und Entfeuchtung wird verhindert, wodurch die Brutstätte für Mikroorganismen wie Milben, Schimmel, Bakterien usw. gefördert wird,
- die Wirbelsäule wird durch das schwappende Wasser nicht partiell gestützt,
- infolge der Metallteile im Bettunterbau wird das Erdmagnetfeld gestört bzw. verzerrt,
- durch das kontinuierliche elektrische Aufheizen des Wassers werden starke elektromagnetische Felder erzeugt.

Bezüglich dieser und anderer Störfelder darf ich Sie an Kapitel III »Erdstrahlen: Ursachen und Wirkungen« erinnern. Bleibt noch eine letzte Frage: Was geschieht bei Stromausfall? Ganz einfach, das Wasser kühlt ab und entzieht dem schlafenden Körper Wärme. Statt des Wasserbettes habe ich der Kollegin eine gute Allergikermatratze nebst einem Allergikerbett empfohlen.

Als Dank und Vertrauensbeweis beauftragte sie mich später, ihr Baugrundstück zu untersuchen und sie bei der Bebauung zu beraten.

Ich gebe zu, dass bei manchen Betten eine elektrische Hebeeinrichtung unabdingbar ist. Diese Ausnahme sollte sich jedoch nur auf sehr kranke und alte Menschen beschränken. Dass diese damit keineswegs gesünder werden, steht hier nicht zur Debatte. In diesen Fällen gelten andere Kriterien. So bei einem älteren Mann, den seit vielen Jahren eine unheimlich Angst vor Erdstrahlen quälte. Nachträglich betrachtet wäre es besser gewesen, wenn er auf die zusätzliche Elektrifizierung des Bettes verzichtet hätte. Doch wie gesagt, der Zweck heiligt manchmal die Mittel. Wenn jedoch ein herzkranker Mann mittleren Alters auf seine Cockpit-Matratze schwört, ist ihm nicht zu helfen, so einem Geschäftsmann, der sich im Bett gerne elektrisch durchschütteln ließ. Dass das Bett auch noch andere Bewegungen ausführte, gehört in den Bereich Diverses. Ob dieses für mich völlig absurde Rüttel- und Schüttelbett an seinem frühen Tod mitverantwortlich war, kann ich nicht beurteilen.

»Hängematten« sorgen für Rückenschmerzen

Wer Schlafplatzuntersuchungen durchführt, kann bestätigen, dass, von Ausnahmen abgesehen, im deutschen Schlafzimmer meistens am gesunden Bett gespart wird. Dazu ein Fallbeispiel, das stellvertretend für viele gilt. Auf Grund einer Empfehlung eines Heilpraktikers wandte sich Herr H. S. an mich und bat mich, schnellstens seinen Schlafplatz zu untersuchen. Nach der Außenuntersuchung führte mich der Weg durch das Wohnzimmer ins Schlafzimmer. Auf dem Wohnzimmertisch nahm ich einen riesigen Berg von Tabletten, Salben und Fläschchen wahr. Die 60-jährigen Eheleute litten an der gleichen Krankheit, näm-

Gutes Liegen mit Lattenrost und Matratze:
Nr. 1 zu hart,
Nr. 2 zu weich,
Nr. 3 ist ideal.

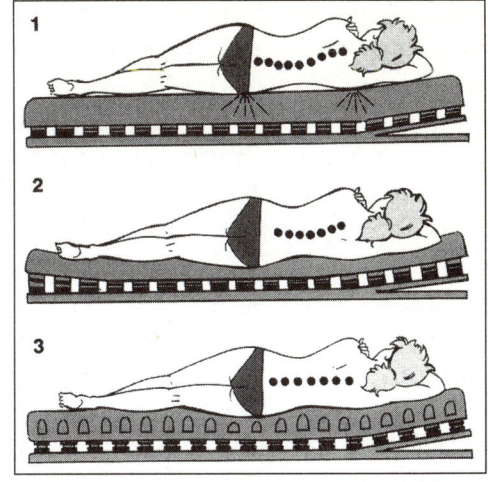

lich extremen Bandscheiben- und Rückenschmerzen und den damit verbundenen Beschwerlichkeiten. Ich schlug das Oberbett zurück und drückte mit der Faust auf die Matratze. Beinahe wäre ich vornüber gestürzt. Das Bett entpuppte sich als »Hängematte«. Der Sprungfederrahmen war so alt wie die dreiteiligen Federkernmatratzen. Auf meine Frage, wie alt das »Zeug« sei, antwortete das Ehepaar etwas beschämend: »35 Jahre!« Hier ist jeder weitere Kommentar überflüssig. Auf meine weitere Frage, wie viel Herr S. pro Nacht für einen guten und schmerzfreien Schlaf ausgeben würde, antwortete er: »Fünf Mark wäre mir das schon wert.« Sicherlich hatte er in diesem Betrag bereits die vielen Arzt- und Heilpraktikerhonorare, Rezeptgebühren sowie Medizin- und Fahrtkosten mit eingerechnet, die das Ehepaar schon seit vielen Jahren für die Schmerzlinderung bezahlt hatte. Mein Hinweis, schon für täglich 50 Pfennig könnten sie, auf zehn Jahre hochgerechnet, ihre Betten mit guten Matratzen und Zubehör ausstatten, wurde dankbar akzeptiert.

Wie oben erwähnt, litt das Ehepaar an Bandscheiben- und Rückenschmerzen. Statt der Ursache auf den Grund zu gehen, kauften die Eheleute sich jahrelang die Schmerzfreiheit in der Apotheke. In Anbetracht der verschiedensten Nebenwirkungen von Schmerzmitteln kann das nicht lange gut gehen. Ich kenne Bandscheibenschmerzen und deren Ausstrahlungen in die Beine. Wer wie ich dreimal flachlag, ohne auch nur die Zehenspitze bewegen zu können, weiß um die völlige Hilflosigkeit in dieser Situation. Nach einer zweifachen Bandscheibenoperation 1986 in Regensburg warf ich zuerst meine dreiteilige Federkernmatratze samt Sprungfederrahmen aus dem Bett. Bei dieser Matratzenform sorgt der Spalt zwischen dem Mittel- und Kopfteil bei Körperbelastung für eine Kältebrücke. Die kältere Bodenluft im Schlafzimmer dringt folglich durch den keilförmigen Spalt gezielt auf die untersten Bandscheiben. Die negative Wirkung lässt nicht allzu lange auf sich warten.

Spiegel

Sie verursachen aus biologischer Sicht eine Störung des natürlichen Gleichfeldes. Spiegel reflektieren neben dem sichtbaren Licht auch andere, kurzwellige elektromagnetische Schwingungen (Frequenzen), wie z. B. Ultrakurzwellen von Funk, Rundfunk, Radar und TV, und erzeugen somit so genannte stehende Wellen. Es ist schon bedenklich genug, dass oftmals ein drei- bis viertüriger Spiegelschrank gegenüber des Bettes steht. Unbegreiflich ist mir jedoch, dass sich manche auch noch an der Wand oder an der Decke spiegeln müssen. In dieser Hinsicht lobe ich den Mann, der mit der Säge für die Belüftung der Matratzen gesorgt hatte, er hatte die Spiegel im Kleiderschrank mit fünf Millimeter dicken Korkplatten überklebt. Diese Abhilfe ist jedenfalls besser als gar keine!

So weit zu den wichtigsten Störfeldern und Risikofaktoren, mit denen wir vor allem im Schlafbereich konfrontiert werden. Um diese zu ermitteln, zu reduzieren oder zu vermeiden, brauchen Sie nicht gleich einen Messtechniker oder Baubiologen. Im Kapitel VIII »Beratung: Tipps und Empfehlungen« erhalten Sie von mir eine Menge Vorschläge als Hilfe zur Selbsthilfe. Für weitergehende Beratungen nenne ich Ihnen zudem einige Organisationen, an die Sie sich im Falle des Falles wenden können. Gute Rutengänger mit den Erfahrungen eines Geobiologischen Beraters, Messtechnikers oder Baubiologen sind nicht nur bei Bauplatz-, Haus- und/oder Schlafplatzuntersuchungen erfolgreich einsetzbar.

VII. Das »Geschäft mit der Angst« vor Strahlen

1. Tummelplatz für Betrüger und Scharlatane

Schon alleine dieses Thema würde mehr als ein Buch füllen. Ich werde deshalb versuchen, mich auf das Wesentliche zu beschränken und wie bisher mit Beispielen zu untermauern. Zunächst möchte ich festhalten, dass beim Risikofaktor Erdstrahlen nur die Bettumstellung eine Besserung verspricht. Seriöse Rutengänger machen sich also die Mühe, einen »guten« Schlafplatz zu finden.

Es gibt jedoch auch Zeitgenossen, die sich durch einen schlechten Schlafplatz ein Geschäft versprechen. Nämlich durch den Verkauf so genannter Abschirmgeräte. Da auf diesem Gebiet oftmals mit raffinierten Tricks und Methoden sowie mit Lug und Trug gearbeitet wird, möchte ich auf diese Thematik und Problematik näher eingehen. Ansonsten könnte leicht der Eindruck entstehen, dass ich diese Praktiken dulde oder gar befürworte. Am Ende dieses Kapitels werden Sie selbst feststellen, dass ich aus sachlichen Gründen ein absoluter Gegner dieser äußerst fragwürdigen Geschäftemacherei bin.

Zunächst bedeutet Abschirmung von Erdstrahlen, den zweiten Schritt vor dem ersten zu tun. Solange es nämlich an genauen Angaben über Herkunft, Beschaffenheit und Wirkungsweise der Erdstrahlen mit den verschiedensten Frequenzen mangelt, ist es falsch, irgendwelche dubiosen Gegenmittel einzusetzen. Diese Erkenntnis hindert jedoch die Branche der »Abschirmer« nicht, mit zum Teil phantasievollen Geräten und Gegenständen die Erdstrahlen zu »neutralisieren«, »entstören«, »absorbieren« und nicht zuletzt »umzulenken«. Vielleicht zum »bösen« Nachbarn?

Auf Grund der angeblichen Wirkungsweisen dieser Gerätschaften steht ein reichhaltiges Angebot verschiedenster Artikel zur Verfügung. Ich nenne hier: Magneten und Magnetwellensender, Kompensatoren und Transformatoren, Batterien und Spiralen, Antennen, Gewebestrukturen in Decken und Matten, Kupfer- und Bleibleche, Stäbe und Rohre, Flaschen, Teller, Blumentöpfe, Spiegel, Glasscherben und Lametta – und nicht zuletzt ominöse Kästchen und Behälter, deren Inhalt oftmals auf Hirngespinste schließen lässt. Diese unerschöpfliche Vielfalt unterschiedlicher Materialien verspricht angeblich einen mehr oder weniger guten Schlaf, Gesundheit und Wohlbefinden.

Ein dicker Ordner in meinem Büro beinhaltet unzählige Produktbeschreibungen solcher Abschirmgeräte. Nachfolgend dazu einen kurzen Auszug der viel versprechenden Angaben:

– schützt vor belastenden und pathogenen Strahlungen aus der Erde und dem Kosmos,
– unentbehrlicher Helfer gegen Erdstrahlen,
– kompensiert negative Magnetwellen aus dem Erdinnern und macht sie unschädlich,
– neutralisiert Erdstrahlen und schützt die Hausbewohner und die Tiere im Stall,
– dient als Sperrgitter für Erdstrahlen, Wasseradern und Elektrofelder,
– löscht krankheitsfördernde Schwingungen auf natürliche Art,
– schützt wirksam gegen Strahlen, die durch Wasseradern hervorgerufen werden,

- neutralisiert die Wirkung von Störfeldern mit biologischen Kräften,
- schirmt punktgenau und geräuschlos Erdstrahlen ab,
- beugt schädlichen Wirkungen von Erdstrahlen, Wasseradern und Elektrofeldern vor.

Schon diese kurze Auflistung zeigt Ihnen, mit welchen Versprechungen die verschiedenen Artikel werben. Manche Hersteller scheuen sich auch nicht, in äußerst raffinierter Art die Namen bekannter Wissenschaftler als Referenz in den Werbetext einzubauen. Dazu ein Beispiel: In einer Informationsschrift eines »Biologisch naturwissenschaftlichen Instituts« in Z. heißt es zunächst: »Es ist nicht zu verantworten, den Erdstrahlungsphänomenen nicht mit allen Mitteln der Forschung nachzugehen.« Gez. Dr. med. Veronika Carstens. (Anm.: Es handelt sich hier um die Vorsitzende von »Natur und Medizin« und Frau des früheren Bundespräsidenten Karl Carstens.)

Dann folgt die Produktbeschreibung eines flüssigen Erdstrahlenschutzmittels. Zitat: »(...) Da dieses Strahlenschutzmittel ebenfalls in Spray-Form einsetzbar ist, sind die Einsatzmöglichkeiten nicht nur auf Autostraßen denkbar, sondern auch in Bauten, wo ein großflächiger Schutz notwendig ist. Die vorbeugende Wirkung ist ebenfalls besonders wichtig, da man mit relativ bescheidenen Investitionen den Bewohnern ein Leben lang wohngesundheitlich optimale Zustände bieten kann.« Und weiter im Informationsblatt: »(...) Es stehen auch zahlreiche statistische Forschungsresultate zur Verfügung, die eindeutig nachweisen, dass durch ungünstige Standorte bei gewissen Menschen oder Tieren verschiedenste Krankheiten entstehen können.« Dann folgen Namen von Professoren, Wissenschaftlern und Ärzten, die ich teilweise selbst kenne und von denen ich weiß, dass keiner von ihnen auch nur im Geringsten mit diesem Produkt in Verbindung gebracht werden kann oder möchte.

Die absolute Abschirmung verspricht eine Gold-Abschirmfolie oder Abschirmfarbe eines Händlers und Rutengängers aus Berching. Das angeblich patentierte, geprüfte und für sehr gut befundene Material soll bei Schlafstörungen, Rückenschmerzen, Asthma, Kopfschmerzen usw. helfen. Laut Hersteller wurden Folie und Farbe »zum Wohle der Menschheit« entwickelt und getestet. Laut Prospekt garantieren sie: »Unglaublich, aber wahr – 100 Prozent Strahlenschutz gegen Wasseradern und Erdstrahlen.« Um darüber Näheres zu erfahren, bekundete ich ein fingiertes Interesse und schrieb dem geschäftstüchtigen Rutengänger auf seine Zeitungsanzeige hin einen netten Brief. Schneller als erwartet hatte ich die Antwort, mit Einräumung eines Mengenrabattes. Offenbar hat der clevere Abschirmer von Wasseradern auch eine soziale Ader, denn im Prospekt hieß es wörtlich: »Wir wollen nie Geschäfte machen – wir wollen nur Menschen helfen.« Und in seinem Schreiben an mich, dem vermeintlich neuen Kunden, empfahl der »Spezialist für Abschirmung« wörtlich und frei nach Josef Filser (Romanfigur von Ludwig Thoma): »Wen sie intresse haben, kommen Sie doch einfach bei mir vorbei, um persönlich sich zu unterhalten und sich selbst überzeugen können.« Also ehrlich, bei so viel Nächstenliebe und Intelligenz wollte ich weder diese »Patentlösung« noch den Mann näher kennen lernen.

Für Sie als Warnung: Lassen Sie sich nicht mit angeblichen Testergebnissen, Referenzen, Prüfsiegeln oder Patentierungen täuschen! Diese Warnung möchte ich mit einer Feststellung von Prof. Dr. H. L. König, Lehrstuhl für Technische Elektrophysik der TU München, unterstreichen. Da es, so König im Interview, kein spezielles physikalisches Gerät gäbe, das Erdstrahlung registrieren könne, könne es folglich auch kein Gerät geben, das eine solche Strahlung abhielte. Ich zitiere: »Und doch werden inzwischen über 100 Artikel als Entstörgeräte oder als Feldveränderer angeboten. Dass die meisten nur den Geldmangel ihrer Hersteller entstören, davon kann sich der physikalische Laie mitunter selbst überzeugen. In manchen Fällen besteht das Innenleben solcher Geräte schlichtweg aus Nichts oder, wie auch schon vorgekommen, aus rostigen Nägeln.« Der Wissenschaftler fuhr in dem von mir aufgezeichneten Interview fort: »Es gibt absolut keine Hinweise, weder vom Experiment her noch von der logischen naturwissenschaftlichen Überlegung her, dass derartige Vorrichtungen und Geräte, die für teures Geld verkauft werden, in irgendeiner Form einen sinnvollen Effekt ausüben!« In einer früheren Stellungnahme hatte König im Zusammenhang mit dem Verkauf von Kupfermatten oder anderen Geflechten sogar von »fahrlässiger Körperverletzung« gesprochen.

Auch Prof. Dr. H. D. Betz von der Sektion Physik der TU München warnte nach Abschluss des Münchner Forschungsprojektes wiederholt vor dem Erwerb von Abschirmgeräten und distanzierte sich von derartigen Praktiken. Weitere namhafte Wissenschaftler, Verbraucherschutzorganisationen sowie staatlich geprüfte Gutachter und seriöse Rutengänger schlossen sich dieser Warnung an. Das hindert jedoch eine ganze Reihe von Geschäftemachern nicht, weiterhin unter dem Deckmantel der Bau- und Geobiologie Haus- und Schlafplatzuntersuchungen durchzuführen, um ihre Mogelpackungen in Form von Abschirmartikeln zu verkaufen. Dass solche »schwarzen Schafe« bis dato auch in geobiologischen Verbänden ihr Unwesen treiben und geduldet werden, ist eine bedauerliche Tatsache. Hier zum Leidwesen jener, die sich ernsthaft bemühen, auf dem Ge-

»Erdstrahlen« lassen sich nicht so einfach und simpel »abschirmen« wie Regentropfen.

biet der Prophylaxe Forschungen und Untersuchungen durchzuführen. Dass es »Rutengänger« oftmals sehr leicht haben, ihr Geschäft mit der Angst zu betreiben, möchte ich anhand folgender Beispiele deutlich machen:

85-Jährige bestand auf einem Abschirmgerät

Eine ältere Frau aus A. rief mich an und bat, ihr Schlafzimmer auf Erdstrahlen zu untersuchen. Sie war felsenfest davon überzeugt, dass es sich um Erdstrahlen handelte, die ihr den Schlaf raubten. Zudem habe sie selbst viele Jahre gependelt, was ihr auf Grund des hohen Alters von 85 Jahren nicht mehr möglich war. Nachdem am Telefon so ziemlich alles für einen Untersuchungstermin abgesprochen war, betonte sie: »Und vergessen Sie nicht, Ihre Abschirmgeräte mitzubringen!« Auf meine Frage, wie sie auf Abschirmgeräte komme, meinte sie lakonisch, »dass doch alle Rutengänger irgendein Gerät haben«, mit dem sie abschirmen. Der Preis dafür würde auch keine große Rolle spielen, Hauptsache sei, dass sie wieder gut schlafen könne. Unmissverständlich erklärte ich der Frau, dass ich Abschirmgeräte weder empfehle noch verkaufe. Zudem wäre mir bis dato kein Gerät bekannt, das Erdstrahlen physikalisch nachweisbar und nachhaltig abschirmen könne. Folglich würde nur die Möglichkeit bestehen, das Bett zu verrücken. »Nein, das kann und will ich nicht«, gab sie mir zur Antwort. Daraufhin gab ich ihr zu verstehen, dass ich für den Untersuchungsauftrag nicht zur Verfügung stehe.

Dass diese Frau kein Einzelfall ist, beweisen die vielen An- bzw. Nachfragen nach meinen Vorträgen. Die Antwort darauf läuft immer wieder auf ein klares »Nein« hinaus. Nur von meinen potenziellen Kunden werde ich mit der Frage der Abschirmung nicht konfrontiert, ganz einfach deshalb, weil ich diesen, wie bereits erwähnt, vor einer Terminvereinbarung mitteile, dass ich es strikt ablehne, Körpermutungen durchzuführen, Diagnosen zu stellen oder Erdstrahlen mit »nutzlosen oder dubiosen Gegenständen und Geräten abzuschirmen«.

2. Autosuggestion ist der Feind aller Rutengänger

Wo beginnt Ihrer Meinung nach eigentlich das Geschäft mit der Angst vor Erdstrahlen? Vielleicht ab einem bestimmten Preis? Oder etwa beim Kauf eines vermeintlich hochwertigen Gerätes oder Gegenstandes? Nein, ich bin sicher, dass wir auch hier einer Meinung sind. Das Geschäft mit der Angst nimmt bereits dort seinen Lauf, wo Abschirmpraktiken empfohlen werden. Konsequenterweise also bereits im nachfolgenden Fall, bei dem die Autosuggestion eine große Rolle spielte.

Rutengänger wollte Abschirmung demonstrieren

Ich hatte über die Presse zu einem Schnupperkurs in meine Heimatstadt eingeladen. Auf dem Warberg, einem ehemaligen Schlosssitz, waren fünf Stationen vorbereitet, wo die Interessenten ihr Strahlen- und Rutengefühl testen konnten. Mit über 50 Teilnehmern war die Resonanz auf Landkreisebene riesig. Zu ihnen gehörte auch M. P., über den ich Ihnen hier berichten will. Er war seit 40 Jahren gewerblicher Rutengänger und wollte mit rund 80 Jahren noch Fachschaftsrutengänger werden. Auf sein Schreiben hin teilte ich ihm mit, dass er den gewünschten Ausweis erst nach bestandener praktischer und theoretischer Prüfung erhalten könne. Seine Leistung, sein Wissen und seine Erfahrung zu beurteilen und zu bewerten, würde nicht mir, sondern der Vorstandschaft obliegen. Bei der Auswertung der Mutungsergebnisse hatte Herr P. eine durchschnittliche Arbeit erzielt. Vor Abschluss der Veranstaltung bot sich der Mann an, den Teilnehmern im Saal zu demonstrieren, wie Wasseradern abgeschirmt werden könnten. Nach kurzer Rücksprache mit meinen Kollegen stimmte ich der Demonstration zu.

Abschirmgerät erwies sich als Glasscheibe

Herr P. mutete zunächst mit dem Pendel eine Wasseraderkreuzung. Das schnell kreisende Pendel faszinierte die Mehrzahl der Teilnehmer. »Und jetzt«, so der Senior der Veranstaltung, »sehen Sie, wie man diese Strahlung abschirmen kann.« Er kramte in seiner speckigen Lederaktentasche und holte eine 20 mal 15 Zentimeter große Glasscheibe hervor, in welche dünne Drähte eingeschmolzen waren. Ein solches Glas können Sie in jedem Baumarkt kaufen. Um sich damit nicht zu verletzen, hatte er es mit einem blauen Isolierband umklebt. Dieses Glas legte er genau in die Mitte des Kreuzungspunktes. Kenner der Materie konnten sich ein leichtes Lächeln nicht verkneifen. Wieder stellte er sich über den Kreuzungspunkt. Über fünfzig Augenpaare richteten sich auf seine Hand mit dem Pendel. Tatsächlich, außer dem altersbedingten leichten Zittern der Hand bewegte sich nichts. Das Pendel hing ruhig am Faden und machte keinerlei Anstalten, sich zu bewegen. Voller Stolz blickte der Mann in die Runde und erwartete den Beifall, der ihm anstandshalber zuteil wurde.

Meine Preisfrage an Sie ist nun, warum hat sich das Pendel nicht mehr bewegt? Hat es Herr P. tatsächlich fertig gebracht, mit dem Stückchen Glas die Strahlung abzuschirmen? Immerhin hatte der gewerbliche Rutengänger diese Methode vielleicht schon hundert- oder tausendmal angewandt. Als »Hausherr« war es meine Pflicht, an Ort und Stelle für Aufklärung zu sorgen. Auf die Frage, ob er dieses Experiment auch durch eine Blindmutung wiederholen würde, stimmte Herr P. nach entsprechender Aufklärung zu. Blindmutung bedeutete in diesem Fall, dass der Rutengänger bzw. Pendler nicht wissen durfte, ob die Wasserader mit der Glasscheibe »abgeschirmt« war oder nicht.

Dazu musste er fünfmal aus dem Saal und durfte diesen erst nach Aufruf betreten. Für das Experiment »Blindmutung« wurde lediglich der Deckel eines Schuhkartons benötigt. Dieser lag während der fünf Versuche immer über dem Kreuzungspunkt.

Abschirmung erwies sich als völlig untauglich

Sie ahnen wohl, was jetzt kommt, oder? Richtig, Herr P. konnte also nicht wissen, ob seine angeblich gegen Erdstrahlen bewährte Glasscheibe jedesmal unter dem Karton lag – oder nicht. Normalerweise hätte er jedesmal dann, wenn die Glasscheibe über dem Kreuzungspunkt lag, diesen als »abgeschirmt« bezeichnen müssen. Beim Pendel hätte es folglich zu keiner Bewegung kommen dürfen. Doch was war tatsächlich eingetreten? Ich möchte Sie nicht über Gebühr auf die Folter spannen. Mir tat der arme Mann am Ende der Experimente auf Grund seines Alters irgendwie Leid. Er hatte nicht einmal einen »Zufallstreffer« erzielt. Natürlich hätte Herr P. ohne den Schuhkarton fünf »Treffer« gehabt, aber warum? Ganz einfach, er hätte nämlich zur Glasscheibe einen Sichtkontakt gehabt. Dieser hätte ihm suggeriert, dass der Kreuzungspunkt »abgeschirmt« ist. Ich brauche wohl nicht zu betonen, dass der Beifall für dieses total misslungene Experiment ausgeblieben ist. Die Sache ist auch viel zu ernst – und Lob war nicht angebracht. Das hinderte den Mann jedoch nicht, mir die Glasscherbe als Andenken zu schenken und weiterhin sein Handwerk auszuüben, nur mit dem Unterschied, dass er sich später als, so wörtlich, »stattlich geprüfter« Wünschelrutengänger bezeichnete.

Um es deutlich zu machen: Schon alleine die »Prüfung« auf Wirksamkeit eines so genannten Abschirmgeräts ist höchst zweifelhaft. Aus Gründen der Selbstsuggestion findet kein Rutengänger oder Pendler die von ihm festgestellte Reizzone mehr, wenn er sie persönlich »abgeschirmt« hat. Diese Suggestion kommt dadurch zustande, dass der Rutengänger objektiv während seiner subjektiven Mutung beeinflusst ist. Wenn also ein Wünschelrutengänger über einer Reizzone ein »Abschirmgerät« aufstellt, von dessen Wirkung er durch Wort, Schrift, Bild oder vorgefasster Meinung überzeugt ist, dann erfolgt bei ihm im Bereich der angeblich abgeschirmten Reizzone kein Rutenausschlag mehr. Sie glauben mir nicht? Dann schlage ich Ihnen folgendes Experiment vor:

Muten Sie eine Wasserader, und legen Sie auf die Reizzone ein Blatt Papier oder ein Stück Blech oder was auch immer in greifbarer Nähe ist. Bilden Sie sich nun ein, dass die Reizzone mit diesem Gegenstand »abgeschirmt« ist, d. h., es findet keine Strahlung mehr statt. Wenn Sie nun mit diesem gespeicherten Wissen die Reizzone überschreiten, bleiben die Ruten in der Neutralstellung. Mit dieser Methode können Sie jeden »Abschirmer« bloßstellen oder von mir aus auch »aufs Kreuz legen«.

Im Gegensatz dazu wird ein Rutengänger ohne innere oder äußere Beeinflussung über einer Reizzone in der Regel immer mit einem Rutenausschlag reagieren. Wichtig: Diese Reaktion erfolgt auch dann, wenn die Reizzone ohne Wissen des Wünschelrutengängers vorher, durch wen auch immer, »abgeschirmt« wurde. Damit wird deutlich, dass »Abschirmgeräte« grundsätzlich nicht halten, was sie versprechen. Gute Rutengänger erkennt man übrigens auch daran, dass sie erst gar nicht versuchen, mit untauglichen Mitteln abzuschirmen. Die tatsächliche Wirksamkeit von »Abschirmgeräten« kann folglich nur durch Langzeitbeobachtungen an Mensch, Tier und Pflanze festgestellt werden. Doch wer beobachtet völlig unbefangen über einen langen Zeitraum hinweg den Effekt? Ich kann Ihnen nur raten, die Problematik »Abschirmung« nicht auf die leichte Schulter zu nehmen. Denken Sie an die vorgestellten Fälle mit den Bleiblechen im Bett, den Glasscherben unter dem Bett, der Kupferspirale im Garten des an Leukämie erkrankten H. B. Ich könnte Ihnen zig andere Beispiele nennen, bei denen die »Abschirmung« mit physikalischen Geräten bestehende Beschwerden noch verschlimmert hat.

3. Geschäftstüchtige Berater im »Tatort« Schlafzimmer

Ohne Zweifel haben auch Sie schon einen Vortag über »Erd-strahlen« gehört oder darüber in der Zeitung gelesen. Hinter den Referenten stehen oft geobiologische Arbeitskreise, Vereinigun-gen, Gesellschaften und Institute, die regelrecht über Nacht aus dem Boden schießen. Diese Einrichtungen sind ebenso mit Vor-sicht zu genießen wie die Pilze nach Tschernobyl. Im Rahmen meiner Ausbildung und so auch später besuchte ich einige die-ser Veranstaltungen. Nicht selten haben diese den Sinn und Zweck, Ihnen etwas zu verkaufen oder mit Ihnen einen Vertrag für eine Schlafplatzuntersuchung abzuschließen. So auch ge-schehen in meiner Heimatstadt, wo ich mir grundsätzlich die Vorträge anderer Referenten anhöre. Neunburg vorm Wald ist jedoch nur eine Station jener Zeitgenossen, die mit Lug und Trug arbeiten.

Wunderpolster für 400 Mark oder Krebs?

Ich wollte mich kundig machen und zugleich verhindern, dass meine Mitbürger »für dumm verkauft werden«. Anstandshalber hörte ich mir zunächst die Ausführungen der Referentin einer »Geobiologischen Vereinigung« an, die einleitend feststellte, dass es rund 80 verschiedene Erdstrahlenarten geben würde. »Lieber Gott«, denke ich, »ich kenne bisher erst fünf.« Laut Re-ferentin handelt es sich dabei um »messbare Reizeinheiten«. Ei-ne »Wasserader« hätte 2000 und eine »Netzfeldlinie« 700 Reiz-einheiten, die auf den Menschen einwirkten. Stopp! Dazu muss ich Ihnen zuerst etwas erklären. Bei diesen Reizeinheiten han-delt es sich um physikalisch nicht messbare Größen, sondern um mentale, individuelle Daten. Diese hohen Zahlen haben meiner Meinung nach nur den Sinn, den Zuhörer zu erschrecken. Es kam noch viel dicker.

Die ebenso hübsche wie raffinierte Rutengängerin erklärte, dass sich unter jedem Haus »zwei bis drei Wasseradern befinden«. Ich fragte mich, ob mein Haus vielleicht eine »Arche Noah« sei? Summarisch gesehen, schlafe ich also über 4000 bis 6000 Reizeinheiten, wobei ich die anderen 79 Erdstrahlenarten und deren Reizeinheiten noch gar nicht berücksichtigt habe. Jeder Laie dürfte auf Grund dieser fürchterlichen Erkenntnis ab sofort nicht mehr sein Haus betreten. Doch halb so schlimm, die Referentin hatte eine Lösung parat. Mit einem Polster, dessen Inhalt sie leider nicht verraten dürfte, könnten bis zu 3500 Reizeinheiten »gelöscht« werden. Während ihr Arbeitskreis dieses Wunderwerk für 400 Mark verkaufen würde, müssten bei anderen Vertreibern bis zu 1900 Mark bezahlt werden. Bei einer Rückgabe des »Löschpolsters« müssten lediglich Reinigungskosten in Höhe von 50 Mark bezahlt werden.

Wie meistens bei derartigen Verkaufsveranstaltungen wurden die Teilnehmer per Wünschelrute auf Krankheiten untersucht. Mit keinem Wort gab ich zu erkennen, dass es sich bei dem Vortrag und der Untersuchung um eine reine »Bauernfängerei« handelte. Meine Zurückhaltung hielt auch an, als die Referentin bei mir feststellte, dass ich über zwei Wasseradern schliefe und ich innerhalb von drei Jahren an Krebs erkranken würde. Jeder Laie hätte diese Warnung ernst genommen und sich das »Wundermittel gegen Erdstrahlen« sofort gekauft. Beim anschließenden Probegehen mit der Wünschelrute »sperrte« ich mich absichtlich. Ich wollte die Dame einfach in dem Glauben lassen, dass nur sie dieses Handwerk beherrsche, wobei ich mich von ihren Praktiken mit aller Entschiedenheit distanzierte.

Mit E-Feldsonde eine Wasserader festgestellt

Ein Institut aus W. hatte über die Zeitung zu einer Veranstaltung über »Erdstrahlen« nach Schwandorf geladen. Mit einer Bekannten, die sich ebenfalls für die Radiästhesie interessierte, folgte ich der Einladung. Um der Versammlung besser folgen zu können, wählten wir einen Sitzplatz mit dem Rücken zur Wand. Ich betone das deshalb, weil diese Wand im weiteren Ablauf eine große Rolle spielte, was ich vorher nicht wusste. Der Referent, groß und stattlich mit geöltem Haar, war mir von Anfang an unsympathisch. Er tat so, als ob er die Weisheit »mit dem Löffel« gegessen hätte. Was er erzählte, war mir nicht neu. Doch dann ein Vorgang, der mich verdutzte. Zu meiner Überraschung behauptete er, dass sich unmittelbar hinter unserer Sitzreihe eine Wasserader befände.

Um den Beweis dafür anzutreten, entnahm er seinem Koffer ein Messgerät, das mir sofort bekannt vorkam. Ich konnte mir ein Lächeln nicht verkneifen. Andererseits war ich verärgert über so viel Frechheit. Mit diesem Gerät konnte man nur niederfrequente elektrische Wechselfelder messen, also Felder, wie sie z. B. in Wohnungen vorkommen und die ich Ihnen bereits erklärt habe. Der Mann schwenkte mit der Feldsonde in Richtung unserer Tischreihe hin und her und jedesmal ertönte der absichtlich in voller Lautstärke zugeschaltete Signalton. Dann holte er eine kugelgelagerte Gabelrute hervor und ließ diese sich drehen, wie ich es nie zuvor gesehen hatte. Ich gebe zu, dass ich etwas irritiert war, und suchte mit den Augen die Wand ab. Doch weder in Höhe des Referenten noch an der Wand hinter mir sah ich eine Stromleitung oder eine Steckdose. »Sie muss aber da sein«, dachte ich. Schließlich fiel mein Blick auf die Fußbodenleiste und entdeckte, nur schwer sichtbar, ein weißes Kabel, das dahinter verlegt war.

Ich war nicht mehr zu halten und meldete mich zu Wort, was bei derartigen Veranstaltungen nur schwer zu bekommen ist. Hätte der Mann geahnt, dass ich ihn mit seinem Hokuspokus konfrontieren wollte, hätte er mir dieses mit Sicherheit nicht erteilt. Sachlich, aber bestimmt, erklärte ich, dass man mit der E-Feldsonde nachweisbar keine Wasserader feststellen könne und dass das Drehen der Wünschelrute gestellt gewesen sei. Mir war natürlich klar, dass man mit ihr auch Stromleitungen muten kann. Meiner Meinung nach sollte aber hier nur mit Messgerät und Wünschelrute der Beweis für eine angeblich vorhandene Wasserader demonstriert werden. Ohne auf diesen Sachverhalt einzugehen, stellte mich der Mann als »Störenfried« hin, und Störungen würde er nicht länger dulden. Da ich unbedingt abwarten wollte, ob ihm die Versammlungsteilnehmer »auf den Leim gehen«, hielt ich mich mit weiterer Kritik zurück. Am Ende der Veranstaltung interessierten sich immerhin noch fünf von 50 Teilnehmern für eine Schlafplatzuntersuchung. Stellen Sie sich einmal vor, der Mann käme mit der E-Feldsonde in Ihr Schlafzimmer. Da auch Sie dort Stromleitungen, Schalter, Steckdosen und Lampen haben, würde der Raum geradezu »verseucht« sein durch »angebliche« Wasseradern. In Wahrheit würde es sich aber um elektrische Wechselfelder handeln, die mit geringem Aufwand abgestellt werden können. Nein, ich möchte lieber tot umfallen, als mit betrügerischen Absichten und Praktiken das Vertrauen kranker Menschen zu missbrauchen. Diesen Vorgang habe ich übrigens Deutschlands größter Krankenkasse gemeldet mit der Bitte, ihre Mitglieder vor solchen Gaunern zu warnen. Über das Dankschreiben des Bundesverbandsvorsitzenden war ich angenehm überrascht.

»Weltneuheit« entpuppte sich als längst praktizierte Messtechnik

Im Geschäft mit den Erdstrahlen sind der Phantasie offenbar keine Grenzen gesetzt. So wirbt ein messtechnischer und geobiologischer Berater innerhalb der Bundesrepublik und in Österreich mittels Postwurfsendung wie folgt: »Vorsicht Falle!« und »Betrug mit Erdstrahlen?« Um das Interesse noch zu verstärken, heißt es weiter: »Anstelle Hokuspokus, Vorstellung eines neuen, wissenschaftlich anerkannten, technisch-physikalischen Messgerätes. (3-D-Computermessung.) Störungen durch Wasseradern usw. werden durch Ausdruck sichtbar gemacht.« Bitte haben Sie Verständnis, wenn ich die nähere Gerätebezeichnung verschweige, einfach deshalb, weil ich selbst im Besitz des Gerätes bin und dessen Qualitäten kenne. Zudem ist mir der Hersteller als seriöser Geschäftsmann bekannt, der die Machenschaften mancher seiner Gerätebenutzer mit Sicherheit nicht billigt. Um mit den Worten eines meiner »Lehrmeister« zu sprechen: »Mit einem Messer können Sie Brot schneiden oder auch jemanden umbringen.« Ähnlich, jedoch in abgewandelter Form, ist es mit diesem Messgerät.

Die »Aufklärungsversammlung« fand ebenfalls in Neunburg vorm Wald statt. Mit vielen anderen meiner Mitbürger wollte auch ich mich »aufklären« lassen. Im Gegensatz zu meinem Illustrationsmaterial, das ich bei Vorträgen über »Erdstrahlen« benutze, war das Material des Veranstalters unsauber und billig. Ich würde mich dafür schämen. Nach 30 Minuten war die Show vorbei. Interessenten bekamen eine Wünschelrute in die Hand gedrückt, um im Saal der Gaststätte »ihre Fühligkeit« zu testen. Mir selbst war dieses Angebot zu dumm. Ein größeres Durcheinander habe ich noch nie gesehen. Wie kann jemand mit der Wünschelrute umgehen, ohne eine entsprechende Einweisung zu erhalten? Waren die daraus resultierenden »Fehlmutungen« der Teilnehmer etwa gewollt? Jedenfalls bezog sich der Referent auf die völlig unterschiedlichen Ergebnisse der »Rutengänger« und verwies auf die »Weltneuheit«. Wie schon in der Einladung beschrieben, könnten mit diesem Messgerät Wasseradern sichtbar gemacht werden. »Von wegen«, dachte ich und meldete mich zu Wort. Ich machte dem Mann klar, dass ich selbst im Besitz eines solchen Gerätes sei. Laut Herstellerangaben misst es vordergründig nur Anomalien des Erdmagnetfeldes, z. B. hervorgerufen durch ferromagnetische Metalle, wie sie oftmals in Bettgestellen vorkommen. Der Gerätehersteller räumt zwar Beobachtungen aus der Erfahrungsheilkunde ein, wonach auch geologische Störzonen damit gemessen werden könnten, gibt jedoch dafür keine Garantie. Die Antwort des Referenten: »Sie können eben mit dem Gerät nicht umgehen!« Mit dieser Antwort musste ich rechnen.

Ich hatte ihm und seinem im Hintergrund arbeitenden Team jedenfalls das Geschäft vermiest. Mehrere Wochen lang »graste« er den gesamten Regierungsbezirk Regensburg ab, um dann anderswo sein Geschäft fortzusetzen, vielleicht sogar in Ihrem Wohnort? Ich weiß das deshalb so genau, weil mich mehrere Kollegen darüber informierten. Das Geschäft dieses arroganten wie geschäftstüchtigen Mannes besteht in der Hauptsache darin, Aufträge für Schlafplatzuntersuchungen zu ergattern, um mit dem Gerät »Erdstrahlen« zu messen. Dabei werden nach meiner Erfahrung Feldverzerrungen infolge von Metall im Bett (z. B. Metallrahmen, Federkernmatratzen) als Erdstrahlen dargestellt, um dem Verängstigten eine »Erdstrahlenschutzmatratze« verkaufen zu können.

Mehr zu diesem Geschäft erfahren Sie weiter unten, wo ich Ihnen erzählen werde, wie man diesen Geschäftemachern auf die

Schliche kommen kann. Vorab hoffe ich, dass Sie keinen derartigen Reinfall erleben. Dazu ist natürlich etwas Grundkenntnis der Sache selbst erforderlich. Wenn Sie meine bisherigen Ausführungen aufmerksam gelesen haben, besteht diesbezüglich bei Ihnen kein Mangel. Und nun ein paar Fallbeispiele zur Abschirmung von Erdstrahlen.

Magnetwellensender soll Erdstrahlen kompensieren

Herr A. R. hatte vor mir schon eine Reihe von Rutengängern im Haus. Einige von ihnen hatten ihm bereits untaugliche Abschirmgeräte »angedreht«. Zufällig war er dann auf die Beschreibung eines Magnetwellensenders gestoßen, der in der Lage sein sollte, »die negativen Magnetwellen, die im Erdinnern entstehen, zu kompensieren und dadurch unschädlich zu machen«. Sie fragen, wie das möglich ist? Laut Hersteller eigentlich ganz einfach! Der Magnetwellensender wird irgendwo im Mittelpunkt des Gebäudes, wenn möglich im Keller, aufgestellt und an eine Steckdose angeschlossen. Dann werden die im Frequenzbereich von 4 Hertz (Hz) bis 4 Kilohertz (kHz) schwankenden, negativen Magnetwellen aus der Erde mit einer konstanten, »positiven« Magnetwelle von 2,85 kHz überlagert. »Somit«, so der Hersteller, »sind die schädlichen Frequenzschwankungen und die Entladungswirkungen ausgeglichen.«

Gesagt, getan. Herr R. ließ sich das Gerät zur Probe schicken und schloss es im Keller vorschriftsmäßig an die Steckdose für 230 Volt 50 Hertz. Nach drei Wochen rief er mich an und klagte über wahnsinnige Kopfschmerzen. Bei näherem Lesen der Gerätebeschreibung stellten wir gemeinsam fest, dass der Hersteller auf diese anfänglichen Beschwerden hingewiesen hatte. Diese würden jedoch nach vier Wochen von selbst vergehen. Komisch, denn genau zu diesem Zeitpunkt würde auch das

Rückgaberecht verfallen. Das Gerät selbst kostete knapp 5000 Mark. Ich riet Herrn R. vom Erwerb ab, da er sich mit dem Gerät einen zusätzlichen Risikofaktor ins Haus geholt hätte.

Gericht verurteilte Rutengänger wegen Betrug

Wie der folgende Vorgang beweist, ist der Weg vom Scharlatan zum Gauner und Betrüger nicht allzu weit. Zumindest dann nicht, wenn es wie in diesem Fall um die Abschirmung von Erdstrahlen geht. Angeklagt war ein Anzeigenwerber, der als Wünschelrutengänger vom Amtsgericht R. rechtskräftig verurteilt worden war. Das Urteil »Im Namen des Volkes« vorweg: »Der Angeklagte wird wegen Betruges und versuchten Betruges zu einer Freiheitsstrafe von insgesamt sechs Monaten verurteilt. Die Vollstreckung der Strafe wird zur Bewährung ausgesetzt. Der Angeklagte trägt die Kosten des Verfahrens und seine notwendigen Auslagen. §§ 263, 22, 23, 53 StGB.« Diesem Urteil liegt ein ganz alltäglicher Vorgang zugrunde:

Die Zeugen der Anklage K. und W. hatten in der Zeitung von einem Vortrag des o. a. Angeklagten über Erdstrahlen gelesen. Nach einer Kontaktaufnahme mit ihm erschien dieser in der Wohnung der schwer krebskranken Frau und Zeugin W. Gestärkt von einer Flasche Wasser, die er wegen seiner anstrengenden Tätigkeit benötigte, kam er am Ende der Untersuchung zu folgendem Ergebnis: Da aus Platzgründen ein Standortwechsel der Betten nicht möglich war, wäre wegen vorhandener Erdstrahlen eine spezielle »Strahlenschutzdecke« erforderlich. Der Angeklagte hatte natürlich eine solche parat und berechnete dafür 350 Mark plus 130 Mark als Honorar. Das Gericht sah es als erwiesen an, dass der Angeklagte genau wusste, dass die »Strahlenschutzdecke« völlig ungeeignet war, Erdstrahlungen abzuschirmen. Wie sich nämlich herausstellte, be-

Kleine Auswahl: Jedes Gerät will Erdstrahlen »abschirmen« oder »unschädlich« machen.

stand die Decke aus zwei Schaumstoffmatten mit Holzspänen und einem Fernsehkabel im Gesamtwert von »ein paar Mark«.

Der Angeklagte hatte sich ebenso erfolgreich der Zeugin K. angeboten, ihren Schlafplatz auf Erdstrahlen zu untersuchen. Dabei war es auch zu einer Pulsmessung mit folgendem Ergebnis gekommen: Während der Puls ohne Decke schlecht war, fiel er mit Decke wesentlich besser aus. Bei so viel »Beweiskraft« war es offenbar nicht schwer, der Frau eine Decke zum Preis von 656 Mark zu verkaufen. Nachdem der Angeklagte der Zeugin den versprochenen Untersuchungsbericht schuldig geblieben war, schaltete deren Ärztin den Sachverständigen M. ein. Dieser deckte den Schwindel um die so genannte Erdstrahlenschutzmatratze vollends auf. Dazu wörtlich: »Diese war und ist völlig ungeeignet, irgendwelche Erdstrahlungen abzuwenden.«

Das Gericht in seiner Urteilsbegründung: »Der Angeklagte kann sich nicht damit herausreden, dass er die Decke von einem Fremdhersteller bezogen hat. Wenn er nämlich behauptet, dass eine derartig teure Decke Erdstrahlen abhalten kann, muss er sich hiervon überzeugen. Insofern ist eine andersartige Behauptung völlig unglaubwürdig.« Schließlich sah es das Gericht als erwiesen an, dass der Angeklagte »mit Krankheiten fremder Menschen gespielt hat«. Deshalb kann sein Tun »nur als absolut verwerflich angesehen werden«. Dieser Einschätzung möchte ich mich voll und ganz anschließen.

Erdstrahlen-Schutzmatratze war ungeeignet

»Wie man mit Erdstrahlen gutgläubige Kunden blendet« und »Schwindel um Schutzmatratzen flog auf.« So lautete die Überschrift eines Artikels in meiner Heimatzeitung. Berichterstatter war ich selbst. Zum Vorgang: Frau K. hatte sich im Rahmen einer Aufklärungsversammlung über Erdstrahlen eine Schutzmatratze zum Preis von 1398 Mark aufschwatzen lassen. Nachdem die Frau durch einen Kollegen von mir darauf hingewiesen wurde, dass die Matratze keinen Schutz gegen Erdstrahlen böte, wollte sie vom Kauf zurücktreten und verweigerte die Zahlung. Damit war jedoch die bei Regensburg ansässige Firma nicht einverstanden. Sie verklagte die Frau, die daraufhin ihren Rechtsanwalt einschaltete. Dieser beauftragte wiederum den Leiter der Forschungsstelle für Elektropathologie der Universität Witten-Herdecke mit einem Gutachten. Die Wahrheitsfindung nahm somit ihren Lauf.

In dem 13-seitigen Gutachten, das mir in Kopie vorliegt, kam u. a. zum Ausdruck, dass die im Schutzmatratzen-Prospekt im Zusammenhang mit Wasseradern verwendete Bezeichnung »Strahlen« nicht korrekt sei. Wasseradern können nach Meinung des Gutachters bestenfalls eine lokale Änderung des magnetischen Feldes der Erde bewirken. Diese könne alle Materialien bis auf einige Legierungen durchdringen. Somit wäre eine wirksame Interaktion durch die Spezial-Naturkorkschicht der »Schutzmatratze« nicht vorstellbar. Der Gutachter kam zu dem Schluss, »dass die betreffende ›Schutzmatratze‹ keineswegs dazu geeignet ist, elektromagnetische Felder wirksam abzuschirmen«. Auf Grund dieser Feststellung stand für den Anwalt von Frau K. fest, dass die Firma seine Mandantin »arglistig getäuscht« hatte. Das Gericht folgte dieser Auffassung, und die besagte Firma zog ihre Klage zurück. Kurz vorher wurde mir ein Fall bekannt, bei dem eine Frau aus Wiesenfelden zwei »Erdstrahlen-Schutzmatratzen« für 2824 Mark gekauft hatte. Die Masche, wie die Kunden »zum Narren gehalten« werden, und die Art und Weise, wie ihr Vertrauen ausgenutzt wird, ist fast immer die gleiche.

»Erdstrahlenschutz–Matratzen« mit Mengenrabatt

Erst kürzlich rief mich Frau M. S. mitten in der Nacht an und bat ganz aufgeregt um Rat und Hilfe. Sie könne nicht schlafen und war ganz »aus dem Häuschen«, was auf Grund der Situation verständlich war. Zunächst muss ich betonen, dass die gute Frau fürchterliche Angst vor Erdstrahlen hat. Da unter ihrem Schlafzimmer tatsächlich eine Wasserader verläuft und sie auf einer Federkernmatratze schlief, hatte ich ihr vor zwei Jahren den Kauf einer metallfreien Matratze empfohlen, weil durch eine solche wenigstens die extreme Erdmagnetfeldstörung im Bett reduziert würde. Nach eigenen Angaben schlief sie daraufhin besser. Wenige Tage vor ihrem Anruf hatte sie zusammen mit vielen Bekannten einen Vortrag über Erdstrahlen gehört. Dem Vernehmen nach mit dem oben erwähnten Strickmuster

»Weltneuheit«. Da diese Veranstaltung jedoch im katholischen Pfarrheim stattfand, war offenbar niemand misstrauisch. Im guten Glauben an Gott und die Menschen unterschrieb die Frau einen Untersuchungsauftrag und bestellte gleichzeitig sechs neue »Erdstrahlen-Schutzmatratzen«. Erst hinterher habe sie sich auf meine Warnungen besonnen, meinte sie, und riefe mich deshalb an. Ich empfahl ihr zunächst, sich zu beruhigen und gleich in der Frühe ihren Rechtsanwalt einzuschalten. Auf Grund der gesetzlichen Rücktrittsfrist habe sie noch gute Chancen, aus dem Vertrag »herauszukommen«. Wenige Tage später informierte sie mich voll Freude und Erleichterung, dass es im letzten Moment noch geklappt habe.

Neue Masche der »Erdstrahlenabschirmer«

Wenn ich von der »gleichen Masche« dieser Matratzenvertreter gesprochen habe, dann muss ich mich berichtigen. Bis vor kurzem fanden nämlich deren »Aufklärungsversammlungen« meistens in Eigenregie statt. Dass sie nunmehr auch über die Kirche ablaufen, ist selbst für mich neu. Das beweist die Unverfrorenheit dieser Scharlatane, die ohne Scheu und mit vielen Tricks arbeiten. Diese Behauptung ist nicht aus der Luft gegriffen. Vielmehr wurde sie durch eine fingierte Schlafplatzuntersuchung bei einem Kollegen von mir voll bestätigt. Ich habe nichts gegen eine gute Matratze, sie ist für mich eine der Voraussetzungen für einen guten Schlaf. Was ich verurteile, ist die Art und Weise, wie das Vertrauen vieler Menschen missbraucht wird. Deshalb nochmals: Was Sie bei der »Vermessung« Ihres Bettes mit der Kompassschiene oder dem Geo-Magnetometer sehen, ist die magnetische Flussdichte des natürlichen Erdmagnetfeldes. Schlägt der Zeiger des Kompasses oder des Messgerätes aus, so liegt eine Störung oder Verzerrung des Erdmagnetfeldes vor.

Dieser Ausschlag erfolgt grundsätzlich nur dann, wenn sich im Messbereich ferromagnetische Metalle, sprich metallische Gegenstände befinden. Das können die Federkernmatratze, der Stahlrahmen oder die Scharniere des Lattenrostes und nicht zuletzt der Baustahl in der Geschossdecke sein. Der Zeiger am Messgerät (z. B. Geo-Magnetometer) schlägt je nach Voreinstellung des Messbereichs (100 nT bis 50 000 nT) zwischen sehr schwach und sehr stark aus. Zudem kann mittels Kompensation und Null-Pegel darauf Einfluss genommen werden. Mit einem Wort, eine Manipulation ist nicht ausgeschlossen. Daraus ergibt sich, wer also im Sinne hat, Sie mit kräftigen Zeigerausschlägen zu überzeugen, der stellt ganz einfach einen niedrigen Messwert ein. Die Höhe des Zeigerausschlages wird auch auf der mitgelieferten Grafik des Computer-Messprotokolls deutlich. Was den Laien überzeugt, sind schließlich nicht die angegebenen Zahlen und Werte, sondern die »Berge und Täler« der ausgedruckten Grafik.

Einfacher Trick entlarvt Matratzen-Abschirmer

Wie können Sie nun selbst herausfinden, ob es sich bei der oben genannten Grafik um Erdstrahlen oder wie gesagt »nur« um metallische Gegenstände handelt? Ganz einfach! Lassen Sie sich zwei Grafiken ausdrucken, nämlich eine mit Ihrer Matratze und eine weitere ohne Matratze im Bett. Sollten sich am Lattenrost metallische Gegenstände befinden, so nehmen Sie diesen ebenfalls bei der zweiten Messung heraus. Achten Sie darauf, dass der Vermessungstechniker zwischen den beiden Messungen keine Änderung am Gerät vornimmt und dass die zweite Messung in gleicher Höhe wie die erste stattfindet. Wenn Sie vorher eine Federkernmatratze oder einen Lattenrost mit Metall im Bett gehabt haben, dann werden Sie bei der zweiten Messung lediglich nur noch Ausschläge auf Grund von Baustahl feststellen. Diese sind jedoch in der Regel in Liegehöhe nur noch geringfügig. Nur mit dieser Methode ersparen Sie sich unter Umständen viel Geld und Ärger. Schließlich noch ein weiterer Fall einer Abschirmung, die jede andere »in den Schatten stellt«.

Obstkerne als Zählmethode für Abschirmung

Bevor ich auf diesen Mann, Herrn B., und seine Praktiken komme, möchte ich Ihnen einen Vorgang mit ihm schildern, der zwar unglaublich klingt, aber dennoch wahr ist. Zunächst war mir der Mann aufgefallen, weil er unbedingt am »Münchner Forschungsprojekt« teilnehmen wollte. Bei den Vortests meiner Bezirksgruppe mit ihm stellte sich jedoch schnell heraus, dass eine Empfehlung an das Forscherteam nicht angebracht war. Die zweite Begegnung mit diesem Mann fand bei einer Regensburger Rundfunkanstalt statt. Die Redaktion hatte mich für ein Interview zum Thema Abschirmung von Erdstrahlen eingeladen. Neben mir waren noch ein Hersteller von Abschirmgeräten, eine Hausfrau, die damit schlechte Erfahrungen gemacht hatte, ein Mineraloge, ein Kollege von mir sowie Herr B. als »Abschirmer« anwesend. Um dessen Hals hingen rund 35 Ketten aus Obstkernen. Sie meinen zur Zierde? Auch ich hatte im ersten Moment geglaubt, der Mann komme aus Honolulu und habe vergessen, seinen Schmuck abzulegen. Nein, nach eigenen Worten stellte er mit diesen die Intensität von Erdstrahlen fest. Bitte ersparen Sie mir dazu jeglichen Kommentar!

Der zweite und dritte »Hammer« folgte sogleich. Auf die Frage des Redakteurs, ob er ihm ein Glas Wein zum Trinken anbieten dürfe, lehnte Herr B. dieses Angebot ebenso freundlich wie entschieden ab. Nicht etwa, weil er keinen Wein mag, »sondern weil dieser«, so wörtlich, »radioaktiv verseucht ist«. Der

Redakteur fiel vor Schreck fast vom Hocker und fragte den Mann, wie er zu dieser ungeheuren Behauptung komme. Als ob es sich um die natürlichste Sache der Welt handelte, erklärte Herr B. darauf: »Das habe ich mit der Wünschelrute festgestellt.«

Es kommt noch dicker, und vielleicht werden Sie denken, dass Rutengänger absolute Spinner sind. Sofern Sie damit einen ganz kleinen Kreis meinen, nehme ich Ihnen das nicht einmal übel. Während des Interviews folgten Rede und Gegenrede und ohne Zweifel hatten die Abschirmer die »schlechteren Karten«. Beim Thema gesundheitliche Gefährdung durch Erdstrahlen meldete sich Herr B. und erklärte dem Redakteur, dass dieser nicht befürchten müsse, Aids zu bekommen. Während die übrige Runde so gut wie schockiert war, werden die Rundfunkhörer sicherlich die Ohren gespitzt haben. Merklich war der Redakteur mit dem Stuhl an die Wand gerückt, als wollte er Distanz gewinnen. Es hatte ihm regelrecht die Sprache verschlagen. Herr B. hielt mit seiner Meinung nicht hinter dem Berg und gab zu verstehen, dass er, der Redakteur, so viel Widerstandskraft besitze und deshalb von Aids verschont bleibe. Auch das habe er bereits mit der Wünschelrute festgestellt. Zusammen mit den anderen Teilnehmern schämte ich mich für diesen Mann, der sich als Rutengänger bezeichnete.

Herr B. wollte Radon mit Drähten abschirmen

Erst einige Jahre später fiel mir ein Zeitungsinserat auf, in dem Herr B. sich angeboten hatte, Radon abzuschirmen. Es war der Zeitpunkt, wo in meiner Heimatstadt umfangreiche Messungen durch das Bayerische Staatsministerium für Landesentwicklung und Umweltfragen (StMLU) stattfanden, über die ich bereits berichtete. Witterte Herr B. ein Geschäft? Jedenfalls nahm er einen der Presseberichte über die Radonuntersuchung zum Anlass, um einen Leserbrief zu schreiben. Ich zitiere: »Radon entsteht nach mentaler Abfragung über Uran- und Flussspatablagerungen, aber auch an mit Uran- und Flussspat behandelten Gegenständen.« Ich sah mich gefordert und antwortete postwendend, dass Radon nicht mental mit der Wünschelrute abgefragt werde, sondern messbar sei. Und weiter wörtlich: »Die Neunburger Bevölkerung ist sicherlich gut beraten, den Ratschlägen der von der Bundes- und Landesregierung eingesetzten Experten zu glauben, um das Radonproblem in den damit behafteten Häusern gründlich zu lösen. Dazu gehört wohl eher das sofortige Lüften und das Abdichten von Undichtigkeiten im Kellerbereich statt das sehr zweifelhafte Abschirmen, wie es Herr B. im radiästhetischen Bereich zum Leidwesen seriöser Radiästheten praktiziert.«

Nachdem die Presse einen weiteren Leserbrief dieses Herrn »abgelegt« hatte, wählte dieser den Weg über seine Rechtsanwälte. Diese forderten mich auf, mich öffentlich dafür zu entschuldigen, dass ich die Seriosität ihres Mandanten in Zweifel gezogen hatte. Zudem seien auch die Anwaltskosten in Höhe von rund 265 Mark von mir zu tragen. Was hätten Sie an meiner Stelle und bei meiner Abneigung gegen Abschirmer getan? Sie hätten sicherlich wie ich keine der Aufforderungen befolgt. Diese Entscheidung ließ ich auch den Anwälten des Herrn B. durch meinen Anwalt mitteilen. Zudem erklärte ich mich bereit, es auf einen Prozess ankommen zu lassen. Nur so wäre es mir gelungen, ihn selbst und seine Abschirmmethode bloßzustellen.

Abschirmmethode sollte das Gericht klären

Wer mich näher kennt, weiß, dass ich kein Freund halber Sachen bin. Folglich informierte ich mich über die Praktiken dieses Mannes und ließ über einen mir bekannten Forstbeamten ein Angebot über die »Abschirmung von Radon« bei Herrn B. einholen. Seine Methode war meines Erachtens einfach zu simpel, um funktionieren zu können. Angeblich handelte es sich um ein Schweizer Patent. Dabei befestigte der »Abschirmer« knapp unter der Zimmerdecke rings um den Raum mehrere feine Kupferdrähte, die im Abstand von rund 25 Zentimetern mit Aluminiumplättchen und Nägeln an der Wand befestigt wurden. Die Menge der Drähte wurde mittels Wünschelrute und den Halsketten aus Obstkernen ermittelt. Herr B. reagierte tatsächlich, unterbreitete ein Angebot und veranschlagte für ein Büro in der Größe von etwa 18 Quadratmetern 6000 Mark.

Ich wandte mich gleichzeitig an das StLMU, um die Praktiken des Herrn B. zu schildern. In seiner Antwort bedankte sich Ministerialrat Dr.-Ing. Eder zunächst für meinen »mit viel Engagement verfassten Brief«. Nach der fachlichen Darlegung von Entstehung und Zusammensetzung des Radons bezog er Stellung zur Abschirmung. Dazu in Kurzform die wesentlichen Aussagen: »Aus naturwissenschaftlicher Sicht gibt es keine Erklärung, warum sich der Austritt des Radons durch die in Ihrem Brief geschilderte Abschirmmethode (verdrahtete Aluminiumplättchen) unterdrücken lassen sollte. Ebenso wenig ist denkbar, dass sich das eingedrungene Radon in irgendeiner Form an die Aluminiumplättchen bindet. Aus der Sicht des StLMU ist die von Herrn B. vorgeschlagene Abschirmmaßnahme gegen Radon also als unwirksam zu bezeichnen. (...) Behördliche Maßnahmen gegen Herrn B. könnten ggf. auf der Grundlage der Gewerbeordnung in Betracht kommen, für deren Vollzug die Kreisverwaltungsbehörden (Landratsämter, kreisfreie Städte) grundsätzlich zuständig sind.«

Eine klarere Antwort konnte ich nicht erwarten. Wie ich später erfahren habe, ist Herr B. nach kurzer schwerer Krankheit verstorben. Ich habe ihn zu keiner Zeit als Scharlatan bezeichnet noch ihm betrügerische Absichten unterstellt. Für mich war er einfach ein Fanatiker, der offenbar den Realitätssinn verloren hatte.

4. Abschirmer kommen mit dem Gesetz in Konflikt

Abschirmung bedeutet zunächst den Versuch, für Mensch, Tier und Pflanze geopathogene Einflüsse zu beseitigen oder zu mildern. Diese Versuche sind praktisch so alt wie die Geobiologie selbst. In unserer Zeit wird glücklicherweise niemand mehr wegen Ausübung der Geobiologie verurteilt. Zahlreiche Prozesse in jüngster Zeit zeugen aber davon, dass der Verkauf von Gerätschaften und Dienstleistungen im Zusammenhang mit Abschirmung von vielen Richtern als Betrug im Sinne des StGB einerseits – und Verstoß gegen das Heilpraktikergesetz andererseits – eingestuft wird. Jeder »Abschirmer« muss sich darüber im Klaren sein, dass er sich rechtlich aufs Glatteis begibt und dass er sich auch fragen lassen muss, ob er das, was er tut, auch gegenüber seinem Gewissen verantworten kann.

Scharlatane und unseriöse Geschäftemacher gehören zu Recht vor Gericht gestellt.

Sie können es also drehen und wenden wie Sie wollen, »Abschirmer« stehen immer mit einem Fuß im Gefängnis. Wer diese Warnung ignoriert, sollte sich wenigstens die Mühe machen, den Paragraphen 263 StGB zu lesen. Um Ihnen Mut zu machen, gegen »Abschirmer« vorzugehen, möchte ich auf zwei Tatbestände des Betruges eingehen; hier in Kurzfassung übernommen vom Obmann des DGG-Schiedsgerichtes. »Der objektive Tatbestand des Betruges umfasst vier wesentliche Merkmale: Es muss eine Täuschungshandlung und dadurch verursacht eine Irrtumserregung vorliegen. Weiter hiermit im Kausalzusammenhang eine Vermögensdisposition und eine Vermögensschädigung des Geschädigten. Der subjektive Tatbestand des Betruges umfasst zunächst den ›Vorsatz‹ des Täters, d. h. das Bewusstsein, durch Täuschung einen Irrtum und durch die Irrtumserregung eine Vermögensverfügung des Getäuschten und dadurch eine unmittelbare Vermögensschädigung hervorzurufen.« Ganz schön kompliziert, oder? Lassen Sie mich es einfacher ausdrücken: Wer vorgibt, mit einem Gerät oder Gegenstand Erdstrahlen »abschirmen« zu können oder anderweitig unschädlich zu machen, wird es im Streitfalle mit dem Kunden nicht einfach haben, den Beweis dafür anzutreten. Es darf davon ausgegangen werden, dass der Ruten- oder Pendelausschlag (subjektiv) vor keinem Gericht als Beweis für die Tauglichkeit oder Untauglichkeit eines »Abschirmgerätes« anerkannt wird. Hierzu gelten »Gott sei Dank« andere Kriterien. Wer schließlich und trotz allem noch glaubt, dass Erdstrahlen, sprich elektromagnetische, ionisierende Strahlungen, mit hunderterlei Gegenständen und Materialien wirkungsvoll abgeschirmt werden können, der sollte sich ein längerfristiges Rückgaberecht (nicht unter drei Monaten) einräumen lassen. Sofern Sie erst kürzlich ein »Abschirmgerät« erworben haben, das den Erwartungen nicht entspricht, tun Sie gut daran, sich um einen Rechtsbeistand zu bemühen. Schließlich kann unter Umständen gegen den Verkäufer gerichtlich vorgegangen werden, z. B. in Form einer Wandelung bis hin zur Schadenersatzforderung. Näheres dazu erfahren Sie bei der Verbraucherzentrale oder der nächsten Verbraucherberatungsstelle.

Wenn diese Beratungsstellen die Radiästhesie pauschal verurteilen, steht das auf einem anderen Blatt. So war in meiner Heimatzeitung folgende fette Überschrift zu lesen: »Vor allem der Rutengänger stößt sich gesund.« Dazu auszugsweise aus dem zugehörigen Artikel: »Wir sehen keine Notwendigkeit, dass zum Schutz gegen Erdstrahlen die von den Anhängern der Erdstrahlentheorie empfohlenen Maßnahmen befolgt werden. In einem Prozess gegen einen Hersteller von Erdstrahlenschutzdecken vor dem Landgericht Stuttgart hat sich die Verbraucherzentrale (...) bestätigen lassen, dass gegen solche Erdstrahlen bestimmte Erdstrahlenschutzdecken schützen könnten, als Behauptung unzulässig ist.« In einem offenen Brief teilte ich der Verbraucherzentrale daraufhin mit, dass ich ihre Warnung teile, und gleichzeitig bat ich darum, künftig pauschale Verurteilungen der Rutengänger zu unterlassen.

Wenn das Rutengehen und damit alle seriösen Wünschelrutengänger in ein schlechtes Licht gerückt werden, dann liegt es also an jenen Zeitgenossen und »Rutengängern«, die Dienen mit Verdienen verwechseln. Sie, liebe Leser, sollten deshalb keine Scheu davor haben, gegen diese vorzugehen, allein schon im Interesse jener Menschen, die auf Grund einer Krankheit ein »Abschirmgerät« erworben haben und auf dessen wundersame Wirkung vertrauen. In einer ZDF-Sendung kommentierte Prof. H. L. König das Thema Abschirmmethoden mit: »Alles Unfug und Beutelschneiderei.«

Über eines müssen sich alle »Abschirmer« und Käufer dieser »Wundertüten« bewusst sein: Durch Abschirmversuche kann man, wenn sie überhaupt eine reale Wirkung haben, lediglich Einzelelemente abschirmen oder dämpfen, niemals die Gesamtheit der schädlichen Wirkeinflüsse. Neutronenstrahlung (siehe Kapitel III/1, Stichwort »Wasserader«) ist durch nichts abschirmbar. Jedenfalls nicht mit einem technisch vertretbaren Aufwand. Und gerade diese Strahlung ist das gefährlichste Element geopathogener Risikofaktoren! Dazu auch ein Auszug aus dem IAG-Lexikon der Geobiologie: »In den Praxen, die sich mit dem Aschoff'schen (Dr. Aschoff) Bluttest befassen, und nicht nur in diesen, sind zahlreiche Fälle bekannt, wo Patienten nach jahrelangem Aufenthalt auf ›Abschirmmatten‹ Krebs bekamen!« Allein dies sollte eine Warnung sein: Diese Warnung möchte ich mit einer physikalischen Messung über einer »Abschirmmatte« deutlich machen. Während auf dem Messplatz ohne Matte die Störung des Erdmagnetfeldes 80,50 Prozent betragen hatte, erhöhte sich diese mit Matte auf 2904,30 Prozent. Deutlicher geht es nicht!

5. Auftraggeber und Berater in Recht und Gesetz

Bei einem Vertrag zur Lösung typischer Rutengängeraufgaben handelt es sich grundsätzlich nicht um einen Werkvertrag (§ 631 ff. BGB), sondern um einen Dienstvertrag (§ 611 BGB). Beim Werkvertrag verpflichtet sich der Unternehmer zu einem bestimmten Erfolg, beim Dienstvertrag dagegen nur zur Leistung der vereinbarten Dienste ohne Rücksicht auf den Erfolg. Auf gut Deutsch: Der Rutengänger stellt seine Dienste, sein Können und seine Erfahrung zur Verfügung, garantiert jedoch nicht für den Erfolg. Daraus ergibt sich, dass er rechtlich verpflichtet ist, sich die erforderlichen Kenntnisse anzueignen, die für die Erfüllung der von ihm übernommenen Aufgaben erforderlich sind. Ist er diesen nicht gewachsen, darf er sie zur Vermeidung zivilrechtlicher Haftung und strafrechtlicher Verfolgung auch nicht übernehmen. Der Berater muss alle Ansinnen des Auftraggebers, eine Erfolgsgarantie zu übernehmen, entschieden zurückweisen.

Beim Berater muss man also voraussetzen können, dass er nach bestem Wissen und Können arbeitet, seine Charaktereigenschaften untadelig sind, er um regelmäßige Weiterbildung bemüht bleibt, er Aufgaben, denen er nicht gewachsen ist, nicht annimmt und dass er im Bedarfsfalle den Nachweis über seine Aus- und Weiterbildung führen kann.

Nach § 611 ff. BGB wird durch den Dienstvertrag derjenige, der Dienste zusagt, zur Leistung der versprochenen Dienste und der Auftraggeber zur Gewährung der vereinbarten Vergütung verpflichtet. Sofern die Höhe der Vergütung nicht bestimmt wurde, gilt eine taxmäßige Vergütung, beim Fehlen einer Taxe die »übliche« Vergütung als vereinbart. Der Berater sollte keinen Zweifel daran lassen, dass er ein Entgelt für seine Tätigkeit erwartet. Entscheidend ist nicht, ob das schriftlich oder mündlich erfolgt, sondern dass er diese Vereinbarung im Streitfall beweisen kann. Nun nenne ich Ihnen einige wichtige steuerrechtliche und strafrechtliche Aspekte.

Laut IAG e.V. ist die Tätigkeit des geobiologischen Beraters als »freiberuflich« anzusehen und nicht – oder nur im Ausnahmefall z. B. in Verbindung mit dem Betreiben eines Installationsgeschäftes – als Gewerbe aufzufassen. Nach dem Gewerbesteuergesetz ist nämlich ein Gewerbebetrieb ein gewerbliches Unternehmen im Sinne des Einkommensteuergesetzes. Die Einkünfte des freiberuflichen Beraters sind selbstverständlich einkommensteuerpflichtig. Wie derartige Einkünfte zu deklarieren sind, hängt von den sonstigen persönlichen Einkommensverhältnissen ab, so dass in unserem Rahmen lediglich empfohlen werden kann, diese wichtige Frage mit dem zuständigen Finanzamt zu klären. Ich komme noch einmal kurz zum strafrechtlichen Aspekt: Hier möchte ich eingrenzend nur das Betrugsdelikt ansprechen, das für den potenziellen Berater von besonderer Bedeutung ist.

Wer also in der Absicht, sich oder einem Dritten einen rechtswidrigen Vermögensvorteil zu verschaffen, das Vermögen eines anderen dadurch beschädigt, dass er durch Vorspiegelung falscher oder durch Entstellung oder Unterdrückung wahrer Tatsachen einen Irrtum erregt oder unterhält, wird mit Freiheitsstrafe bis zu fünf Jahren oder mit Geldstrafe bestraft. Der Versuch ist strafbar. In besonders schweren Fällen gilt eine Strafe von einem Jahr bis zu zehn Jahren. Den Beratern wird daher dringend geraten, sich auf die sachliche Erfüllung ihrer Aufgaben zu beschränken, in ihren Äußerungen größte Zurückhaltung zu üben und theoretische Darlegungen möglichst zu vermeiden.

Einen Konflikt mit dem Heilpraktikergesetz kann der Berater dann vermeiden, wenn er sich ausschließlich auf die Lokalisation von Reizzonen und Störfeldern sowie auf die Problematik des Vermeidens solcher Bereiche beschränkt. Weiter gehende Untersuchungen bleiben uneingeschränkt dem Arzt oder Heilpraktiker vorbehalten. Folglich ist es für Berater auch anmaßend, Körpermutungen vorzunehmen (Krankheiten mental abfragen) oder Diagnosen zu stellen u. a. m. Erinnern Sie sich noch an den Fall (siehe Kapitel VII/3), wo mir die Rutengängerin auf der Verkaufsveranstaltung per Wünschelrute eine Krebskrankheit prophezeite, wenn ich nicht ihr »Abschirmkissen« gegen Erdstrahlen erwerbe? Damals war ich nachsichtig – heute würde ich sie wegen des Verstoßes gegen das Heilpraktikergesetz und wegen versuchten Betrugs verklagen. Helfen auch Sie mit, die »Spreu vom Weizen« zu trennen! Damit würden Sie sich selbst, Ihren Mitmenschen und der Radiästhesie einen guten Dienst erweisen.

6. Amüsantes und Nachdenkliches aus meiner Praxis

Mutungswiederholung wegen Ordnungssinn

Sie wissen, dass ich grundsätzlich erst nach der Außenmutung das Hausinnere untersuche. So auch bei einer Familie in Neunburg vorm Wald. In der Regel dauert die Außenuntersuchung rund eine Stunde. Überall wo ich eine Reizzone mutete, legte ich eine Wäscheklammer als Merkzeichen hin. Das bedeutete für die Wasserader durch das Haus je zwei blaue auf der Vorder- und Rückseite des Hauses, für den Nord-Süd-Streifen des so genannten Benker-Gitters je zwei rote Klammern nebst einer blauen für den auf- und abladenden Teil und dasselbe für den Ost-West-Streifen dieses Systems. Zusätzlich legte ich auch noch eine Menge grüner Klammern aus, die das Curry-Gitter kennzeichnen sollten. Da für das ältere Häuschen kein Grundrissplan mehr vorhanden war, begann ich diesen selbst zu zeichnen. Ich war gerade an einer der Giebelseiten, als eine kleine alte Frau um die Ecke geschossen kam – ich traute meinen Augen nicht –, in ihrer Schürze meine Wäscheklammern, bevor ich die markierten Reizzonen auf den Grundrissplan übertragen hatte. Es war die Schwiegermutter meines Auftraggebers. Dem Vernehmen nach klaubte sie auch jedes Blatt, das der Wind vom Nachbarsbaum in den Garten wehte, auf. Die Lehre aus dieser Geschichte: Um doppelte Mutungen zu vermeiden, ist eine farbige Kreide zur Kennzeichnung der Reizzonen vorteilhafter.

Aus Schamhaftigkeit keine Bettuntersuchung?

Schon der Hinweis einer Auftraggeberin, dass ihr Schwiegerva-
ter nichts von meiner Untersuchung erfahren durfte, machte
mich stutzig. Ich sollte deshalb weder an der Haustüre läuten
und schon gar nicht um das Haus herumgehen. Nachdem auch
im Bereich Rutengehen der Kunde König ist, musste ich diesen
Wunsch respektieren. Ich musste also gezwungenermaßen die
Mutung innerhalb der Wohnung der jungen Frau durchführen.
Nach Abschluss der umfangreichen Untersuchungen in den beiden Kinderzimmern wollte ich mit den Messkoffern wie üblich
in das Elternschlafzimmer gehen. Immerhin gehörte das zum
vereinbarten Auftrag. »Nein, die Betten brauchen Sie nicht zu
untersuchen«, meinte die Frau und stellte sich quer. Nach etwas
Zureden war sie dann doch bereit, mich »nur hineinschauen« zu
lassen, wie sie sich ausdrückte. Ein ordentlicher, gepflegter
Raum tat sich mir auf. Nachdem ich die Frau auf einige Risikofaktoren hingewiesen hatte, bat ich sie, das Oberbett zurückzu-
schlagen, damit ich die erforderlichen physikalischen Messungen durchführen könnte. Zudem sollte sie sich anschließend zur
Messung der Körperspannung hineinlegen. Täuschte ich mich,
oder wurde sie tatsächlich rot im Gesicht? Jedenfalls war sie bis
dato die einzige Auftraggeberin, die sich gegen eine im Preis
enthaltene Volluntersuchung wehrte. Das Fazit aus dieser Geschichte dürfen Sie selbst ziehen. Damit Sie nicht auf falsche
Gedanken kommen: Ich bin seit 1964 glücklich verheiratet!

Auftraggeber war von mir etwas »enttäuscht«

Ein hoher Polizeibeamter aus dem Landkreis Weiden hatte mich
auf Empfehlung seines Arztes um eine Schlafplatzuntersuchung
gebeten. Zugleich fragte er mich, ob ich etwas dagegen habe,
wenn einige Verwandte von ihm mit dabei wären. Da ich nichts

gegen »Zeugen« meiner Arbeit habe, willigte ich ein. Während diese bei der Außenuntersuchung des Hauses auf Distanz blieben, war ich bei der Untersuchung im Kinderzimmer ständig von fünf Personen umgeben. Ich konnte gar nicht so schnell schauen, und schon war das Kinderzimmer entsprechend meiner Empfehlungen umgestellt. Nach der Schlafzimmeruntersuchung nahm mich die Frau des Hauses zur Seite und fragte mich, ob sie mir einen Kaffee anbieten dürfe. Ich sagte »ja danke«, und kurz darauf saß die Runde am Kaffeetisch. Plötzlich schaute mich der Auftraggeber an und meinte mit ernstem Gesicht: »Ganz ehrlich, Herr Dietl, ich bin von Ihnen etwas enttäuscht!«

Ich war wie vor den Kopf geschlagen. Blitzschnell verfolgte ich geistig den Weg zurück bis zu seinem Anruf. Hatte ich etwas falsch gemacht oder hatte ich mich falsch verhalten? Ehrlich gesagt, ich war innerlich konfus, und er amüsierte sich darüber. Dann endlich kam der befreiende Satz: »Ich hätte nie geglaubt, dass Sie Kaffee trinken!« Er hatte nämlich angenommen, dass Leute wie ich ausgesprochene Teetrinker seien und sich womöglich auch noch vegetarisch ernährten.

Tierhaare und Staubwolken in Hülle und Fülle

Auf Empfehlung ihres Arztes bat mich eine Frau aus V. zu sich. Ihr Töchterchen hatte eine starke Tierhaarallergie. Die Wohnung befand sich im Obergeschoss eines aufgestockten Bauernhauses. An der mit Jauche überschwemmten Hofzufahrt lag eine tote Katze. Als Tierliebhaber dachte ich mir meinen Teil. An der Haustüre empfing mich die Schwiegermutter meiner Auftraggeberin. Als ich diese auf den Kadaver aufmerksam machte, antwortete sie ungerührt: »Das ist nicht so schlimm, wir haben noch 18 Katzen, da kommt es auf eine nicht drauf an.« Meine

Auftraggeberin war der Meinung, dass ihre Tochter keinen Kontakt zu den Tieren habe. Offenbar hatte sie noch nie davon gehört, dass auch der indirekte Kontakt schon genügte. Einige Häuser weiter litt ein kleines Mädchen an Staubalergie. Bei der näheren Untersuchung stellte ich Staub in Hülle und Fülle fest, der von den angrenzenden Feldern in die Wohnung geweht worden war. Für derartige Fälle reicht meines Erachtens der Verstand und ein offenes Auge.

Krebsstrahlen sollten das Geschäft erhöhen

Vor drei Jahren sprach mich auf der Straße eine Frau an und fragte: »Herr Dietl, machen Sie auch Krebsstrahlen?« Ich hatte mich wohl verhört und bat um Wiederholung der Frage. Mit erhöhter Stimme fragte die Frau erneut: »Machen Sie auch Krebsstrahlen?« Also doch dieses fürchterliche Wort! Unmissverständlich gab ich ihr daraufhin zu verstehen, dass ich weder Krebsstrahlen mache, noch welche suche. »Ja richtig«, sie habe sich nur versprochen, sie meine auch suchen. Nachdem ich sie in aller Kürze über meine Tätigkeit informiert hatte, erklärte sie mir, warum sie überhaupt auf diese Frage gekommen sei. Im Nachbarlandkreis habe nämlich ein Rutengänger in der Zeitung damit geworben, Krebsstrahlen zu suchen. Sollte ich der Frau sagen, dass dieser Mann zur Hölle fahren solle? Wie schon erwähnt, kann ich vor solchen Zeitgenossen nur warnen.

Messergebnis brachte mich aus der Fassung

Bei der Messung über einem Kinderbett im Dachgeschoss eines Hauses im Landkreis Cham hatte ich mit dem Geo-Magnetometer eine extrem hohe Erdmagnetfeldstörung festgestellt. Wie meistens in diesen Fällen befand sich im Bett eine Federkernmatratze. Nachdem ich die Eltern des Kindes über die möglichen gesundheitlichen Folgen aufgeklärt hatte, wollte ich demonstrieren, dass sich der Messwert mit zunehmendem Abstand der Sonde zum Bett reduzierte. Damit hätten sie den Beweis, dass die Störung durch die Matratze verursacht würde. Bis etwa einem Meter unter der Dachschräge stimmte das auch, doch dann erhöhte sich der Wert, was für mich völlig neu war. Ich kontrollierte die Batteriespannung am Gerät, doch die war in Ordnung. Immer wieder machte ich den Versuch, doch sobald ich mit der Messsonde in die Nähe der Dachschräge kam, erhöhte sich der Wert. »Was jetzt«, dachte ich und suchte nach einer Erklärung. Schließlich rutschte mir heraus: »Was haben Sie eigentlich für ein Haus?« Die Antwort war des Rätsels Lösung: »Wir haben ein Fertighaus der Firma XYZ!« Ich bitte um Ihr Verständnis, wenn ich den Namen nicht nenne. Jedenfalls waren in diesem Haus, auch in der Dachschräge, Metallteile verbaut, deshalb die erhöhte Feldstörung.

Kind litt unter Formaldehyd im Zigarettenrauch

Auf Anweisung ihres Arztes bat mich eine junge Frau, Formaldehyd im Kinderzimmer zu messen. Im Zimmer war es kalt, und nichts deutete durch die Inaugenscheinnahme auf einen einzigen Gegenstand hin, der Formaldehyd ausdünsten könnte. Auf Grund der niedrigen Raumtemperatur war eine Messung ausgeschlossen. Auf meine Frage, wo sich das Kind die längste Zeit aufhalte, wurde mir das Wohnzimmer und das Elternschlafzimmer genannt. Im ersten herrschte dicke Luft, da der Vater Kettenraucher war, und im Schlafzimmer stand ein Aschenbecher voller Kippen. Ich empfahl der Frau, das Kinderzimmer zu temperieren, damit das Kind dort spielen und schlafen könnte, statt in den verräucherten Räumen vergiftet zu werden. Dieser nachdrückliche Hinweis hat geholfen.

Derartige oder ähnliche Geschichten aus der Praxis würden ein Buch füllen. Ich möchte keine von ihnen missen, denn sie sind lehrreich und bedeuten das, was man als Erfahrungen bezeichnet. Zu diesen Erfahrungen gehört auch die Frage, was kostet eigentlich eine Haus- und Schlafplatzuntersuchung? Und auch hier wurde ich durch Erkenntnisse reicher, nicht in finanzieller Art, sondern im Hinblick auf den Wert meiner Arbeit. Grundsätzlich ist es so, dass es in meiner Branche keine festen Vergütungssätze gibt. Auch dann nicht, wenn es sich um die gleiche Arbeit handelt. Dazu vorab folgende Geschichte, die mir noch heute, auf gut Bayerisch gesagt, »stinkt«.

Geschäftsinhaber drohte mir mit Konkurrenz

Auf Grund einer guten Verbindung zu einer Matratzenfabrik in Oberbayern hatte ich meinen eigenen Matratzenbedarf dort befriedigt. Es leuchtete mir beim besten Willen nicht ein, warum ich vor Ort für eine echte Qualitätsmatratze fast den doppelten Preis bezahlen sollte. Zudem hatte ich auch einige enge Bekannte mit diesem Vorzugspreis bedient.

Wider Erwarten war das dem Inhaber eines Möbelgeschäftes im Heimatlandkreis zu Ohren gekommen. Dieser drohte mir per Telefon, einen Mann einzustellen, der wie ich das Gleiche macht, wenn ich nicht sein Geschäft empfehle. Das war nicht nur ein Schlag unter die Gürtellinie, sondern auch schäbig. Da ich den Wert meiner Arbeit kenne, antwortete ich, dass er das ruhig tun könne, denn sein Angestellter würde vielleicht das Gleiche machen, aber nicht dasselbe. Dazu würden ihm Ausbildung und Erfahrung sowie Wissen und Können fehlen. Zudem würde er nicht ein objektiver Berater, sondern »nur« ein Matratzenverkäufer sein. Seither habe ich den Mann weder angesprochen noch angeschaut!

7. Kosten einer Bau- und Schlafplatzuntersuchung

Schon meiner obigen Antwort können Sie entnehmen, dass die Höhe des Entgelts sehr individuell bemessen ist. Es richtet sich vor allem nach dem Stand der Ausbildung, Geräteausstattung, Entfernung zum Auftraggeber und nicht zuletzt nach der Größe des Grundstücks bzw. der Anzahl der zu untersuchenden Räume. Ich verhehle Ihnen nicht, dass ich während der ersten Jahre meiner Tätigkeit oftmals nur ein Danke oder aber auch eine Flasche Wein, einen Karton Eier oder andere Naturalien erhalten habe. Mein Frisör bezahlte mich mit zweimal Haareschneiden. Dagegen wurde ich bei Untersuchungen zusammen mit meinem »Ausbilder« anteilmäßig am Honorar beteiligt. Den anfänglichen Fehler, das Honorar vom Auftraggeber bestimmen zu lassen, mache ich mit Sicherheit nicht mehr. Zur Honorarfrage einige Fälle aus der Praxis.

Auftraggeberin wollte Honorar nachbessern

In der Kreisstadt hatte ich an einem Freitag einen Bauplatz auf Reizzonen untersucht. Nach Ausarbeitung des Ergebnisses (Beschreibung, Planzeichnung, Empfehlungen usw.) lieferte ich am Sonntagvormittag die Unterlagen bei meiner Auftraggeberin ab. Noch heute höre ich ihr Lob über meine »saubere und umfassende Arbeit«. Auf ihre Frage, was sie mir dafür schuldig sei, antwortete ich ohne zu überlegen: »Das überlasse ich Ihnen.« Daraufhin drückte sie mir 50 Mark in die Hand und fragte, ob ich damit einverstanden sei. Ich konnte nicht mehr zurück und meinte, wenn sie diesen Betrag für angemessen hielte, dann ja. Immerhin hatte die Bauplatzuntersuchung nebst Ausarbeitung des Ergebnisses und zweimaliger Fahrt rund sechs Stunden gedauert. Hinzu kamen noch die Kosten für die insgesamt 110 Kilometer Entfernung. Als ich zu Hause ankam, läutete das Telefon. Meine Auftraggeberin verlangte »sofort« meine Kontonummer und Bankverbindung. Ihr Mann hatte sie, so wörtlich, »für total verrückt erklärt«, als sie ihm von den 50 Mark Entgelt berichtet hatte. Ich widersprach ihrem Wunsch und betrachtete die Sache als abgeschlossen. Es war für mich eine Genugtuung, kein schlechtes Gewissen zu haben.

Den Wert der Arbeit gewaltig unterschätzt

Der Inhaber eines Möbelgeschäftes fragte mich, was ich für eine Formaldehydmessung im Nachbarlandkreis verlangen würde. Ich überschlug meine Auslagen mit insgesamt 70 Kilometer plus Fahrtzeit, eine Stunde Messzeit und Beratung sowie 25 Mark Kosten für die Formaldehydröhrchen. Da ich dem Mann einen Gefallen tun wollte, nannte ich nur meine eigenen effektiven Kosten von 50 Mark für Benzin und Messmaterial. Nachdem ich längere Zeit keine Antwort erhalten hatte, fragte ich nach und musste mir sagen lassen: »Dem Kunden ist das zu teuer!« Also, alles was recht ist, aber auf solche Kunden kann und muss ich verzichten. Immerhin werden für eine Formaldehydmessung durch ein bekanntes Unternehmen bis zu 850 Mark berechnet. Ich gebe zu, dass Sie dafür ein Gutachten erhalten, während der Kunde von mir nur das Messergebnis mitgeteilt bekommt. Dass ich durchaus auch eine soziale Ader habe, dafür spricht folgender Fall:

Bei »Härtefällen« gelten Sonderregelungen

Eine Frau aus S. bat mich, ihre Wohnung zu untersuchen. Nachdem ich ihr am Telefon mein Honorar von 450 Mark für eine Komplettuntersuchung genannt hatte, gab sie unumwunden zu, dass sie das nicht zahlen könne. Im Hinblick darauf, dass sie nach eigenen Angaben ein »Sozialfall« sei, machte ich ihr ein Angebot zum halben Preis bei voller Leistung. Da ihr auch dieses noch zu hoch war, gab ich ihr zu verstehen, dass sie nach der Untersuchung das zahlen könne, wozu sie in der Lage sei. Nun, ich erhielt 20 Mark und hatte ein gutes Werk getan. Später erfuhr ich, dass die Frau meine Unterlagen mit der Bitte um eine neue Matratze nebst Zubehör an das staatliche Gesundheitsamt gesandt hatte. Dass dieses Amt keinen Unterschied machte zwischen einer Federkern- und Naturmatratze, wollte der Frau lange Zeit nicht einleuchten.

Unter Komplettuntersuchung verstehe ich alle relevanten geo- und baubiologischen Mutungen und Messungen. Egal, ob Berater oder Auftraggeber, eine umfassende Untersuchung ist allemal sinnvoller und kostengünstiger, wie folgendes Beispiel beweist.

Eine Frau aus B. bat mich um eine radiästhetische Untersuchung. Mein Angebot, zugleich auch physikalische Messungen durchzuführen, lehnte sie ab, weil erst einige Tage vorher ein Messtechniker im Haus gewesen sei, der für seine Arbeit 500 Mark verlangt habe. Unter Berücksichtigung der teuren Geräteausstattung erscheint mir dieses Entgelt gerade noch als angemessen. Bei Einbeziehung der unterschiedlichen Aspekte wie Ausbildung, Ausstattung, Entfernung, Auftragsumfang und nicht zuletzt Art und Form des Untersuchungsberichtes sollte das Preis-Leistungs-Verhältnis stimmen. Meine nachträgliche radiästhetische Untersuchung für 250 Mark lehnte die Frau aus Kostengründen ab. Über den Daumen gerechnet, sollten ein Radiästhet, Berater oder Messtechniker grundsätzlich nicht weniger als ein guter Facharbeiter als Entgelt verlangen dürfen. Wer sich an das Preis-Leistungs-Verhältnis hält, braucht sich um sein Honorar keine Sorge zu machen. Anders als bei manchen Kollegen, die dieses »in den Kamin schreiben durften«, blieb mir bisher kein einziger Kunde das vereinbarte Honorar schuldig. Nur in einem einzigen Fall erinnerte ich einen bargeldlosen Filialleiter einer Bank an das Entgelt. Prompt überwies er es mit einer Entschuldigung wegen Weihnachtsvorbereitungen. Einmal erhielt ich sogar zu meinem Entgelt noch 20 Mark Trinkgeld, was in meiner Branche nicht üblich ist.

8. Zusammenfassung: Alles Wichtige kurz und bündig

- Der Geophysik ist es bis dato noch nicht gelungen, eine exakt gültige Erklärung für das Phänomen der »Erdstrahlen« zu finden.
- Wissenschaftler behaupten, dass es sich bei den »Erdstrahlen« um ein spezifisches bislang undefiniertes Strahlungsmilieu handelt.
- Zum Strahlungsmilieu zählen das Erdmagnetfeld, elektromagnetische Felder aus der Erde und dem Kosmos und ionisierende Strahlungen.
- Als indirekte wie direkte Verursacher von Erdstrahlen sind bekannt: Wasserader, Verwerfung, Anomalien, Netzgitter u.a.m.
- Es ist gesichert, dass es krank machende Reizzonen gibt. Die IAG e.V. hat den messtechnischen Nachweis projektiert.
- Laut Dr. Aschoff hat das Blut eines gesunden Menschen einen magnetisch geordneten Spin, der über einer Reizzone auf elektrisch »kippt«.

- Die über »Wasseradern« und anderen Anomalien feststellbare veränderte Bodenstrahlung wird als Reizzone bezeichnet.
- Durch Strahlungen aus der Erde (Terra) und solche aus dem Kosmos (Atmosphäre) bilden sich netzartige Strukturen.
- Sensitive Menschen »empfangen« ähnlich dem Radio Impulse und Schwingungen aus der Erde und dem Kosmos.
- Radiästhesie ist die Fähigkeit, elektromagnetische Ausstrahlungen mittels Wünschelrute und/oder Pendel festzustellen.
- Schon Moses benutzte für die Wassersuche den »Stab«, der auch als »Deutebein« und »Zeigestab« seit alters her bezeichnet wird.
- Ob aus der Luft, auf der Erde oder dem Wasser, die einschlägige Literatur berichtet über großartige Erfolge bekannter Radiästheten.
- Wünschelrute und/oder Pendel sind nur äußere Anzeiger für feinstoffliche Reaktionen im Körper und verdeutlichen diese.
- Beim radiästhetischen »Werkzeug« spielen nicht Form und Material, sondern die mentale Einstellung des Benutzers eine Rolle.
- Goethe war der Ansicht, dass der Mensch der genaueste physikalische Apparat sei, den man sich überhaupt denken könne.
- Radiästhetische Mutungen sind nicht nur vor Ort möglich. Experten beherrschen sogar die Mutung aus der Ferne (Fernmutung).
- Muten ist die subjektive Feststellung mittels Wünschelrute/Pendel. Messen ist die objektive Feststellung und Ermittlung mit einem Messgerät.
- Effekte über krank machende Reizzonen am Menschen können durch physikalische und biophysikalische Methoden ermittelt werden.

- Der Biorhythmus spielt weder bei Krankheit oder Tod, noch bei der Tagesbestform des Rutengängers eine entscheidende Rolle.
- Bei den Tieren gibt es so genannte Strahlensucher und Strahlenflüchter, d. h. solche, die Strahlungen suchen oder meiden.
- Pflanzen (Bäume, Sträucher) reagieren unterschiedlich über Reizzonen und werden deshalb Zeigerpflanzen genannt.
- Freiherr von Pohl war einer der Rutengänger-Pioniere. Schon 1929 stellte er eine Verbindung zwischen Reizzone und Krebs fest.
- Menschen reagieren mit verschiedenen Symptomen und Krankheiten auf Reizzonen und meiden diese grundsätzlich als Schlafplatz.
- Erfahrungsgemäß wirken Reizzonen sowie Erholungsphasen auf Kinder und Jugendliche schneller als auf Erwachsene.
- In 81 von 100 untersuchten Betten in deutschen Haushalten waren Reizzonen infolge von »Wasseradern« und des »Benker-Gitters« festgestellt worden.
- Kranke Frauen werden von ihren Ehemännern oder Lebenspartnern als Simulantinnen bezeichnet, und deren Beschwerden werden häufig nicht ernst genommen.
- Blitze schlagen vorwiegend dort ein, wo sich zwei Wasseradern in unterschiedlicher Tiefe und Stärke überkreuzen.
- Besonders starke Reizzonen auf Teilstrecken des Straßennetzes können durchaus zu mysteriösen Autounfällen führen.
- Die Mutung von Bohrpunkten für Brunnenabteufungen ist ein Spezialgebiet des Rutengehens und erfordert gute Kenntnisse.
- Die Bundesregierung hat von 1988–1990 das Forschungsprojekt »Wünschelruteneffekt« mit insgesamt 417 000 Mark gefördert.

- Sinn und Zweck des Projektes »Wünschelruteneffekt« war, festzustellen, ob Rutengänger tatsächlich über natürlichen und künstlichen Reizzonen reagieren.
- Prof. H. D. Betz aus München sprach von einer Treffsicherheit sehr weniger Rutengänger, die nicht mit Zufall erklärt werden kann.
- Neben gut geschulten und gewissenhaften Rutengängern gibt es auch solche, die im »Schnellverfahren« ausgebildet werden.
- Solange die »Erdstrahlen« nicht genau erforscht sind, bedeutet »Abschirmung«, den zweiten Schritt vor dem ersten zu tun.
- »Abschirmer« machen das »Geschäft mit der Angst« vor Erdstrahlen. Ihre Geräte und Artikel halten nicht, was sie versprechen.
- Wer 100 Prozent Schutz vor Erdstrahlen und Wasseradern verspricht, hat eine schlechte Vorstellung von der Problematik.
- Prof. H. L. König aus München warnte vor dem Geschäft mit dem Vertrieb unsinniger »Abschirmgeräte« und anderen dubiosen Gegenständen.
- Wissenschaftler, Ärzte, Heilpraktiker und Verbraucherschutzverbände sprechen sich gegen den Kauf von »Abschirmgeräten« aus.
- Die Autosuggestion ist der größte Feind der Abschirmpraktiker und Rutengänger. Rutengänger müssen unbeeinflusst arbeiten.
- Wer »abschirmt«, kommt nach Paragraph 263 StGB und anderen Gesetzen in Konflikt und gehört aus dem »Verkehr« gezogen.

- Zum Elektrosmog zählen alle technisch erzeugten elektrischen, magnetischen und elektromagnetischen Felder und Wellen.
- Als Verursacher von Elektrosmog gelten Hochspannungsleitungen, Trafostationen, Stromzuleitungen und alle im Haus befindlichen elektrischen Geräte.
- Hohe Leitungsdichten führen zu einer Verminderung der allgemeinen Lebensfähigkeit, zu Vererbungsschäden und schweren Krankheiten.
- Die EVUs berufen sich bei Beschwerden wegen der Gefährlichkeit durch Elektrosmog auf die Einhaltung der Grenzwerte.
- Die in Deutschland geltenden Grenzwerte sind für biologische Systeme nicht ausreichend. Ihnen liegen falsche Voraussetzungen zugrunde.
- Die Grenzwerte sind zu hoch und untauglich. Sie basieren auf Kurzzeituntersuchungen an jungen, gesunden Erwachsenen.
- Die elektrischen Vorgänge im menschlichen Körper (Zellenkommunikation) beruhen auf winzigen natürlichen Spannungen.
- Durch das Eindringen von künstlich erzeugtem Elektrosmog (z. B. Wirbelströme) wird das biologische System nachhaltig gestört.
- Eine EVU-Studie bestätigt je nach Induktion des Magnetfeldes Kopfschmerzen, Irritationen und »nicht bekannte Effekte«.
- Das objektive Fachbuch »Elektrizität im Beruf« räumt ein, dass Fremdspannungen die natürlichen Körperimpulse stören.
- Die Nervenreizung beginnt bereits bei 15 Millivolt. Die Geobiologie empfiehlt 20 Millivolt als Richtwert für den Schlafplatz.

- Der von mir ermittelte Durchschnittswert in 100 Betten deutscher Haushalte lag bei 1720 Millivolt und damit 86-mal höher als der empfohlene Richtwert.
- Der höchste Durchschnittswert einer Familie lag bei 23 517 Millivolt. Eltern und Tochter standen in ihren Betten »Kopf«.
- Die »Sendekeulen« durch Anlagen mit hochfrequenten Wellen sind eine thermische und athermische gesundheitliche Gefährdung.
- Bei der thermischen Wirkung werden Organe erwärmt und bei der athermischen Wirkung erfolgt eine Fehlsteuerung biologischer Systeme.
- Verwaltungsgerichte bestätigten die gesundheitsschädigende Wirkung durch den Mobilfunk mit seiner gepulsten Frequenz.
- Gesundheitsamt bestreitet, dass von Sendeanlagen (z. B. Mobilfunkanlagen) eine »direkte Krebsgefahr« ausgehe.
- Strahlenforscher weisen darauf hin, dass hochfrequente Felder und Wellen für Mensch und Natur (Waldsterben) schädlich sind.
- Funksignale gefährden nicht nur die Gesundheit von Menschen, sondern auch technische und elektronische Einrichtungen.
- Jeder dritte Mikrowellenherd (Schnelle Welle) gibt laut einer Untersuchung infolge Leckrate Strahlen ab, die gefährlich sind.
- Die hochfrequente Strahlung im Mikrowellenherd ist laut Prof. Zaret (USA) rund 1 Milliarde Mal höher als die in der Natur.
- Beim geringsten Wackelkontakt der Türe des Mikrowellenherdes sollte das Gerät vom Fachmann auf Leckstrahlung untersucht werden.
- Schwangere Frauen, kleine Kinder und Menschen mit einem

Herzschrittmacher sollten die Nähe von Mikrowellenherden meiden.

- Die weltweit erste Studie über »Zusammenhänge von Nahrung aus dem Mikrowellenherd und Krebs« ist alarmierend.

- Metalle »rund um das Bett« (z. B. Federkernmatratzen, Baustahl) verursachen eine Störung des natürlichen Erdmagnetfeldes.
- Die Störung in 100 Betten deutscher Haushalte betrug im Schnitt 14 630 Nanotesla (nT). Bei 60 000 nT fühlte sich ein Schläfer wie lebendig »gegrillt«.
- Nur bei gleichen Feldintensitäten (Natur und im Bett) kann von einer optimalen Schlafstelle gesprochen werden.
- Ein gestörtes Umfeld durch Metalle kann nicht nur einen schlechten Schlaf, sondern auch Krankheit zur Folge haben.
- Metalle (z. B. Metallbett) haben eine Antennenwirkung (Ankopplung) für niederfrequente Felder und hochfrequente Wellen (Rauschen).

- Der »elektrische Schlag« beim Berühren von Metallen (z. B. Autotüre, Geländer) ist die Folge einer elektrostatischen Aufladung.
- Der gesundheitsbewusste Mensch verzichtet auf jede Art Kunststoff innerhalb der Wohnung und zieht diesem Naturprodukte vor.
- Synthetiktiere und Plastikspielzeug eignen sich wegen der

hohen Oberflächenspannung weder zum Schmusen noch zum Spielen.

- An Kunststoffen, Plastik, Synthetik, Polyester, Styropor sowie an Computerbildschirmen sind schnell mehr als 20 000 Volt erreicht.
- Computerbausteine werden bereits ab 100 Volt geschädigt, und in Labors wird die Elektrostatik im Vergleich zur Wohnung verhindert.
- Der Kontakt mit Metallen und Kunststoffen erzeugt nicht nur Spannungen am Material und Körper, sondern auch eine Luftelektrizität (V/m).
- Die Luftelektrizität breitet sich je nach der vorhandenen Luftfeuchtigkeit (r.F.) innerhalb der Wohnung bzw. dem Schlafzimmer aus.

- Der Reaktorunfall in Tschernobyl und die Atomkraftdiskussion haben das Bewusstsein der Bürger in Sachen Radioaktivität geschärft.
- Radioaktive Strahlung geht von Erde, Kosmos, Luft, Lebensmitteln, Wasser, medizinischen Diagnosegeräten, Industrie und Baustoffen aus.
- Radioaktiv belastete Baustoffe (Steine, Fliesen, Chemiegips u. a. m.) sind für den Wohnhausbau und dessen Einrichtung ungeeignet.
- Als Quellen von radioaktiver Strahlung gelten uranhaltige Schmucksteine, Gläser, Schalen, Kacheln sowie Leuchtziffern.
- Das radioaktive Gas (Radon) ist geruch- und farblos. Es lässt sich durch Messungen (z. B. Dosimeter) leicht nachweisen.
- In Deutschland liegen die Richt- bzw. Grenzwerte für Gegen-

maßnahmen bei Radon bei 250 Bq/m³ und in Schweden bei 75 Bq/m³.

- Das Edelgas Radon sammelt sich unter der Bodenplatte und dringt durch undichte Stellen in das Hausinnere (Keller, Wohnräume) ein.
- Kuren in Radonstollen (Jungbrunnen) erhöhen das Gesundheitsrisiko ebenso wie unnötige medizinische Röntgenstrahlen.
- Radon kann nicht durch »Abschirmmaßnahmen« unschädlich gemacht werden, sondern muss nachhaltig ausgesperrt werden.

- Formaldehyd und andere Schadstoffe befinden sich vor allem in Kunsthölzern sowie in tausenderlei Gebrauchs- und Verbrauchsmitteln.
- Ein Möbelstück aus mit Formaldehyd belasteten Spanplatten kann dieses Gift unter Umständen 15 Jahre und noch länger ausdünsten.
- Beim Kauf von Möbeln, Böden, Teppichen, Textilien, Farben, Lacken u. a. m. sollte eine Unbedenklichkeitsbestätigung verlangt werden.
- Der Grenzwert für Formaldehyd für Innenräume (Wohnungen) beträgt 0,1 ppm/m³. Diesen Wert produziert auch der Rauch einer Zigarette.
- Formaldehyd gilt als fruchtschädigend und Krebs erzeugend, abgesehen von zahlreichen anderen Krankheiten und Beschwerden.

- Die relative Luftfeuchtigkeit in der Wohnung sollte zwischen 40 und 60 Prozent betragen. Trockene Luft schadet den Atmungsorganen.
- Schimmelbildungen sind meist auf Neubaufeuchte, Kondensation, Wasserschäden und schlechten Luftaustausch zurückzuführen.
- Spiegel reflektieren hochfrequente Wellen und sind daher aus dem Schlafzimmer zu entfernen oder nachhaltig abzudecken.
- Laut Untersuchungsergebnissen des Max-Planck-Instituts in München ist die Schlafrichtung Nord-Süd vorteilhafter als jede andere Richtung.
- Das optimale Bett für Erwachsene besteht aus Echtholz, hat vier Füße, ist 200 Zentimeter lang, 40 bis 45 Zentimeter hoch und metallfrei.
- Die Matratze ist durchgehend (Vermeidung von Kältebrücken), aus Naturprodukten sowie feuchtigkeits- und wärmeregulierend.
- Der Lattenrost ist (ob verstellbar oder nicht) aus stabilem Echtholz und nach Möglichkeit ohne metallene Scharniere und Beschläge.

- Wer einem Geobiologischen Berater einen Untersuchungsauftrag erteilt, sollte nach dem Grundsatz verfahren: »Trau, schau, wem!«
- Der Beauftragte erbringt eine Dienstleistung und gibt gegenüber dem Auftraggeber keine Erfolgsgarantie für seine Leistung ab.
- Um Missverständnisse zu vermeiden, werden Art und Umfang der Untersuchung sowie Entgelt im Voraus vereinbart.

VIII. Beratung:
Tipps und Empfehlungen

1. Wichtige bau- und geobiologische Grundsätze

Bei den meisten der nachfolgenden Ausführungen handelt es sich um die Konsequenz hinsichtlich der Umwelteinflüsse, denen wir ausgesetzt sind. Dazu vorab einige kurze Anmerkungen: Nach dem Zweiten Weltkrieg ging es darum, schnell und viel Wohnraum zu schaffen. Mit dem »Dach über dem Kopf« hatte man vor allem die Nutzanwendung im Auge. Die biologische Seite war diesem Ziel vor allem im sozialen Wohnungsbau untergeordnet. Wohnsilos und Trabantenstädte entstanden. Als ein erschreckendes Beispiel dafür offenbarte sich mir vor vielen Jahren das »Märkische Viertel« in Berlin. In anderen Großstädten ist es nicht viel anders. Erst in den letzten Jahrzehnten warnten namhafte Ärzte und Naturmediziner zunehmend vor so genannten Hauskrankheiten. Auch die Weltgesundheitsorganisation (WHO) führte 90 Prozent aller Erkrankungen auf Umwelteinflüsse zurück. Das Wissen um Giftstoffe in Luft, Wasser, Nahrung, Bekleidung, Verbrauchsmitteln und Baustoffen ließ aufhorchen. Der Ruf, biologische Aspekte auch beim Wohnhaus zu erforschen, wurde immer lauter. Diese Forderung wurde infolge zahlreicher Umweltskandale noch verstärkt.

Der Begriff »Baubiologie« wurde geboren und gewann zunehmend an Bedeutung. Die Vermeidung von Giftstoffen rückte verstärkt in das Bewusstsein vieler Menschen. Luftschadstoffe,

Elektrosmog, Radioaktivität, Lärm u. a. m. wurden als Risikofaktoren erkannt. Laut einer Verbraucherbefragung durch die TÜV-Akademie Regensburg wünschten sich 82 Prozent der Befragten eine qualifizierte Beratung in Sachen Baubiologie. Dass die TÜV-Akademie daraufhin schnell reagierte, versteht sich von selbst. Die ersten Seminare für die ökologisch und baubiologisch orientierte Ausbildung zum »Baubiologischen Fachberater TÜV« waren schnell belegt, nicht nur von Architekten, Bauingenieuren, Fachhochschulabsolventen, Medizinern und Geobiologen, sondern auch von Rutengängern sowie sage und schreibe »Häuslebauern«, die ihr Wissen erweitern und in die Praxis umsetzen wollten.

An dieser Stelle möchte ich auch das »Institut für Baubiologie + Ökologie« in Neubeuern erwähnen. Zweifellos gilt diese unabhängige private GmbH als Vorreiter in der Ausbildung zum Baubiologen. Das Institut wurde vor allem bekannt durch den Fernlehrgang Baubiologie IBN. Die beiden Adressen erfahren Sie am Schluss dieses Kapitels. Die Baubiologie ist fachübergreifend und beinhaltet die Disziplinen Ökologie, Medizin, Biologie, Chemie, Physik und nicht zuletzt die Geobiologie. Baubiologie ist die Lehre von den ganzheitlichen Beziehungen zwischen Mensch und Wohnumwelt. Der Schwerpunkt liegt dabei auf »ganzheitlich« im Sinne von umfassend. Anhand eines 25-Punkte-Kataloges möchte ich Sie nachfolgend über diese Ganzheitlichkeit in Kurzform informieren:

- Die Folgelasten (Krankheiten, Vandalismus, Kriminalität) müssen bei der Städteplanung durch Verzicht auf das profitorientierte Bau- und Siedlungswesen vermieden werden.
- Eine dezentralisierte, lockere Bauweise in durchgrünten Siedlungen ist allemal besser als eine verdichtete Bauweise in der Trabantenstadt.

- Die Wohnung und Siedlung sollten individuell, naturverbunden, menschenwürdig und familiengerecht sein und auch alten oder behinderten Menschen Platz bieten.
- Der Bauplatz oder die Wohnung sollten sich abseits von Industriezentren und Hauptverkehrswegen, den Gift- und Lärmemissionsquellen, befinden.
- Der Bauplatz bzw. der Standort für die Schlaffäume sollte frei sein von geologisch bedingten Risikofaktoren (Wasseradern, Verwerfungen, Netzgittern und Anomalien).
- Die harmonikalen Maße, Proportionen und Formen beim Hausbau, sowie die Beachtung der Baukultur sollten bereits bei der Planung berücksichtigt werden.
- Die Baustoffe sollten natürlich und unverfälscht sein. Holz ist ein idealer Baustoff. Als Alternative dazu nenne ich Lehm, Ziegel, Kalksandstein, Leicht- und Porenbeton.
- Der Raubbau an knappen und risikoreichen Rohstoffen sollte nicht gefördert werden. Der heimische Holzwuchs ist größer als der Bedarf.
- Die Verwendung von Baustoffen, die keine oder nur eine geringe radioaktive Eigenstrahlung haben, ist ebenso wichtig wie die Vermeidung von Radongas.
- Die Baustoffe müssen die Durchlässigkeit atmosphärisch-elektrischer Felder gewährleisten und sollten antistatisch sein.
- Die Beachtung einer geringen und möglichst rasch abklingenden Neubaufeuchte ist sehr wichtig. Nasskalte Bauten fördern zahlreiche Krankheiten.
- Das natürliche Erdmagnetfeld darf weder in der Wohnung, noch am Schlafplatz durch Stahl oder andere ferromagnetische Metalle gestört oder verzerrt werden.
- Die Ausbreitung technischer elektromagnetischer Felder muss

extern (z. B. Hochspannungsleitungen) wie intern (z. B. elektrische Geräte) unbedingt vermieden werden.

- Die lebenswichtige kosmisch-terrestrische Einstrahlung darf nicht oder nur wenig behindert werden. Im absoluten Nullfeld stirbt alles Leben.

- Die Raumflächen sollten diffusionsfähig sein. Denken Sie an die erwähnte atmungsaktive »dritte Haut«.

- Der angenehme oder neutrale Geruch ohne toxische Dämpfe wird nur durch die Verwendung von natürlichen Produkten erreicht.

- Die natürliche Regulierung der Raumluftfeuchte sollte unbedingt gewährleistet sein. Bevorzugen Sie deshalb hygroskopische und diffusionsfähige Baustoffe.

- Das Wohlbefinden ist in hohem Maße von der Luftqualität abhängig. Deshalb sollte die Filterung und Neutralisierung von Luftschadstoffen gegeben sein.

- Das gesunde und angenehme Raumklima setzt ein ausgewogenes Maß an Wärmespeicherung, Wärmedämmung und Wärmedämpfung voraus.

- Die optimale und individuelle Oberflächen- und Raumtemperatur vermeidet eine thermische Monotonie. Statt Dauerlüftung ist die Stoßlüftung vorzuziehen.

- Die Anwendung physiologischer Erkenntnisse und Vermeidung von Unfallgefahren bei der Raumgestaltung und Einrichtung ist unabdingbar.

- Die Energie aus Sonne, Wind und Wasser sollte nach Möglichkeit berücksichtigt und das Regenwasser zumindest für die WC-Spülung genutzt werden.

- Die Strahlungswärme (z. B. Kachelofen) sollte der Strömungswärme (z. B. Konvektionsheizung) wegen Staub- und Keimbildung vorgezogen werden.

- Das natürliche Licht ist unersetzbar. Deshalb sollte unbedingt auf naturgemäße Licht-, Beleuchtungs- und Farbverhältnisse geachtet werden.
- Die ruhige und erholsame Wohn- und Arbeitswelt erfordert die Vermeidung von Lärmstress durch entsprechende Lärmschutzmaßnahmen.

2. Der Schlafbereich oder »rund um das Bett«

Bettkultur

Das Bett ist ein Symbol des Lebens. Der Mensch bringt durchschnittlich ein Drittel seines Lebens – meist schlafend – in diesem zu. Somit wird es von der Wiege bis zur Bahre bzw. vom Wochen- bis zum Todesbett zum Schauplatz für die entscheidenden Ereignisse unseres Daseins. Ob Kinder- oder Jugendbett, Hochzeits- oder Hotelbett, Feld- oder Klappbett, Single- oder Ehebett, Einzel- oder Doppelbett, Ruhe- oder Reisebett und im ungünstigen Fall vielleicht auch mal ein Krankenhaus- oder gar Gefängnisbett – die Namen sprechen für Ereignisse und Stationen. Wussten Sie, dass die Kelten und Germanen ihr Schlaflager vornehmlich auf Erdbänken ausbreiteten? Sie waren zufrieden mit einer Strohschütte oder luxuriöserweise mit einem Polster aus Fellen. Diese Schlafkultur wurde abgelöst durch ein Holzpodest an der Hauswand, den Strohsack, die Pritsche, die Sprungfedermatratze sowie andere Variationen einschließlich der volltechnisierten Cockpit-Bettanlage. Die heutige Bettmode toleriert das Matratzenlager ebenso wie das entstaubte oder neu erworbene Himmelbett.

Bei den Römern spielte das Bett als Inventar die Hauptrolle.

In ihm wurde geschlafen, gegessen oder Gäste empfangen. Kurzum, das Bett stand für Wärme, Entspannung, Geborgenheit und galt als Zentrum für familiäre und gesellschaftliche Verpflichtungen. An der Ausstattung des Bettes erkannte man den Wohlhabenden. Während die meisten römischen Bettgestelle aus Eiche, Ahorn, Pistazie, Thuja oder exotischen Hölzern bestanden, schliefen die Ärmsten auf dem Strohsack. Das Bett, als Symbol familiärer Fruchtbarkeit, wurde an die Kinder vererbt. Andere sahen das Bett auch als eine Bühne, auf der sich das Drama der Ehe wie Streit und Versöhnung abspielte. Prüde Kirchenmänner bezeichneten das Ehebett im 18. Jahrhundert als »unkeusch«, und in England erregte sich 1783 ein Dr. Graham darüber, dass Mann und Frau ständig beieinander liegen, schlafend, schnarchend, schwitzend – oder sonst etwas »Undelikates« verrichtend. Folglich wurden von Ehehygienikern Einzelbetten oder getrennte Schlafzimmer vorgeschlagen.

Nacktschlafen galt einst als »viehisch«

Da es den Römern verboten war, mit der Toga, dem Obergewand, zu schlafen, stiegen sie mit der Tunika, dem Untergewand, ins Bett. In der Zeit zwischen dem 11. und 15. Jahrhundert legten die Schläfer das Nachtgewand gänzlich ab. Mehr noch, es gab sogar einen Ehekontrakt, der es den Frauen verbot, gegen den Willen des Mannes bekleidet ins Bett zu steigen. Von diesem Zwang ausgenommen waren die Zeiten der Geburt oder Krankheit, bei Besuch und bei der Absicht, die Liebe zu verweigern. Das Nacktschlafen wurde in der Folgezeit von einem römischen Arzt als »viehische, unvernünftige und unverschämte Weise« gebrandmarkt. Und weiter: »Nur der geile Venusteufel hätte diese Art erfunden.« Die Geschichten um das Bett, nicht zu verwechseln mit »Bettgeschichten«, würden ein ganzes Buch füllen. Ich wollte mit Ihnen lediglich eine Stippvisite in die Vergangenheit machen, um nun mit einem Satz in die Istzeit zu springen.

Würden wir uns dem italienischen Design auf einer Kölner Messe anschließen, dann wäre unser künftiges Schlafzimmer eine Kombination von Schlafen-Wohnen-Arbeiten. Nach Vorstellung der Italiener sollte die Atmosphäre mit schwarzem Lack und Spiegeln »aufgelockert« werden. Das Bett ist, integriert oder als Einzelmöbel, nicht mehr allein zum Schlafen da. Als relative Neuheit gibt es trennbare Doppelbetten, nicht wegen möglicher Partnerprobleme, sondern wegen der individuellen Raumnutzung. Dadurch würde es möglich, das eine Bett in der Licht- und das andere in der Dunkelzone des Raumes zu platzieren. Schließlich gehören laut italienischer Phantasie im Zeitalter der Medien bereits Anschlussmöglichkeiten für »elektronische Geräte« im Bettenüberbau zur Normalausstattung. Ehrlich gesagt, mir würde davor grausen. Eine derart absurde Schlaf-, Wohn- und Arbeitskultur mag vielleicht für italienische Verhältnisse gut sein, auf die Lebens- und Schlafgewohnheiten der Deutschen ist sie nicht übertragbar. Derartige Verhältnisse würden zudem gegen alle Gebote der Bau-, Geo- und Elektrobiologie verstoßen. Aus diesem Grunde ist es gut, dass in Deutschland immer noch unterschieden wird zwischen Ruhe- und Wirtschaftsräumen. Lediglich ein einziges Mal sah ich bislang einen Widerspruch dieser Planung in einem Neubau.

Familie H. D. hatte mich beauftragt, den Rohbau auf Erdstrahlen zu untersuchen, um diese bei der späteren Bettenstellung eventuell meiden zu können. Der Kabelsalat im Schlafzimmer war unübersehbar und meine Abneigung fast spürbar. Auf meine Frage, welchen Zweck die vielen Kabel hätten, erklärte mir der Ehemann, dass die Anschlüsse für den Fernseher und andere elektrischen Einrichtungen vorgesehen seien. – Ehrlich, es geht mir nicht in den Kopf, dass manche Leute mehr Angst vor Erdstrahlen haben als vor Elektrosmog in konzentrierter Form. Doch zurück zum Bett!

Bei all' dem Wohlstand, den wir haben,
und den Genüssen, die uns laben,
ist es in uns'rer Bettenwelt
um die Matratz' oft schlecht bestellt.

Was kostet uns der Autoschlüssel,
was auf dem Dach die Fernsehschüssel;
ja, selbst der Mantel kostet mehr
als die Matratze, bitte sehr!

Gerechnet auf zehn Jahre rund,
ist der Matratze Lohn pro Stund'
so drei, vier Pfennig, was die Nacht
gerade mal drei Groschen macht!

Wenn man bedenkt, dass von den Dingen,
die Freud' in unser Leben bringen,
das Bett hat ganz besond'ren Platz
dann ist sie günstig, die Matratz!

Was eine gute Matratze ausmacht, erfahren Sie weiter unten unter »Die Matratze als wichtigstes Element im Bett«.

Das richtige Bett als »Herzstück« im Schlafzimmer

Nachdem ich immer wieder nach dem »richtigen Bett« gefragt werde, will ich auch Ihnen die richtige Antwort geben. Zunächst heißt es, dass der Mensch täglich »acht Stunden« Schlaf brauche. Diese Feststellung ist ebenso richtig wie falsch! Jeder weiß, dass Neugeborene und Kleinkinder bedeutend mehr Schlaf brauchen als Schulkinder, Jugendliche, junge Erwachsene und Erwachsene sowie ältere und alte Menschen. Diese Reihung ist identisch mit der Rangfolge der Schlafbedürftigkeit der einzelnen Altersgruppen. Auch wissen wir, dass ein gesunder Mensch pro Nacht seine Schlafposition zwischen 20- und 60-mal ändert. Diese Erkenntnis ist vor allem für die Auswahl der Matratze nebst Unterfederung von Bedeutung. Doch zunächst zum Bett selbst.

Das Bettgestell sollte aus Massivholz und naturbelassen und eher gewachst als gelaugt, lasiert oder lackiert sein. Bei der Wahl des Holzes achten Sie darauf, dass es voll ausgetrocknet ist und nicht pecht bzw. harzt. Laubholz ist in dieser Hinsicht besser als Nadelholz. Sollten Sie sich ein derart hochwertiges Bett nicht leisten können, dann entscheiden Sie sich für ein Bett mit Echtholzfurnier statt Kunststoffnachbildung, und achten Sie darauf, dass der Umleimer (siehe Formaldehyd) sich auch an den Unterkanten des Bettes befindet.

Das Bett sollte besser 200 Zentimeter als 190 Zentimeter lang und zwischen 40 und 45 Zentimeter hoch sein. Bezüglich der Länge brauche ich nichts hinzuzufügen, jedoch hinsichtlich der Höhe. Da die Wohnhäuser heute meist Stahlbetondecken haben, ist es ratsam, möglichst großen Abstand zum Fußboden einzuhalten. Ich erinnere Sie in diesem Zusammenhang an die meist extremen Störungen oder Verzerrungen des Erdmagnetfeldes durch Baustahl. Je höher also die Liegefläche, desto geringer die Belastungen der Erdmagnetfeldstörung durch Baustahl. Der weitere Grund für ein hohes Bett ist der, dass ältere oder alte Menschen bequemer Platz nehmen können.

Unser eigenes Bett im Fremdenzimmer, in dem ich gelegentlich schlafe, misst bis zur Liegefläche 53 Zentimeter. Eine einfache Formel für Sie: Die Bettoberkante sollte, wenn Sie mit dem Rücken zum Bett stehen, bis an die Kniekehlen reichen. Wie schon erwähnt, rate ich Ihnen von einem Bett mit Bettkasten (Bettlade) ab, weil dieser Unterbau die unbedingt notwendige Luftzirkulation verhindert.

Kurzum, unter Bett verstehe ich eine »Bettstatt« mit vier Füßen. Ob Einzel- oder Doppelbett, entscheiden die jeweiligen Erfordernisse. Bei standortbedingten Schwierigkeiten (z. B. Reizzonen) können zwei Einzelbetten leichter verstellt werden als ein Doppelbett. Bei Letztgenanntem ist vor allem der Bettüberbau ein Hinderungsgrund. Im Kinderzimmer kann ein Etagenbett eine Problemlösung sein.

Lattenrost und Matratze bilden eine Einheit

Der Lattenrost besteht aus dauerelastischen Hartholz-Federleisten, die quer in einem Rahmen eingeordnet sind. Die Lattierung muss sich den Körperkonturen gut anpassen, den Körper stützen und ihm ein entspanntes Liegen ermöglichen. Für Kinder und junge Erwachsene tut es ein durchgehender Lattenrost. Dagegen ist es für ältere Menschen zweckmäßig, sich für einen verstellbaren Lattenrost zu entscheiden, d. h. für die Kopf- und/oder Füßehochlagerung. Die Mehrkosten für den »abknickbaren«, vor allem metallfreien, Lattenrost sollten nicht gescheut werden. Bei Letzterem sind die Scharniere aus Vollholz und ohne Metallschrauben, d. h., sie sind kompromisslos aus Holz. Wichtig für Sie: Wenn Sie am Lattenrost sparen, haben Sie mit der neuen Matratze keine lange Freude. Bei dieser Gelegenheit möchte ich Sie fragen, wann Sie Ihren Lattenrost das letzte Mal kontrolliert haben. Sind die Latten ausgeleiert, verschoben, lückenlos, hängen sie nach unten durch, statt sich nach oben zu wölben? Dann wird es höchste Zeit, sich nach einem guten Ersatz umzusehen! Dass quer verlegte Bretter kein Ersatz für einen elastischen Lattenrost sind, versteht sich eigentlich von selbst.

Die Matratze als wichtigstes Element im Bett

Ohne Zweifel kommt der Matratze die größte Aufmerksamkeit zu. Jedes gute Fachgeschäft bietet Ihnen diese meist mit dem »zugehörigen« Lattenrost sozusagen als System an. Die Gründe, warum dieses System unbedingt metallfrei sein sollte, habe ich oben hinreichend begründet. Eine Wiederholung möchte ich Ihnen und mir ersparen. Wenn ich also von einer guten Matratze spreche, dann meine ich ein Naturprodukt, das folgende Eigenschaften erfüllt:

- richtige Größe und Höhe (16 cm Höhe sind besser als 12 cm)
- durchgehende Matratze statt zwei- oder dreiteilige
- optimaler Härtegrad (längerer Liegetest mit allen Seitenlagen)
- wenn Latexmatratze, dann nur mit größtmöglichem Naturanteil
- Alternativen: Latex mit Stroh, Kokosfaser, Baumwollmatte u. a. m.
- bestmögliche Wärmeleitfähigkeit und Feuchtigkeitsregulierung
- mit Sommer- und Winterseite (Rosshaar bzw. Schafschurwolle)
- Baumwoll- oder Frotteebezug zur Vermeidung der Elektrostatik

Über allem dürfen Sie natürlich nicht die Schadstofffreiheit des Materials vergessen. Zudem empfehle ich Ihnen nach Lieferung Ihrer neuen Matratze, diese erst mal in einem luftigen Raum ausgasen zu lassen, vor allem jede Art Schaumstoff- und La-

Gute Schlafplätze Schlechte Schlafplätze

Nur der Schlafplatzwechsel bringt bei Beeinträchtigung durch Erdstrahlen den Erfolg.

texmatratze. Diese Produkte werden z. T. frisch aus dem »Backofen« in die Schutzfolie eingeschweißt geliefert. Selbstverständlich gehört zwischen Lattenrost und Matratze eine Bettrostauflage, d. h. ein atmungsaktiver, robuster und möglichst rutschsicherer Matratzenschoner.

Ohne für ein bestimmtes Fabrikat werben zu wollen, sage ich Ihnen, dass es bei mir zu Hause ausschließlich nur hochwertige Matratzen aus reinen Naturprodukten gibt.

3. Empfehlungskatalog gegen natürlich bedingte Reizzonen

– Verzichten Sie auf ein Baugrundstück an der tiefsten Stelle einer Talsenke, weil dort in der Regel mit dem meisten Oberflächen- und Grundwasser zu rechnen ist.

– Beobachten Sie bei einem längeren Planungszeitraum den Bauplatz während der vier Jahreszeiten bezüglich Strahlenflüchter und Strahlensucher bei Lebewesen.

– Lassen Sie vor der Planung den Bauplatz durch einen seriösen Rutengänger oder geobiologischen Berater, kurz GB genannt, auf Erdstrahlen untersuchen.

- Fragen Sie in der Nachbarschaft oder bei Naturärzten (auch Heilpraktikern) nach seriösen Rutengängern oder Geobiologischen Beratern.
- Wenden Sie sich an Geobiologische Verbände, und fordern Sie eine Liste gut ausgebildeter GBs an. Sie können sich damit eine Menge Geld und Arbeit ersparen.
- Informieren Sie sich vorab über die Person und Arbeit des GB, bevor Sie diesen mit der Untersuchung des Bauplatzes oder der Wohnung beauftragen.
- Stellen Sie fest, ob der GB Ihnen entgegen der allgemeinen Verbandsverpflichtung auch »Abschirmgeräte« verkauft. Wenn ja, verzichten Sie auf eine Untersuchung durch ihn.
- Klären Sie vor einer Terminvereinbarung mit dem GB den Umfang der Untersuchung ab, z. B. Bauplatz oder Wohnung, sowie radiästhetisch und/oder messtechnisch.
- Vereinbaren Sie mit dem GB in schriftlicher oder mündlicher Form die Höhe des Entgelts. (Ich persönlich ziehe einen Pauschalbetrag dem Stundenhonorar vor.)
- Sagen Sie dem GB vor Ort nichts über die Lage der zu untersuchenden Räume oder den Standort der Betten. Das könnte sein Mutungsergebnis beeinflussen.
- Beobachten Sie, ob der GB die radiästhetische Untersuchung außer Haus beginnt. Anderenfalls müssen Sie eventuell mit einem falschen Mutungsergebnis rechnen.
- Verlangen Sie auf jeden Fall einen umfassenden Untersuchungsbericht mit Aufzeichnung der vorhanden Reizzonen und schriftlichen Empfehlungen.
- Betrachten Sie das Untersuchungsergebnis als Grundlage für die weiteren Vorhaben. In diese sollte neben dem Architekten auch der GB mit eingebunden werden.
- Lassen Sie vor dem Einzug in die Wohnung prüfen, ob trotz

Beachtung der vorher gemuteten Reizzonen das Schlaf- oder Wohnumfeld belastet ist.

- Hinterfragen Sie beim Erwerb eines Altbaus, ob der Vorbesitzer der Wohnung Krankheiten hatte, die eventuell auf Erdstrahlen zurückzuführen sind.
- Machen Sie auch den Versuch, herauszufinden, ob Sie durch eine eigenständige Bettumstellung eine Besserung erreichen, was durchaus möglich ist.
- Vermeiden Sie im Schlafzimmer oder Kinderzimmer unnötige »Überladungen«. Ruheräume sind keine Rumpelkammern.
- Verzichten Sie unter allen Umständen auf ominöse »Abschirmgeräte« gegen Erdstrahlen, wie in Kapitel VII »Das ›Geschäft mit der Angst‹ vor Strahlen« dargelegt.
- Legen Sie sich vorzugsweise mit den Füßen in Flussrichtung ins Bett, wenn Sie z. B. aus räumlichen Gründen einer Wasserader nicht ausweichen können.
- Gehen Sie bei Verdacht auf Erdstrahlen zu Ihrem Naturarzt, und lassen Sie einen Bluttest »nach Dr. Aschoff« machen.

4. Empfehlungskatalog gegen künstlich erzeugte Störfelder

Tipps gegen elektrische Wechselfelder

- Halten Sie 150 Meter Abstand zu Hochspannungsleitungen, und schirmen Sie die zu diesen Leitungen gewandten Wände ab.
- Berücksichtigen Sie, dass sich niederfrequente elektrische Felder hauptsächlich nach Süden ausbreiten.
- Achten Sie bei der Elektroinstallation auf beste Qualität, und lassen Sie diese nur von einem Fachmann ausführen.

- Schaffen Sie netzfreie Bereiche im Raum, indem Sie nur die unbedingt erforderlichen Leitungen und Steckdosen installieren.
- Bevorzugen Sie abgeschirmte Kabel, schalten Sie nachts die Schlafraumsicherung aus, oder schützen Sie sich durch Netzfreischalter.
- Achten Sie darauf, dass mit dem Netzfreischalter nicht nur ein Raum, sondern, sofern erforderlich, auch das Umfeld freigeschaltet wird.*
- Verwenden Sie so wenig netzbetriebene Elektrogeräte und Kabel in Schlafräumen wie nur unbedingt notwendig.
- Vermeiden Sie jeglichen Kabelsalat unter dem Bett und halten Sie einen Meter Abstand zu Kabeln und Elektrogeräten.
- Ziehen Sie nachts alle Stecker von Elektrogeräten, da das Ausschalten allein oftmals nicht genügt.
- Trennen Sie nach dem Fernsehabend das Gerät vom Netz, denn auch mit der Bereitschaftsschaltung steht der Fernseher unter Spannung.
- Verzichten Sie auf Leuchtstoffröhren, Dimmer und nehmen Sie nachts aufladbare Akkus vom Netz.
- Halten Sie die Kopfseite im Bett frei von elektrischen Leitungen und damit auch von direkten wie indirekten Beleuchtungen.
- Lassen Sie sich vom Elektrofachmann die richtige Steckerposition zeigen, und markieren Sie diese. Falsche Polungen erzeugen starke elektrische Felder.
- Achten Sie beim Kauf von Elektrogeräten auf eine geerdete Zuleitung mit Schukosteckern und verzichten Sie auf Euro-Flachstecker.

* Lesen Sie bitte dazu auf Seite 348 weiter.

- Verzichten Sie auf Heizdecken oder Heizkissen sowie auf elektrisch verstellbare Betten und Wasserbetten.
- Schützen Sie sich vor Feldern aus den Nachbarräumen durch Abschirmung mit geerdeten, leitfähigen Stoffen oder Farben.
- Achten Sie darauf, dass im Haus alle leitfähigen Bauteile (z. B. Heizung, Heizkörper, Metallrohre, Badewanne, Dusche) sauber geerdet sind.
- Erden Sie auch großflächige Aluminiumfolien (z. B. Dampfsperren, Trägermaterial bei Dämmungen), oder verzichten Sie auf diese Materialien.

Tipps gegen magnetische Wechselfelder

- Halten Sie zu Umspannwerken, Hochspannungsleitungen und Bahnstromanlagen einen Mindestabstand von 150 Metern.
- Lassen Sie sich auf keinen Fall eine Trafostation näher als fünf Meter vor Ihr Haus hinsetzen. Anderenfalls verlangen Sie eine Abschirmung.
- Vermeiden Sie die Stromzuführung über den Dachständer, und lassen Sie das Erdkabel nicht unter dem Schlafzimmer verlegen.
- Verfahren Sie wie bei den elektrischen Feldern, und entfernen Sie alle Stromverbraucher aus dem Schlafzimmer und Kinderzimmer.
- Legen Sie größten Wert auf eine technisch wie handwerklich einwandfrei geerdete Elektroinstallation mit optimalem Potenzialausgleich.
- Konzentrieren Sie unbedingt erforderliche Elektrogeräte im Schlafzimmer in einer Ecke, und verteilen Sie diese nicht im ganzen Raum.
- Halten Sie einen Mindestabstand von zwei Metern zu allen

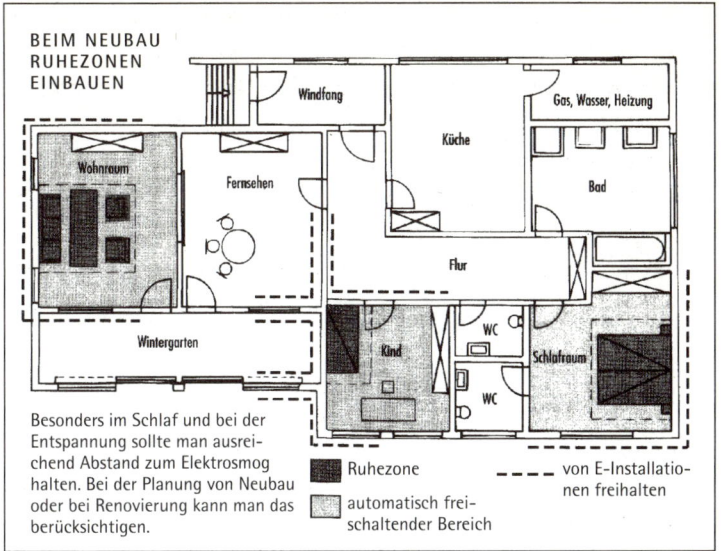

BEIM NEUBAU
RUHEZONEN
EINBAUEN

Windfang

Gas, Wasser, Heizung

Küche

Wohnraum

Fernsehen

Bad

Flur

Wintergarten

Kind

WC

Schlafraum

WC

Besonders im Schlaf und bei der Entspannung sollte man ausreichend Abstand zum Elektrosmog halten. Bei der Planung von Neubau oder bei Renovierung kann man das berücksichtigen.

■ Ruhezone

□ automatisch freischaltender Bereich

- - - - von E-Installationen freihalten

Die richtige Verlegung elektrischer Leitungen verhindert Elektrosmog in Schlafräumen.

Strom führenden Leitungen, Kabeln und Geräten – vor und hinter den Wänden.

– Stellen Sie Ihr Bett nicht an eine Wand, hinter der sich z. B. Kühl- und Heizgeräte, Fernseher, Pumpen und Speicherheizungen befinden.

– Verzichten Sie auf elektrische Fußbodenheizung sowie auf die bereits erwähnten Heizdecken und elektrisch verstellbaren Betten.

– Achten Sie unter allen Umständen darauf, dass der Sicherungskasten nicht in die Schlafzimmerwand installiert wird.

– Vermeiden Sie Kriechströme in den Wänden, indem Sie z. B. beim Bilderaufhängen darauf achten, keine Leitung zu beschädigen.

- Verzichten Sie auf alle Dauerstromverbraucher, oder trennen Sie diese, sobald sie nicht gebraucht werden, vom Stromnetz.
- Ersetzen Sie elektrische Radiowecker oder strombetriebene Wecker durch batteriebetriebene, oder halten Sie einen Abstand von zwei Metern.

Tipps gegen elektromagnetische Felder

- Halten Sie den größtmöglichen Abstand zu Sendeanlagen, vor allem zu den Sendekeulen des Mobilfunks sowie zu Funktürmen.
- Bevorzugen Sie in einer hochfrequenzbelasteten Gegend ein Haus in massiver Bauweise (z. B. Ziegelhaus).
- Wehren Sie sich dagegen, als »Versuchskaninchen« für die Gefährlichkeit oder Ungefährlichkeit der HF-Strahlung benutzt zu werden.
- Achten Sie beim Computerkauf auf strahlungsarme Monitore, und halten Sie zu Fernsehgeräten einen Mindestabstand von drei Metern.
- Verzichten Sie auf Auto- und Funktelefone, Handys, Walkie-Talkies und Handfunkgeräte oder schnurlose Telefone.
- Achten Sie auf die Leckstrahlung des Mikrowellenherdes oder, noch besser, verzichten Sie auf dessen Anschaffung.
- Weisen Sie schwangere Frauen, kleine Kinder oder Menschen mit einem Herzschrittmacher auf die Gefährlichkeit der Leckstrahlung hin.
- Schaffen Sie sich nur ein strahlungsarmes Babyphon an, und benutzen Sie es nur im Bedarfsfall mit größtmöglichem Abstand zum Baby.
- Schirmen Sie die von außen einfallenden und künstlich erzeugten hochfrequenten Felder mit entsprechenden Materialien ab.

- Achten Sie darauf, dass Antennen (Schüsseln) fachgerecht installiert sind und jegliches Gesundheitsrisiko vermieden wird.
- Vermeiden Sie »rund um das Bett« Metalle mit Antennenwirkung, und verzichten Sie im Schlafraum auf großflächige Spiegel.

Tipps gegen elektrostatische Felder

- Lassen Sie die Finger von Einrichtungsgegenständen aus Kunststoff oder Synthetik, greifen Sie zu einem naturgemäßen Alternativprodukt.
- Verzichten Sie vorsichtshalber auf alle Synthetikbodenbeläge, und entscheiden Sie sich für ein Naturprodukt (z. B. Holz, Kork, Sisal, Naturlinoleum).
- Machen Sie isolierende Untergründe und Materialien mit speziellen Farben, Klebern, Vliesen oder Belägen u. a. m. leitfähig.
- Ersetzen Sie Synthetikgardinen als extrem hohe negative Feldverursacher durch Naturmaterialien (z. B. Baumwolle).
- Legen Sie Schurwollteppiche auf leitfähige Untergründe, und vermeiden Sie die Kombination Fußbodenheizung und Teppich.
- Überstreichen, wachsen oder überkleben Sie kunststoffbeschichtete Möbel mit ausgesprochenen Naturprodukten.
- Stecken Sie das aus Synthetik bestehende Schmusetier Ihres Kindes nachts in einen selbst genähten Schlafsack aus Baumwolle.
- Überdecken Sie den Teppich und die Couch sowie die Sitzauflage des Stuhls im Kinderzimmer aus Synthetikfasern mit Naturstoffen.
- Nehmen Sie als Fliegengitter (Mücken) keines aus Kunststoff, sondern aus feinem Drahtgeflecht, und verzichten Sie auf Kunststofffenster.

- Tragen Sie grundsätzlich nur Schuhwerk mit leitfähigen Sohlen und Kleidung aus Naturprodukten (z. B. Baumwolle, Wolle, Viskose oder Leinen).
- Verbessern Sie in positiver Hinsicht die elektrostatischen Felder und das Raumklima durch offene Flammen (z. B. Kaminfeuer, Kerzenlicht).
- Verzichten Sie auf Haarteile oder Perücken aus Synthetikfasern. Diese laden sich extrem hoch auf und verursachen Kopfschmerzen.
- Erhöhen Sie die Luftfeuchtigkeit auf ca. 60 Prozent r.F. mit Luftbefeuchter, Springbrunnen, Pflanzen, und kontrollieren Sie mit einem Hygrometer.
- Sorgen Sie für einen regelmäßigen Luftaustausch (zweimal pro Stunde) durch Stoßlüften über die Fenster oder durch Ventilatoren.

Tipps gegen magnetische Gleichfelder

- Vermeiden Sie Schlafplätze und Ruhezonen über Garagen, Öltanks aus Stahl und erst recht über kellergeschweißten Tanks.
- Verzichten Sie auf Betten aus Stahlrohr oder mit Federkernmatratzen, auf Stahlroste sowie auf Lattenroste mit Stahlrahmen und/oder Metallscharnieren.
- Halten Sie Abstand zu Stahlträgern, Betonarmierungen (Stahlbeton), Stahlheizkörpern, Bade- und Duschwannen und anderen Installationen aus Stahl.
- Entfernen Sie Möbel (Tische und Stühle) aus Stahlrohrelementen sowie metallene Kleiderständer und den Heimtrainer aus dem Bettbereich.
- Benutzen Sie den Bettkasten nicht, um Gegenstände aus Stahl, Stahlbleche oder metallenes Spielzeug u. a. m. darin aufzubewahren.

– Halten Sie Abstand zu Lautsprecherboxen, Batterieweckern, Batteriespielzeug und anderen Einrichtungen, die magnetische Felder verursachen.

Tipps gegen radioaktive Belastung

– Errichten Sie Ihr Haus nicht auf radioaktiv belastetem Grund, in der Nähe von Kernkraftwerken oder einem anderen atomaren Umfeld.

– Verzichten Sie auf radioaktiv belastetes Baumaterial (z. B. Granitsteine, Fliesen, Schlacken, Putze, Gipse).

– Sichern Sie uranhaltige Mineralien, alte Uhren mit Leuchtziffern, vor allem glasierte Antiquitäten (z. B. Gläser, Vasen) in einer Glasvitrine.

– Beschränken Sie medizinische Untersuchungen (Röntgen) auf ein unvermeidbares Maß, und führen Sie darüber Buch als Vorlage für den Arzt.

– Bedenken Sie, dass eine drei- bis vierwöchige Radonkur mit zwölf Besuchen im »Heilstollen« gleichzusetzen ist mit 10- bis 50-mal röntgen.

– Prüfen Sie die Radonkonzentration im Haus (Keller und Wohnung), und dichten Sie gegebenenfalls die Bodenplatte oder andere Undichtigkeiten ab.

– Sorgen Sie für eine gute Lüftung, oder installieren Sie Zwangsbelüftungen z. B. in Form von Ventilatoren in einem ungenutzten Kamin.

So weit zu den Tipps gegen Reizzonen und Störfeldern. Über die Vermeidung von Luftschadstoffen, Stäuben und Pilzen (Schimmel) habe ich Sie bereits im allgemeinen Teil informiert. Dennoch möchte ich nicht versäumen, Ihnen zu raten, nicht in geschlossenen Räumen zu rauchen. Der Zigarettenrauch enthält neben Formaldehyd über 250 weitere Giftstoffe. Wo dennoch geraucht wird, sollte Formaldehyd, Benzol oder Kohlendioxid zumindest mit Hilfe geeigneter Grünpflanzen abgebaut werden.

Wie bereits empfohlen, wenden Sie sich gegebenenfalls an einen erfahrenen Geobiologischen Berater und/oder Baubiologischen Fachberater.

Nun zum im Kapitel VIII/4, Abschnitt »Tipps gegen elektrische Wechselfelder« mit Fußnote versehenen Hinweis. Aus der Erfahrung weiß ich, dass hier ein enormer Informationsbedarf besteht. Noch immer gibt es Kunden, für die »Netz- bzw. Feldfreischalter« bedeuten, nachts mit der Kerze oder Taschenlampe auf die Toilette gehen zu müssen. Nein, das ist nicht der Fall, wie Sie gleich lesen werden.

Netzfreischalter

Eigentlich müsste das kleine Ding (Größe einer Streichholzschachtel), das Ihnen der Elektriker in den Sicherungskasten installiert, Feldfreischalter heißen. Das Gerät schaltet nämlich das im Stromkreis vorhandene elektrische Wechselfeld ganz einfach weg, also frei. Doch bleiben wir beim geläufigeren Netzfreischalter. Vereinfacht ausgedrückt, besteht seine Aufgabe darin, in Räumen, in denen z. B. nachts keine elektrische Energie benötigt wird, den »Stromzufluss« zu unterbrechen. Hier aber nicht erst ab Steckdose, sondern ab eigentlicher Zuleitung, sprich im Sicherungskasten. Der Netzfreischalter, kurz NFA genannt, schafft das in eleganter Weise.

Beispiel: Sie liegen im Bett, und die Nachttischlampe ist momentan die einzige Lichtquelle. Bei der Messung Ihrer Körperspannung würden sich beispielsweise 1720 Millivolt (mV) ergeben. Damit würde Ihr Körper um ein Vielfaches dessen, was für Sie gut wäre, unnötig belastet. Wie können wir diese Belastung verhindern oder reduzieren? Ganz einfach mit einem NFA, der im Sicherungskasten den Stromkreis für Ihr Schlafzimmer »überwacht«. Sobald Sie nun die Nachttischlampe ausschalten, wird dem NFA automatisch »signalisiert«, dass im Schlafraum bis auf weiteres kein Strom mehr benötigt wird. Der NFA schaltet folglich die für Sie belastende Energie in Form von 230 Volt weg. Ihre Körperspannung sinkt in der Regel im gleichen Moment. Wie weit, kann nur durch entsprechende Messungen festgestellt werden. Während Sie also den Rest der Nacht störungsfrei schlafen können, bleibt das kleine Ding wach. Es hält sozusagen Kontakt mit dem Stromnetz im Schlafzimmer. Und zwar mit etwa 2,5 V Gleichspannung. Sobald Sie nun die Nachttischlampe oder den Wandschalter erneut betätigen, gibt der NFA die Spannung wieder frei, und Sie haben Licht. Die Kerze oder Taschenlampe brauchen Sie nur dann, wenn Sie selbst die Arbeit des NFA übernehmen wollen.

So gut das alles klingt, hat die Sache doch einen kleinen Haken! Nämlich dann, wenn sich im Stromkreis, der »freigeschaltet« werden soll, ein Dauerstromverbraucher befindet, z. B. ein Kühlschrank, Radio- oder Elektrowecker, die Aquarienheizung oder ein Ladegerät. Derartige Geräte müssen entweder aus den freizuschaltenden Räumen entfernt oder an einen anderen Stromkreis angeschlossen werden. Damit Sie mit eigenen Augen sehen, ob der NFA die elektrische Spannung zu- oder weggeschaltet hat, empfehle ich Ihnen zusätzlich den Erwerb eines Kontrollsteckers. Dieser zeigt Ihnen optisch, ob im Stromkreis ein Verbraucher eingeschaltet ist oder nicht. Ob ein NFA für das Schlaf- oder Kinderzimmer erforderlich ist, sollten Sie unbedingt vom Messergebnis Ihres Beraters abhängig machen. Ich rate Ihnen jedenfalls davon ab, auf gut Glück einen NFA installieren zu lassen. Und noch etwas, verzichten Sie auf einen

NFA, der am Lichtschalter im Schlafzimmer installiert wird. Gleichfalls rate ich Ihnen von abgeschirmten Steckdosen ab. In diesen Fällen erreichen Sie nur Teillösungen, die weder den Aufwand noch das Geld wert sind.

Apropos Geld: Bei weiteren Fragen zu den in diesem Buch behandelten Reizzonen und Störfeldern müssen Sie nicht gleich einen Geobiologischen Berater oder Baubiologen ins Haus bitten. Oft beantworten Berater Ihre Fragen kostenlos. Sofern Sie eine schriftliche Antwort wünschen, sollten Sie Ihrem Anschreiben einen Freiumschlag beifügen.

Von folgenden empfehlenswerten Geobiologischen Verbänden können Sie nicht nur die Anschrift eines in Ihrer Nähe wohnenden Geobiologischen Beraters erfahren, sondern auch Informationsmaterial für Ihre eigene Ausbildung erhalten.

- Deutsche Gesellschaft für Geobiologie e.V.
  Nelkenweg 39, 46395 Bocholt
  Tel. 02871/45694, Fax 02871/222089
- Forschungskreis für Geobiologie – Dr. Hartmann e.V.
  Adlerweg 1, 69429 Waldbrunn-Wk.
  Tel. 06274/912101, Fax 06274/912109
- Internationaler Arbeitskreis für Geobiologie e.V.
  Siedlungsweg 6a, 36100 Petersberg
  Tel. 0661/9626409, Fax 0661/9626409

Für einen Schnupperkurs empfehle ich Ihnen den radiästhetischen und geobiologischen Lehrpfad in meiner Heimatstadt. Näheres dazu bei:

- Stadtverwaltung, Tourist-Information
  Schrannenplatz 1, 92431 Neunburg vorm Wald
  Tel. 09672/421, Fax 09672/488

Auf Grund wissenschaftlicher Beratung und im Einvernehmen mit bekannten geobiologischen Verbänden garantiere ich Ihnen einen praxisnahen Lehrpfad mit radiästhetisch und geobiologisch relevanten Stationen. Bei Ihren Ausbildern handelt es sich ausschließlich um Geobiologische Berater und Rutenmeister.

Falls Sie sich jedoch für eine Ausbildung zum Baubiologen interessieren, empfehle ich Ihnen folgende Adressen:

- TÜV-Akademie GmbH
  Unternehmensgruppe TÜV Süddeutschland
  Im Gewerbepark B 65, 93059 Regensburg
  Tel. 0941/46406-0, Fax 0941/46406-20
- *Institut für Baubiologie + Ökologie*
  Unabhängige private GmbH
  Holzham 25, 83115 Neubeuern
  Tel. 08035/2039, Fax 08035/8164

5. Schlussbemerkung

Kurz vor der Manuskriptabgabe wurde ich zu einem Rutengänger-Treffen eingeladen. Dabei sollten u. a. Fragen diskutiert werden, wie z. B.: »Brauchen wir den ›einfachen‹ Rutengänger noch?« »Sollten Geobiologische Berater mehr messen oder mehr muten?« »Wozu brauchen wir Hausmesstechniker?« Eine der Antworten wurde gleich mitgeliefert: »Rutengänger sollten (...) das Messen sein lassen!« Ohne den Ausgang der Diskussion zu diesen Punkten abzuwarten, bin ich grundsätzlich der Meinung, dass ein Rutengänger seine Tätigkeit nicht nur auf die Radiästhesie beschränken sollte.

Oder können Sie sich vorstellen, für eine Bauplatz- bzw. Haus- und Schlafplatzuntersuchung je einen Rutengänger, Geobiologischen Berater, Baubiologen, Elektrobiologen und Messtechniker zu beauftragen? Sicherlich nicht! Folglich wird es in dieser Hinsicht mittelfristig zu einem einheitlichen »Berufstyp« kommen. Ich wage zu behaupten, dass am Ende dieser Epoche der gut ausgebildete »Geobiologische Berater« oder der »Baubiologische Fachberater« stehen wird. Zu dessen Ausbildung wird auch das Rutengehen gehören. Das heißt jedoch nicht, dass der »einfache« Rutengänger, wie er oben genannt wurde, der Vergangenheit angehört. Zumindest wird er so lange existieren, bis wir in der Lage sind, alle gesundheitlichen Einflüsse messtechnisch zu erfassen, was schier unmöglich ist. Bei allen unterschiedlichen Auffassungen über die Zukunft des Wünschelrutengängers gilt eines als sicher: Jeder gute Rutengänger kann auch ein Messtechniker sein oder werden! Fachwissen lässt sich allemal erlernen. Dagegen kann nicht jeder Messtechniker ein guter Rutengänger werden, denn Fühligkeit hat man oder nicht. Ich erinnere in diesem Zusammenhang auch an Jacob Stängle, der messtechnisch die Mutungsergebnisse des Freiherrn von Pohl erfasst und bestätigt hatte. Auch Stängle war auf die Wünschelrute angewiesen. Nur durch sie war eine schnelle Vorsondierung des Untersuchungsgebietes in Vilsbiburg möglich.

Dass krank machende Risikofaktoren (z. B. Erdstrahlen, Elektrosmog) auch subjektiv mittels Wünschelrute zu erfassen sind, gilt als gesichert. Und noch eines: Viele Messgeräte sind derzeitig noch ungenauer als die Mutungsergebnisse mancher Rutengänger. Wie sagte unser Dichterfürst Goethe: »Der Mensch an sich selbst, sofern er sich seiner gesunden Sinne bedient, ist der größte und genaueste physikalische Apparat, den es geben kann.« Aus diesen Gründen sollte Sie nichts daran hindern, sich mit dem Umgang der Wünschelrute vertraut zu machen. Mit ihr können Sie zumindest innerhalb der »eigenen vier Wände«

sämtliche pathogenen Einflüsse muten. Hier vielleicht sogar besser als mancher gewerblich tätige Rutengänger. Dessen Ergebnisse sind nämlich immer auf seine persönliche, individuelle Fühligkeit bezogen. Ich hoffe, dass ich Ihnen mit diesem Buch eine gute Hilfe zur Selbsthilfe geben konnte.

Ob Sie nun selbst Wünschelrutengänger oder Geobiologischer Berater sind oder einen solchen mit einer Untersuchung beauftragen – dieser sollte auf jeden Fall die notwendige Erfahrung besitzen, verlässlich sein, anständig auftreten, eine gewissenhafte und saubere Arbeit leisten, Ängste abbauen helfen, nicht »abschirmen«, sondern gute Plätze suchen, Hilfe anbieten und nicht zuletzt Vertraulichkeit wahren.

Gerne bin ich bereit, Ihre Post zu beantworten. Dabei sei es mir erlaubt, davon auszugehen, Fragen und Antworten zum gegebenen Zeitpunkt ohne Namensnennung – selbstverständlich – verwenden oder in einem Druckerzeugnis verbreiten zu dürfen.

Was immer Sie in Zukunft tun oder lassen, vergessen Sie nicht: Gesundheit ist nicht alles, aber ohne Gesundheit ist alles nichts!

Ich wünsche Ihnen viel Glück und alles Gute!

Anhang

Ich prüfe mich selbst: Fragen

Vieles von dem, was Sie in diesem Buch gelesen haben, ist in diesem Test zusammengefasst und mag als verkappte Anleitung dienen. Bei den vorgegebenen Antworten ist immer nur eine richtig. Welche, das erfahren Sie auf Seite 359. Ich wünsche Ihnen viel Spaß und Erfolg.

Frage 1: Wie nennt man den Umgang mit der Wünschelrute oder dem Pendel bei der Suche nach so genannten Wasseradern, Verwerfungen, Netzgittern u. a. m.?
❶ Radiologie
❷ Geologie
❸ Radiästhesie
❹ Geopathologie

Frage 2: Mit welchem Gerät lassen sich z.B. »Wasseradern« oder Verwerfungen relativ gut und objektiv nachweisen?
❶ Wünschelrute
❷ Szintillationszähler
❸ Pendel
❹ Biosensor

Frage 3: Das Holz einer herkömmlichen Wünschelrute sollte frisch geschnitten und elastisch sein. Welche Holzart eignet sich besonders gut?

❶ Haselnuss
❷ Bambus
❸ Besenreiser
❹ Wacholder

Frage 4: Der Wünschelrute werden von unwissenden Menschen magische Kräfte nachgesagt. Was ist sie jedoch tatsächlich?
❶ Antenne
❷ Messgerät
❸ Anzeiger
❹ Suchgerät

Frage 5: Wie stellt sich der Rutengänger oder Pendler während der Mutung von »Erdstrahlen« innerlich auf seine Aufgabe ein?
❶ angespannt
❷ locker
❸ nervös
❹ mental

Frage 6: Wie nennt man eine Bauplatz-, Haus- oder Schlafplatzuntersuchung nach der biophysikalischen Nachweismethode?
❶ Mutung
❷ Prognose
❸ Messung
❹ Begehung

Frage 7: Welche allgemein gebräuchliche Bezeichnung haben die Standorte mit veränderter Bodenstrahlung auf Grund von »Erdstrahlen«?

❶ Reizstreifen

❷ Kraftzone

❸ Reizzone

❹ Störzone

Frage 8: In der Tierwelt gibt es so genannte Strahlensucher und Strahlenflüchter. Welche Tiere meiden Schlafplätze über Reizzonen?

❶ Ameisen

❷ Hunde

❸ Wespen (Insekten)

❹ Katzen

Frage 9: In der Pflanzenwelt gibt es Bäume und Sträucher, die über Wasseradern besonders gut gedeihen. Welcher Strauch zählt dazu?

❶ Magnolie

❷ Heckenrose

❸ Johannisbeer

❹ Holunder

Frage 10: Wie nennt man den Punkt, an dem die Winkelruten im Bereich einer »Wasserader« sich überkreuzen?

❶ Reaktionspunkt

❷ Treffpunkt

❸ Kreuzungspunkt

❹ Nullpunkt

Frage 11: Wie heißt der Mann, nach dessen Namen das so genannte Globalnetzgitter (Streifenbreite 20 Zentimeter, Abstände 2,0 Meter mal 2,5 Meter) benannt wurde?

❶ Dr. med. Curry
❷ Anton Benker
❸ Dr. med. Hartmann
❹ Wittmann

Frage 12: Wie nennt man die Person, die einen Rutengänger in der ersten Zeit nach seiner Ausbildung »begleiten« sollte?
❶ Helfer
❷ Begleiter
❸ Berater
❹ Mentor

Frage 13: Welche Bezeichnung hat die Wassermenge, die nach erfolgreicher Abteufung eines Bohrloches gewonnen wird?
❶ Menge
❷ Volumen
❸ Schüttung
❹ Ertrag

Frage 14: Was oder wer ist der größte »Feind« aller Rutengänger oder Pendler, der jedes Mutungsergebnis fälschen kann?
❶ Autosuggestion
❷ Biorhythmus
❸ Überschätzung
❹ Unerfahrenheit

Frage 15: Wie kann man pathogene bzw. krank machende Wirkung von »Erdstrahlen« am sichersten vermeiden?
❶ Absorbierung
❷ Neutralisierung
❸ Standortwechsel
❹ Abschirmung

Antworten

Die richtigen Antworten zu den 15 Fragen sind:
1 = 3, 2 = 2, 3 = 1, 4 = 3, 5 = 4, 6 = 1, 7 = 3, 8 = 2, 9 = 4,
10 = 1, 11 = 3, 12 = 4, 13 = 3, 14 = 1 und 15 = 3.

Literatur

Dietl, Karl: *Leben auf der Erde, Reizzonen & Störfelder; DGG e.V.*, Eigenverlag, Bocholt.

Graves, Tom: *Pendel und Wünschelrute, Radiästhesie,* Hermann Bauer Verlag, Freiburg i. Brsg. [4]1987.

IBN: *Wohnung + Gesundheit,* Fachzeitschrift für ökologisches Bauen + Leben.

Mayer, Hans/Winklbaur, Günther: *Biostrahlen. Woher sie kommen, wie sie wirken, was sie tun,* ORAC, Wien 1983.

GANZHEITLICH HEILEN
GOLDMANN

Die Kunst des Wohnens

Meyer/Sator,
Besser leben mit Feng Shui   14193

Terah Kathryn Collins,
Feng Shui im Westen   14152

Jane Alexander, Der Geist
des harmonischen Hauses   14154

Gereon Hach,
Vastu   14186

Goldmann • Der Taschenbuch-Verlag

GANZHEITLICH HEILEN
GOLDMANN

Tabuthemen unserer Zeit

Alan E. Baklayan,
Parasiten   14163

Peter Grunert,
Hämorrhoiden   14161

Larry Clapp, Gesunde Prostata
in 90 Tagen   14187

Goldmann • Der Taschenbuch-Verlag

GANZHEITLICH HEILEN
GOLDMANN

Traditionelles Wissen neu entdeckt

Peter Grunert,
Weihrauch   14173

Ran Knishinsky,
Die Lehmkur   14177

Suzan H. Wiegel, Das Handbuch
der Kahuna-Medizin   14143

Richi Moscher,
Das Hanfbuch   14181

Goldmann • Der Taschenbuch-Verlag

GANZHEITLICH HEILEN
GOLDMANN

Heilung durch feinstoffliche Energie

Klausbernd Vollmar,
Chakra-Arbeit   13994

Lea Sanders,
Die Farben deiner Aura   13792

Ingrid Kraaz,
Die Farben deiner Seele   13767

Maria R. Omaggio, Heilen durch
feinstoffliche Energien   14171

Goldmann • Der Taschenbuch-Verlag